현장에서 바로 통하는
프로젝트 관리
A TO Z

**현장에서 바로 통하는
프로젝트 관리 A TO Z**

초판 1쇄   2021년 9월 30일

지 은 이   차기호
펴 낸 이   성민수
펴 낸 곳   북샵
출판등록   제 2018-000006 호
편   집   이영혜

전   화   070-8249-5091
팩   스   031-5171-2580
이 메 일   bookshap@naver.com
I S B N   979-11-964-0748-3 (03320)

*값은 뒤표지에 있습니다.
*잘못된 책은 구입하신 서점에서 교환해 드립니다.

현장에서 바로 통하는

프로젝트 관리
A TO Z

차기호 지음

북샵

---── 감사의 글 ────────────────────────

이 책이 나오기까지 많은 분들의 도움이 있었다. 특히 회사를 그만두고 처음으로 프로젝트 관리 분야의 기업 교육 전문 강사가 되려고 할 때, 정신적으로 큰 도움을 준 유익형 형님과 충남대학교 최훈 교수에게 깊은 감사의 뜻을 전한다. 처음 만났을 때 형님이 해주신 말씀을 낱낱이 기억하지는 못하지만, 강한 통찰력을 준 그 느낌은 아직도 가슴에 생생하다. 강사로서 첫출발을 하는 나에게, 교육자로서 멀리 내다보고 준비할 여러 내용을 정리하여 꼼꼼히 알려준 최훈 교수에게도 정말 고맙다는 말을 하고 싶다. 이 책 역시 그때 알려준 여러 가지 내용 중 한 부분이다.

또한, 글로벌 프로젝트 관리자를 선발할 때 나를 믿고 추천해준 페어차일드 코리아 송창섭 대표와 프로젝트 관리자로 처음 발을 디뎌 아무것도 몰랐던 나에게 프로젝트 관리가 무엇인지 정확히 알려준 미국인 PMO, 톰 카본(Tom Carbone)에게도 감사의 뜻을 전한다. 그들의 도움이 없었다면 나는 처음 맡은 프로젝트를 절대로 성공할 수 없었을 것이다. 성공을 통해 자신감을 얻었고 그때부터 삶의 방향이 바뀌었다.

프로젝트 관리 전문 강사가 된 후 많은 분을 만났다. 같은 강사로서 주옥같은 조언을 해주고 좋은 강사가 되기 위해 필요한 프로의 자세를 직접 보여주신 분들도 많았다. 이 자리를 빌려 마음속으로 언제나 고마움을 느끼고 있다고 전하고 싶다. 특히, OPMC 목성균 대표님과 PM Inside 한동환 대표님이 몸소 보여주신, 강사가 반드시 갖추어야 할 마음가짐과 쉬지 않고 노력하는 모습은 지금까지 버틸 수 있는 힘이 되었다. 나는 그분들의 뜻에 따라 오늘도 초심을 잃지 않으려고 노력하고 있다.

그 밖에, 피엠전문가협회 김승철 회장님, 나와 애자일 포럼을 같이 운영하는 네오윈 김정수 대표님에게도 감사의 뜻을 전하고 싶다. 특히, 애자일 포럼을 시작할 때 현실적인 감각을 잃어버리지 않도록 적극적으로 도움을 주고, 포럼이 자리를 잡을 수 있도록 힘을 보태준 데 대해 깊은 감사를 표하고 싶다.

이 책을 쓰면서 가장 고민스러웠던 부분은 프로젝트에 참여하는 모든 이해관계자뿐만 아니라 일반인도 읽고 실생활에 도움을 받을 수 있는가였다. 따라서 일반인의 시선으로, 부족한 부분을 꼼꼼하고 예리하게 지적해준 한은영 님에게도 감사를 드린다. 책의 완성도를 높이는 데 많은 기여를 해주었다.

끝으로 아내와 두 딸에게 고맙다는 말을 전하고 싶다. 언제나 좋은 아빠가 되기 위해 노력하지만, 아직 부족함이 많은 나를 너그러이 이해해주길 바라며 감사의 글을 마친다.

테헤란로에서
차기호

목 차

감사의 글   4
프롤로그   9
이 책의 구성에 대하여   14

ch. 1   프로젝트 관리로 스마트하게 일하는 방법

1.1   주먹구구식으로 일하는 방식에서 벗어나자   22
1.2   프로젝트 관리는 협업의 문화이다   24
1.3   유연함이 강함을 이긴다   27
1.4   프로젝트 관리는 정량적으로 얼마만큼 좋을까?   29
1.5   무에서 유를 창조한다   32
1.6   비대면 방식의 프로젝트 관리   33
1.7   프로젝트 관리 방법론 적용 시 의문점과 해결 방안   37

ch. 2   프로젝트 시작하기

2.1   시작이 반이다   44
2.2   프로젝트 헌장 작성법   47
2.3   고객 관리도 체계적으로   62
2.4   이해관계자 관리대장 작성법   67
2.5   점진적 구체화되는 고객의 요구 사항   76
2.6   고객을 만족시키자   90

ch. 3   프로젝트 계획하기(planning)

3.1   계획은 예행 연습이다   98
3.2   해야 할 일 모두 정리하기(Work Breakdown Structure)   107
3.3   누가 책임지고 일을 하나?(RACI Chart)   120

3.4	효과적·효율적으로 일하는 방법(네트워크 다이어그램)	127
3.5	다양한 계획 방법	147
3.6	일정을 단축하는 101가지 방법	157

ch. 4 리스크 관리

4.1	리스크 관리가 어려운 이유	170
4.2	리스크 관리는 과학이다	174
4.3	리스크 관리 감시 방법과 핵심 스킬 정리	187

ch. 5 프로젝트 실행하기

5.1	능력 있는 팀원을 확보하는 전략	199
5.2	실행력 향상 비법	207
5.3	실행력 강화 전략	217

ch. 6 의사소통 관리

6.1	문화적 방해 요인	231
6.2	행태적 방해 요인	246
6.3	환경적 방해 요인	254
6.4	의사소통 스킬 향상 기법	261

ch. 7 프로젝트 마무리하기(떠난 자리가 아름다워야 한다)

7.1	기록이 자산이다	274
7.2	다시 프로젝트를 시작한다면(교훈)	276
7.3	헤어지면서 만날 것을 약속한다	282

에필로그 284
참고 문헌 286

— 프롤로그

코로나19 시대 '일잘러'가 되려면

　세상이 하루아침에 바뀌었다. 영화 같은 일이 현실이 되면서, 칼럼니스트인 토머스 프리드먼(Thomas L. Friedman)은 "세계는 이제 코로나 이전인 BC(Before Corona)와 이후인 AC(After Corona)로 구분될 것이다."라고 말했다. 그렇다면 우리가 일하는 방법도 바뀌어야 하는 것이 아닐까? 지금까지 우리는 일하는 방법을 이론적, 체계적으로 만들어놓았다. 어느 정도는 사실이다. 하지만 코로나 이후 시대에 일하는 방법은 지금까지와 다르게 접근해야 할 것이다. 많은 회사들이 비대면으로 일하는 방식을 채택하고 있다. 이제 우리는 과감하게 패러다임 전체를 바꾸는 것을 진지하게 고민해야 한다.
　예전의 '일잘러'는 새벽부터 출근해서 동료들 모두 퇴근해도 남아 쉬지 않고 일하는 사람들이었다. 당연히 누구든 믿고 일을 맡기고 싶어했다. 급할 때 찾으면 그는 항상 거기에 있었기 때문이다. 시간이 모든 것을 해결해준다고 믿었기에 그에게는 주말도 없었다. 물론 책임감도 강하다. 본인이 그렇게 일하기 때문에 같이 일하는 동료들도 그래야 한다고 생각하고, 당연히 부하 직원들은 더 열심히 일해야 그에게 인정을 받을 수 있었다. 부하 직원들은 열심히 일했지만 상사가 시켜서 하는 일이니 어떤 경우에는 왜 하는지 모를 때도 있었다(대부분 그들은 정확히 알지 못했다). 한 사람의 영향력이 크던 시대였다.

그러다 일하는 방식이 바뀌기 시작했다. 혼자서 열심히 일하기보다 한 팀으로 일하는 프로젝트 관리 기법을 이용하게 된 것이다. 정보를 공유하고 집단 지성의 장점을 최대한 살려 잘 짜인 프로세스대로 유연하게 움직이면서 효율성을 강조한다. 많은 이론들이 나왔고 그중 일부는 잘 적용돼서 기업에 막대한 경제 가치를 안겨주기도 했다. 그러나 규모가 커지고 급변하는 현대 사회에서 하나의 정해진 프레임으로 모든 것을 관리한다는 것은 어불성설(語不成說)이다. 그러다 보니 프로젝트 관리를 돕기 위해 나온 책들은 가이드 역할을 하는 지침서 형태로서, 지금도 계속 진화하는 중이다. 예를 들어, 1969년 비영리 단체로 설립된 PMI(Project Management Institute)에서 출판한 《PMBOK(A Guide to the Project Management Body of Knowledge)》는 2021년 7월 1일에 7판(7th edition)이 나왔고 4년 주기로 지속적으로 업데이트된다.

《PMBOK》는 오늘날 급변하는 현실에 잘 적용할 수 있도록 많은 분야에서 활동하고 있는 전문가들이 협업하여 만들고 있는데, 책에 있는 내용을 무조건 적용하기보다는 지침서로서 각자 진행하는 프로젝트에 테일러링하여 적용하라고 조언한다. 잘 적용하면 프로젝트의 성공 확률이 높아진다는 것을 의미하지, 모든 분야의 프로젝트에 전적으로 적용해도 좋다는 것은 아니라는 말이다. 다시 말해, 기본 틀은 제시했으니 나머지는 본인의 역량에 달려 있다는 뜻이다.

그러면 포스트 코로나 시대에 '일잘러'에게는 어떤 특성이 필요할까? 비대면 시대에 반드시 갖추어야 할 능력은 크게 3가지로 정리해 볼 수 있다.

첫 번째로, 전략적인 사고 능력이다. 비대면 방식으로 일하다 보면 분명 예전보다 자주 긴급한 업무를 개별적으로 해결할 능력이 필요해진다. 무조건 시키는 일을 열심히 하기보다 현재 해야 하는 일들이 조직이 가고자 하는 방향과 일치하는지 확인하고 또 확인해서 어떠한 상황에서도 방향이 바뀌지 않도록 결정해야 한다. 가능하면 재작업을 하지 않기 위해서이다. 당연히 본인의 결정에 대해 책임을 질 수 있어야 한다. 특히, 이러한 능력은 리스크 관리 능력과 어느 정도 일맥상통한다. 예상하지 못한 일들이 발생하기 전에 미리 예측해서 대응 계획을 준비해두는 것이 필요하기 때문이다.

두 번째로, 학습하는 조직으로 바꾸는 능력이 필요하다. 기존에는 업무 능력 말고 대인관계를 잘하는 것도 '일잘러'의 중요한 역량으로 생각했지만, 온라인 상에서 만나게 되면 사교성이라는 능력은 예전만큼 통하지 않게 된다. 오히려 정보 공유를 통해 자기가 알고 있는 내용을 모두에게 전달하는 것이 조직원들의 역량을 최대한 끌어내는 데 훨씬 필요한 능력이다. 과거의 경험에서 많은 것을 배울 수 있다면 얼마나 효과적이고 효율적일지 생각해보면 쉽게 이해가 갈 것이다. 개인의 숨겨진 지식까지도 먼저 오픈해서 공유하는 사람이 비대면 방식에서는 높이 평가받게 될 것이고, 이를 통해 모든 팀원이 지식을 습득할 수 있도록 도움을 주는 능력이 필요해진다.

마지막으로, 탁월한 의사소통 능력이다. 비대면 방식이 아니더라도 프로젝트 관리자에게 절대적으로 필요한 것이 의사소통 능력이다. 직접 만나면 상대방이 무엇을 원하는지 비언어적 방식으로도 습득이 가능하지만, 비대면의 경우 그렇지 못하다. 따라서 다양한 의사소통 도구와 기법을 가지고 모든 사람이 최신 정보를 실시간으로 공유할 수 있는 프로세스와 시스템을 구축해야 한다. 얼핏 쉬운 것 같지만 제일 어려운 능력임에 틀림없다. 특히, 공식적인 문서나 이메일을 보낼 때 객관적인 시각으로 간단 명료하게 전달하는 능력을 갖추는 것도 쉬운 일은 아니다. 또한, 어떤 정보를 누구와 공유해야 하는지 결정하는 일 자체가 어려울 수도 있어, 불필요한 오해를 불러일으키기도 한다. 사소한 오해가 프로젝트의 성공 확률을 급격하게 떨어뜨린다는 점을 이해한다면 의사소통 능력의 중요성을 확실히 알 수 있으리라 믿는다.

비대면 방식은 장점과 더불어 단점이 있다. 하지만 포스트 코로나 시대의 삶은 절대로 예전 방식으로 돌아가지 않을 것이라는 게 대다

수 전문가들의 견해다. 나 역시 그렇게 생각한다. 그렇다면 장점은 살리고 단점은 줄이는 것이 현재 우리가 해야 할 일이다. 물론 지금 당장 장단점을 정리하는 것이 맞는 일인지는 모르겠다. 차라리 장점과 단점이 발견될 때마다 프로젝트에 빨리 효과적으로 적용할 수 있는 시스템 또는 프로세스를 개발하는 것이 옳지 않을까 생각한다. '윤창호법'이 발의되어 국회를 통과했다고 하더라도 음주 운전이 완전히 해결되지 않는 것과 마찬가지 이유다.

이 책은 그동안 회사에서 많은 글로벌 프로젝트를 관리한 프로젝트 관리자이자 PMO(Project Management Office)로서, 또 여러 기업체에서 교육하는 전문 강사로서 얻은 많은 경험을 토대로 누구나 읽으면 쉽게 공감되도록 썼다. 이론적인 방법보다는 현실에서 누구나 공감할 수 있는 이야기를 주로 담았기에 어떤 경우 이론과 맞지 않는 부분이 있을 수 있다. 하지만 우리가 진행하는 모든 프로젝트가 이론서에 입각해 진행되는 것이 아니고, 때로는 말도 안 되는 상황에서 말로는 해결할 수 없는 사람들과 같이 일할 때도 있으니 어느 정도 도움은 되리라 믿는다. 특히, 글로벌 프로젝트를 비대면 방식으로 진행했을 때 발생한 문제를 끄집어내어 같이 고민하고, 다양한 접근 방식으로 해결하려 한 과정들을 소개하였다. 따라서 독자들이 스스로 새로운 접근 방법을 생각할 수 있는 기회를 가질 수 있으리라 생각한다.

이 책의 구성에 대해서

이 책은 총 7부로 구성되어 있고, 각 부는 소제목으로 나뉘어 있다. 1부에서는 프로젝트 관리가 무엇인지 간단하게 살펴보았다. 이론적이고 체계적인 방법론을 어떻게 사용할 때 좋은 효과가 나타나는지 확인할 수 있을 것이다. 지금까지 본인이 일하던 방식과 비교하면서 읽으면 더욱 효과가 크다. 누구나 다른 사람들의 일 잘하는 모습을 보기 전까지는 자신이 최고라고 생각한다. 따라서 프로젝트 관리가 무엇인지 생각할 수 있는 기회를 줄 것이다.

2부에서는 프로젝트를 시작할 때 해야 하는 업무들로, 가상의 프로젝트를 선정해서 프로젝트 헌장과 이해관계자를 식별/분석하는 방법에 대해 설명한다. 중요한 것은 왜 그런 문서들이 있어야 하는가 하는 당위성이다. 무조건 사용하면 시간 낭비다. 필요 없다고 생각하면 하지 않아도 무방하다. 단지 그런 부분에 대해서 깊이 있게 생각할 수 있는 시간을 얻기를 바란다. 이해를 돕기 위해 현실 속에서 도움이 될 수 있는 '가상의 프로젝트'를 선정해 직접 필요한 문서를 작성하면서 설명할 것이다. 현실적인 프로젝트 진행 연습을 통해 많은 도움을 받을 수 있다.

3부에서는 프로젝트를 계획하기 위하여 프로젝트 헌장을 이용해 WBS를 작성하고 네트워크 다이어그램으로 기준선을 만드는 것까지 간단히 설명한 후, 어떻게 하면 전체 프로젝트 일정을 줄일 수 있는지 다양한 시각으로 심도 있게 다루었다. 현업에서 제일 중요하게 생각하는 것이 일정 단축이기 때문이다. 어떤 경우라도 지나간 일정을 되돌릴 수는 없다. 그런데 곰곰이 생각해보면 다양한 아이디어가 나올 수 있다. 이런 아이디어들이 현업에 직접 도움이 된다. 교육 중 현업에서 나온 실무적인 VOC(Voice Of Customer)를 직접 들을 수 있어서 좋다. 현업에서 일정에 쫓기고 있다면 먼저 읽어도 무방하다.

 4부에서는 우리나라 사람들이 제일 못하고 있는 리스크 관리에 대하여 다양한 시각으로 정리하였다. 예상할 수 있는 리스크는 물론, 예상하지 못하는 불확실성도 절대적인 관리가 필요하다. 기업에서 전략적인 방법으로 리스크를 관리할 필요도 있고 프로젝트를 진행하면서 발생하는 리스크도 우리는 관리해야 한다. 이렇게 다양한 관점으로 접근하지 못한 이유도 있었을 것이다. 그러한 이유를 찾아보는 것만으로도 잘할 수 있는 기회가 생긴다. 기회를 잡아 실천에 옮긴다면 효과는 예상하지 못할 만큼 크다.

 5부에서는 현실적으로 팀원을 확보할 수 있는 접근 방법에 대해 설명하였다. 계획한 대로 실천하려면 필요한 팀원을 적시에 여러 부서에서 확보해야 하는데 이것이 쉽지 않다. 대부분 일을 잘하는 팀원들은 모든 부서에서 꼭 필요로 하기 때문이다. 이런 경우 상황에 따라 다르게 접근하는 것이 바람직하지만 부서 간 이해관계가 첨예한 부분이기에 피할 수 없는 것이 현실이다. 그렇게 선발된 팀원들이 프로젝트의 성공을 위해 한 방향으로 움직일 수 있도록 실행력을 향상하는 팀 빌딩 방법과 불협화음을 방지하기 위해 꼭 필요한 요인이 무엇인지도 살펴보았다. 이러한 과정을 통해 팀원들이 주도적으로 프로젝트에 참여한다면 분명 성공 확률은 높아질 것이다. 추가로 실행력을 강화하기 위해 필요한 요인들을 정리해보았다. 이것은 팀원들의 스킬이 향상되면 가능하겠지만 프로세스나 시스템을 잘 만들어 일하기 쉽게 만들어주는 것도 하나의 방법은 될 수 있으리라 믿는다.

6부에서는 현업에서 프로젝트를 진행할 때 발생하는 '의사소통을 방해하는 요인'을 문화적, 행태적, 환경적인 관점에서 정리해보았다. 또한 현업에서 항상 발생하지만 고쳐지지 않는, 상하 간의 의사소통이 잘 안 되는 이유를 '3-6-9 시뮬레이션 게임'을 통해 설명하였다. 이 게임을 하며 무엇이 문제였는지 정확히 파악할 수 있다면 고칠 수 있다. 어떤 경우라도, 특히 논리적으로 설명하기 어려운 인적 관계와 관련해서는 말로 설명해봐야 의미가 없을 때가 많다. 또한, 현업에서 많이 발생하는 다양한 불통의 원인을 케이스 스터디를 이용해 정리해보면, 강한 통찰력을 얻을 수 있으리라 믿는다.

마지막으로 7부에서는 프로젝트가 종료되는 시점에 우리가 꼭 해야 하는 문서 저장과 교훈 정리로 부서의 역량이 높아질 수 있는 방법을 설명하였다. 특히 체계화된 문서 저장 방식과 공통된 이름을 만들어 관리한다면 프로젝트 관리의 장점이 무엇인지 확실하게 느낄 수 있다.

이 책을 읽는다고 한번에 모든 것을 다 얻기는 힘들 것이다. 그러나 처음 책을 읽으면서 단 한 가지만이라도 꼭 얻어서 현업에 직접 사용하겠다는 생각을 해보자. 그리고 반복해서 필요할 때마다, 필요한 부분을 찬찬히 다시 읽어본다면 분명 실무에 도움이 될 것이다. 필자의 경험에 따르면 그렇다.

  이 책에 나온 여러 가지 템플릿과 예제들은 현업에서 프로젝트를 관리할 때 도움이 되었던 것들이다. 독자들이 실무에 사용할 때는 개별적으로 테일러링하는 과정이 필요할 것이라 믿는다. 갈 길은 멀다. 그러나 분명한 것은 길을 떠나야 목적지에 도착한다는 사실이다. 이것을 잊어서는 안 된다. 아무것도 하지 않고 더 좋은 결과를 기대하는 우(遇)를 범하지 않기를 진심으로 기원한다.

Ch. 1

프로젝트 관리로
스마트하게 일하는 방법

일하는 방법을 체계적으로 만들었다는 사실에 많은 사람들이 놀라고 있지만, 이건 사실이다. 다양한 분야에서 서로 다른 사람들이 자기들만의 방식으로 일을 하는데 어떻게 그 방법을 체계적으로 만들었는지 조금은 의아할 수 있다. 하지만 일 잘하는 사람들의 공통된 특징은 하고자 하는 일을 정해진 기간 안에 책임지고 완료한다는 것이다. 그들은 체계적인 프로젝트 관리 방법론을 따로 배우지 않아도 잘한다. 프로젝트 관리 방법론이 그들의 일하는 방법을 체계적으로 정리한 것이기 때문이다. 체계적으로 일하는 방법을 '프로젝트 관리'라고 한다면 나라마다, 문화마다, 조직마다 조금씩 차이가 있을 수도 있고, 프로젝트가 크거나 작을 때 진행하는 방식이 서로 다를 수도 있을 것이다. 그런데 어떻게 하나로 만들었을까?

작지만 큰 의미가 담긴 하나의 시도가 있었다. 그것은 여러 나라에서 다르게 진행하는 프로젝트 관리 방법론을 하나로 묶어 효율적으로 관리하기 위한 고된 작업이었다. 3년의 작업 끝에 2012년 9월,

《글로벌 프로젝트 관리 지침서(Guidance ISO21500)》가 세상에 나왔다. 지침서의 내용을 현재의 업무에 쉽게 적용할 수 있는 방법을 알고 싶다면, 그것이 바로 당신이 이 책에서 만나게 될 내용이다.

1.1 주먹구구식으로 일하는 방식에서 벗어나자

열심히 일하는 사람들의 특징은 '예스맨'이다. 불평불만 없이 시키면 시키는 대로 최선을 다한다. 그냥 지시 사항에 무조건 따르면 잘하는 것이라 믿는다. 우리는 여전히 이렇게 수동적으로 일한다. 그런데 결과가 안 좋으면 그동안의 최선은 무용지물이 되고 만다. 최선을 다했다고 생각하는 예스맨과 달리, 상사는 결과를 중요하게 생각하기 때문이다. 이러한 실패를 최소화하기 위해서는 상사의 지시 사항을 정확하게 이해해야 한다. 상사가 지시하는 내용을 꼼꼼하게 묻고 확인해야 하는데, 질문하는 것 자체가 자신의 무지를 드러내는 일이라 생각해 질문하지 않고 추측만으로 일한다. 전형적인 일 못하는 사람의 특징이다. 상사는 당연히 의도를 정확히 파악했다고 생각하고 중간 점검 없이 결과를 기다린다. 프로젝트 관리는 그런 실수를 최소로 만들어준다. 서로 다르게 해석할 수 있는 내용을 미리 검토할 수 있게 하고, 같이 확인하는 작업을 거치는 프로세스를 만들어, 가능하면 한 번에 마무리될 수 있도록 해준다. 당연히 재작업이 줄어드니, 그래서 좋다.

만일 이러한 프로젝트 관리 기법을 어린 학생에게 적용하면 어떻게 될까? 이미 선진국에서는 실행되어 좋은 결과를 얻었고, 우리나라에서도 이런 방법을 교육에 적용할 때 얻을 수 있는 효과에 대해 방송을 한 적이 있다. EBS의 〈공부의 재구성〉[*]이라는 프로그램에 따르면 PBL(Project Based Learning) 방식으로 학생들을 지도하고 100일이 지난 시점에 테스트한 결과, '꿈과 공부의 재미에 대하여 학생들에게 큰 변화'가 있었다고 한다.

물론 선생님들은 학생들을 특목고에 보내고 대학에 진학시키려면 선행 학습을 비롯해, 해야 할 공부의 양이 너무 많기 때문에 PBL 방식으로 학습할 경우 시간이 부족하다는 얘기들을 한다. 그러다 보니 학생들이 고등학교를 졸업하고 대학에 가도 혼자서는 무엇을 어떻게 공부해야 할지 갈피를 잡을 수가 없다. 결국 또다시 학원을 찾게 되고 자신이 무엇을 잘하고 좋아하는지 알지 못한 채 적성과 맞지 않는 직업을 선택하고 힘들어하는 경우가 많다. 그렇다. 프로젝트 관리 기법은 체계적으로 일하는 방법, 학생들에게는 공부를 재미나게 하는 방법, 생활 속 깊은 곳에서 우리가 일을 할 때 주먹구구 방식에서 벗어나도록 도움을 주는 방법을 의미한다. 우리 모두가 이런 방법을 체계적으로 배우고, 현실에 적용한다면 업무 효율은 상당히 좋아질 것이다.

---

[*] EBS 〈공부의 재구성〉 https://www.youtube.com/watch?v=XP63WuCcwYs

1.2 프로젝트 관리는 협업의 문화이다

2016년 3월 대한상공회의소가 세계적 컨설팅 업체인 매킨지와 공동으로 '한국 기업의 조직 건강도와 기업 문화'에 관한 종합 보고서를 발표했다. 이에 따르면 우리나라 경영진은 자신들의 리더십에 스스로 76점을 주었지만 직원들은 경영진에게 53점을 주었으며, 우리나라 기업 100곳 중 77곳의 조직 건강 상태가 현재 빨간불이라는 내용이 있다. 매출액 상위 500대 기업에서 대기업 31곳과 중견 기업 69곳 등 100개 회사에서 4만 명을 조사한 결과라고 하니 믿을 만하다. 그 결과를 보면 OECD(Organization for Economic Cooperation and Development) 국가 중에서 한국은 상호 측정 점수 격차가 상당히 큰 편에 속한다고 한다.

바로 이 부분에 주목해야 한다. 서로 바라보는 시각이 다르다는 점 말이다. 대부분의 인간은 자기의 기준으로 상대방을 평가하기 때문에 자신에게 더 후한 점수를 준다. 그러다 보니 조직에서 일할 때 부하 직원들의 능력을 인정하지 않는 경향이 있어, 주로 한 방향(One-way)으로만 명령 하달이 된다. 한국 회사에 다니는 어떤 외국인 임원은 "한국 임원실은 장례식장 분위기"라고 표현했다. 불합리한 지시에도 무조건 고개만 끄덕이고 있으니 답답한 노릇이다. 대체로 임원 회의 시간은 경영진의 지시 사항을 받아 적는 시간으로 생각하기 마련이다.

이것은 의사소통이라고 말할 수 없다. 이런 한 방향 전달 방식은,

프로젝트를 진행할 때 팀원들을 수동적으로 만들어, 창의성을 해치는 결과로 나타나고 긍정적으로 발전할 수 있는 기회를 줄인다. 잘못된 관행을 고치기 위해서는 누구나 수평적으로 일하고 타당한 결정을 내리기 위해 같이 노력해야 한다. 프로젝트 관리가 바로 이런 것이다. 시킨다고 말없이 그대로 하는 것이 아니라 수평적으로 같이 협업하는 것을 의미한다.

프로젝트 관리가 조직에 적용되면, 그때부터 경영진의 직관이 아닌 다수의 토론과 객관적인 사실을 기초로 의사 결정을 하기 때문에 실패할 확률이 현저하게 감소한다. 이런 상황이 조직 문화에 정착된다면 프로젝트 관리자의 역량과 책임은 막중해지고 누구나 주도적으로 바뀔 수 있는 문화가 되어 더 좋은 방향으로 갈 것이다. 지금 이와 같은 조직 문화가 선진 사례를 바탕으로 각 산업체에서 만들어지기 시작하고 있다. 어떤 회사는 사활을 걸고 관료주의적인 통치 방식에서 벗어나 프로젝트를 중심으로 긴박하게 탈바꿈하고 있다. 물론 프로젝트 관리 기법을 갑자기 전사적으로 사용한다고 무조건 성공한다는 보장은 없다. 성공을 위해서는 조직 문화에 접목시켜 흡수하는 방법을 찾아야 한다. 그런 방법을 찾는 것이 쉽지는 않겠지만 가만히 지켜만 봐서는 절대로 그냥 얻을 수는 없다.

얼마 전 회사를 이직하는 직장인들을 대상으로 그 이유를 조사하였더니 대다수가 상사나 동료와의 갈등을 주된 원인으로 꼽았다. 특히 프로젝트로 움직이는 조직이 아닌 곳에서 이런 갈등은 쉽게 해결되지 않는다. 그러나 프로젝트로 구성된 조직은 불편한 관계의 사람과 더 이상 신경전을 벌일 이유가 없다. 모두가 하나의 공유된 비전을 가지고 정진하므로 프로젝트의 성공을 모두의 성공으로 생각한다. 그러다 보니 상사에게 잘 보이기 위해 하던 행동을 프로젝트 업무에 모두 쏟는다. 당연히 프로젝트의 성공 확률은 높아진다. 불편한 관계도 프로젝트가 끝나면 바뀔 수 있으니 퇴사할 이유가 없다.

'아폴로 신드롬'이라는 말이 있다. 경영학자 메러디스 벨빈(Meredith R. Belbin)이 《팀이란 무엇인가》라는 책에서 한 말로 '팀 빌딩'에 관한 연구를 진행한 프로젝트 명이 '아폴로 프로젝트'여서 그런 이름을 얻었다고 한다. 30여 년간의 실험을 통해서 얻은 결과니 신뢰가 간다. 실험 결과는 다음과 같다. 실험에 참여한 사람들을 여러 개의 팀으로 묶고, 이 중 우수한 두뇌들로 구성된 팀의 이름을 '아폴로 팀'이라고 했다. 미국이 달 착륙 경쟁에서 승리한 것을 기념하기 위해 붙인 이름이다.

각 팀의 참여자들은 한 번도 해보지 않은 모의 경영 게임을 진행한 후 협업을 통해 해결하는 과정을 모니터링했는데, 25개의 '아폴로 팀' 중에서 우승한 것은 3개 팀뿐이었고 나머지는 예상과 달리 평균에도 미치지 못하는 좋지 않은 성과를 냈다.

그 이유를 분석해보니 우수한 팀원들은 자기주장이 강하고 남의 실수를 찾아내느라 많은 시간을 허비한다는 사실이 밝혀졌다. 통제도 어려웠다. 팀원들 각자가 모두 우수하다 보니 다른 팀원들의 의견은 무시한 채 자기 마음 내키는 대로 행동하는 경향이 있었다. 협업이 불가능하다는 이야기다. 협업을 한다는 것은 상대방의 시각으로 사물을 바라보는 것이다. 상대방을 이해하고 존중하는 자세가 필요하다. 그들은 이 부분이 약했다. 결국 프로젝트에서 좋은 결과를 얻기 위해서는, 한두 사람의 우수한 팀원을 뽑으려고 애쓰기보다 협업할 수 있는 문화를 구축하는 것이 선행 조건이다. 이것이 프로젝트 관리이다.

1.3 유연함이 강함을 이긴다

프로젝트 관리는 협업으로 진행한다고 말했다. 협업으로 진행한다는 것은 프로젝트를 진행하면서 알아낸 여러 가지 지식과 정보를 공유하는 것이고, 그것은 프로젝트를 투명하게 관리하고 있다는 뜻이다. 투명하다는 것은 상호 간에 믿음이 존재할 때 가능하다. 만일 팀원들 간의 믿음이 없다면 프로젝트는 당연히 실패한다. 상호 간의 믿음은 모든 사람들이 하나의 공유된 비전을 가질 때 가능하다.

예를 들어, 산 정상에 오르는 것이 프로젝트의 목표(공유된 비전과 같은 의미로 생각하자)라고 하면, 어디로 가든 정상에 올라가서 만나면 된다. 참석하는 모든 사람들에게 어떻게 오라고 알려주는 것은 시간 낭비다. 각자 알아서 편한 방식을 택해 정상까지 오르면 된다. 그런 유연함이, 강압성을 가지고 모두 똑같은 방법으로 오르기를 강요하는 것보다 더 좋은 결과를 나타낸다.

바로 이런 부분이다. 프로젝트 목표를 향해 달려갈 때 팀원들은 자신들이 가지고 있는 지식, 기술, 경험을 가지고 접근한다. 따라서 유연하게 적용할 수 있도록 하는 것이 창의적인 생각을 일으켜, 무조건 하나의 정해진 틀로 움직여야 한다는 무모함(?)을 쉽게 이길 수 있다. 이것이 바로 프로젝트 관리가 지향하는 방향이다. 많은 조직에서 무조건적으로 프로젝트 관리 방법론을 만들어 강요하는 경우가 있는데, 잘못 이해하고 있는 것이다. 기본 틀은 갖추되 세세한 부분까지 강요하면 역효과가 발생하여 프로젝트 관리가 조직에 뿌리내릴 수 없게 된다.

이번에는 정보를 공유하지 않는 이유를 살펴보자. 조직에서는 일반적으로 자신의 논리로 상대방을 잘 설득하는 것이 훌륭한 능력으로 평가받는다. 그런 사람이 유능하다는 평을 받고 높은 직책으로 올라간다. 그러다 보니 타인의 실수는 잘 찾아내면서 자신의 약점은 노출시키지 않으려고 하고, 자신이 가지고 있는 정보를 하나의 무기로 생각하는 경향이 짙다. 프로젝트 관리가 협업의 문화인데 이는 분명 잘못된 생각이다.

하나의 고정된 틀을 만들어 그 틀 안에 모든 것을 넣으려 하면 실패한다고 앞에서 이야기했다. 선진 회사의 프로젝트 관리 방법론을 복사해 무조건 받아들이게 한다면 대부분은 실패로 끝난다. 급변하는 현재의 프로젝트 상황을 대변하기 위해서는 유연하게 접근해야 한다. 프로젝트 관리 방법론을 적용할 때는 우리 조직에 테일러링한 후 필요할 때는 언제든지 수정 또는 보완할 수 있는 프로세스를 선행하여 만들어야 효과가 크다는 사실을 알아야 한다.

추가로, 정보 공유가 잘되려면 실시간으로 정보를 공유하는 시스템을 만들어 사용해야 하는데, 이 부분은 의사소통 관리 영역에서 다시 정리하기로 하자. 그 밖에 정보 공유를 위해서는 부서 간의 장벽을 없애야 하는데, 이를 위해서 프로젝트 팀으로 결과를 평가하고, 수평적인 방법으로 팀원들을 평가하는 방식도 고려할 필요는 있다. 정보 공유가 잘되는 것은 의사소통이 원활하다는 의미이고, 어려울 때 서로 돕는다는 것을 뜻한다. 결과가 좋을 수밖에 없다.

1.4 프로젝트 관리는 정량적으로 얼마만큼 좋을까?

프로젝트 관리를 조직에 도입할 때 가장 어려운 점은 경영자의 믿음을 얻는 것이다. 그들은 프로젝트 관리를 도입하여 많은 효과를 얻었다는 것을 정량적으로 알고 싶어한다. 클락 브래드포드(Clark Bradford)는 1997년 박사 학위 논문[*]에서 프로젝트 관리의 효과를 여러 가지 요인으로 구분하여 정량적으로 향상된 수치를 발표했다. 그는 프로젝트 관리 기법을 적용하면 그렇지 않을 때보다 핵심 자원 가용성이 높아져 연간 생산성이 35% 향상되었고, 일정을 맞추

---

[*] Bradford K Clark, "The Effects of Software Process Maturity on Software Development Effort," Ph. D Dissertation, Computer Science Department, University of Southern California, August 1997

는 능력도 높아져 시장 진입 시간을 19% 감소할 수 있다고 주장하였다.

그런데 직원들의 사기(Staff Morale)가 물음표인 것은 무슨 뜻일까? 프로젝트 관리 역량이 높은 회사에서는 인적 자원의 활용도를 높이기 위해 ERP(Enterprise Resource Planning) 시스템을 사용하는데, 이를 통해 모든 자원의 가용성을 확인해 프로젝트에 투입한다. 모든 인적 자원들은 능력에 따라 비교 평가되므로 일 잘하는 사람은 이러한 시스템을 좋아하지만, 반대의 경우는 받아들이기 어려울 수 있다.

예를 들어, 팀원인 홍길동의 업무를 간단하게 정리해보자. 그는 일주일에 5일, 하루 8시간 일을 하면서 아래의 표처럼 3개의 프로젝트에 참여한다. 그가 일주일에 하루 정도 사용하는 기본 업무는 본인 부서의 고유한 업무이거나 기본적으로 직장 생활을 하면서 누구나 해야 하는 행정 업무 또는 동료 간의 친목 도모로 보내는 시간을 의미한다.

월요일	화요일	수요일	목요일	금요일
프로젝트 A	프로젝트 B	프로젝트 B	프로젝트 C	기본 업무

그는 각 프로젝트에서 할당된 일을 쉬지 않고 모두 해야 한다. 만일 못 하면 각 프로젝트 관리자로부터 낮은 고과를 받게 되고, 이것은 내년도 연봉을 결정하는 요인이 된다. 그래서 힘들다. 만일 그가 일을 못하는 직원이라면 이런 정책을 좋아할 리가 없다. 반면, 일을 잘한다면 어떨까? 쉽게 일을 처리하고, 그 결과 좋은 고과를 받을 것이며 내년도 연봉은 올라갈 것이다. 바로 이런 부분 때문에 프로젝트 관리가 조직에 정착되어 모든 인적 자원을 관리할 경우, 일 잘하는 사람과 일 못하는 사람이 받는 스트레스는 상반되는 결과를 초래한다. 그래서 물음표가 나오는 것이다. 그렇다면 일을 못하는 직원들은 무조건 도태되는 것이 맞을까? 답은 '아니다'이다. 그런 경우 적절한 교육을 통해 미리 예방을 하는 것이 역량이 높은 회사가 지닌 특징이다. 그럼에도 불구하고 일하는 데 차이는 있으니 분명 좋고 나쁨은 존재한다. 어쩔 수 없는 현실이다.

그렇다면 우리는 하루에 몇 시간 정도 자신의 업무에 몰입할 수 있을까? R&D 프로젝트를 할 때는 아무리 길어도 4시간을 넘기 힘들다. 간혹 2시간도 안 된다는 사람도 있었다. 그럴 수 있다. 특히 직책이 높아지면 관리에 너무나 많은 시간을 빼앗긴다. 우리는 불필요한 회의에 참석해야 하고, 업무와 상관없는 일을 하며 적지 않은 시간을 보낸다. 따라서 4시간을 넘기기가 힘들다고 하는데, 프로젝트 관리 역량이 높은 회사에서는 그런 것과 상관없이 정해진 시간만큼 일을 시킨다. 결과물로 이야기하는 조직에서 이런 문제를 해결하기 위해서는, 많은 사람들이 최적화를 추구할 것이고 결국 협업을 해야 가능하다는 것을 비로소 이해할 때 프로젝트 관리는 조직에 연착륙할 수 있다.

1.5 무에서 유를 창조한다

필자는 글로벌 회사에서 처음으로 프로젝트 관리자가 되어 정식으로 프로젝트 관리 업무를 시작하였다. 대부분의 회사에서 평범한 엔지니어가 아무런 프로젝트 관리 교육을 받지 않은 상태에서 프로젝트 관리자가 되듯이, 나 역시 그렇게 시작했다. 다행히 PMO의 도움으로 어려울 때마다 프로젝트에서 발생하는 여러 가지 문제들을 하나씩 풀어갔고, 처음 시작한 프로젝트를 성공했을 때는 그동안 직장 생활에서 느껴보지 못했던 성취감을 느꼈다. 마치 '무에서 유를 창조한 것' 같은 느낌이었다. 아마도 수동적으로 일하던 방식에서 벗어나 스스로가 주도적으로 일했기 때문이라고 생각한다. 실패를 했더라도 많은 것을 배울 수 있었을 텐데, 성공까지 했으니 더할 나위 없었다.

직장 생활을 오래 하다 보면 타성에 젖어서 아무 생각 없이 하던 일을 받아들이고 그냥 내가 해야 되는 일이라고 생각하게 된다. 왜 해야 하는지에 대한 의문은 잊은 지 오래다. 그냥 위에서 하라고 지시하는 것을 여과 없이 받아들인다. 그런데 한 번만 생각해보자. 정말 내가 하는 업무가 지금 꼭 해야만 하고, 정말 안 하면 안 되는 것인지. 내가 주도적으로 변하면 업무의 주인은 내가 된다.

이러한 경험 때문에 나는 항상 기업에서 프로젝트 관리 교육을 시작할 때 교육생들에게 이런 이야기를 한다. "교육의 효과가 좋을지에 대해 고민하지 말고, 그냥 교육을 통해 단 하나의 방법만이라도 배워서 바로 현업에 적용하세요". 바로 이것이다. 프로젝트 관리의 첫걸음은 배운 내용 중에 가장 기억나는 것부터 현업에 적용해 지금까지 일해온 것보다 더 좋은 결과를 얻는 것이다.

작은 것을 성공시키지 못하면 절대로 큰일을 성공시킬 수 없다. 대기업도 시작은 작은 사업이었고, 성공한 유명 음식점도 여러 차례의 실패를 거쳐 지금의 레시피를 찾아낸 것이다. 능숙하고 경험 많은 프로젝트 관리자가 되는 길은 여러 번의 실수를 통해 다양한 경험을 쌓고, 이를 바탕으로 과거보다 더 좋은 결과를 얻는 것이다. 만일 이 책을 읽고, 단 한 개의 도구나 기법이라도 배워서 실무에 바로 적용해 효과를 볼 수 있다면, 여러분의 프로젝트 관리 스킬은 그만큼 향상되는 것이다.

1.6 비대면 방식의 프로젝트 관리

프로젝트 환경이 복잡해지면서 최근 다양한 국가와 조직에서 여러 나라 사람들이 참여하는 프로젝트가 빈번하게 진행되고 있다. 이런 상황에서 각 회사는 기존의 대면 방식에서 벗어나 비대면, 즉

언택트(Un-tact) 방식의 재택 근무와 화상 회의를 실행하기 시작했다. 처음에는 과연 이런 방법으로 일할 수 있을지 의문이 들었으나 막상 해보니 못 할 것도 없다는 생각을 한다. 그렇다면 비대면 방식의 프로젝트 관리는 어떻게 해야 할까? 글로벌 가상(Virtual) 팀으로 진행하는 프로젝트가 이 상황에 속한다.

글로벌 가상 팀의 경우는 시간적, 지리적, 문화적, 국가적 경계를 초월해 진행하기 때문에 값싼 고급 인력을 쉽게 이용할 수 있고 다양한 경험, 능력과 기술 등을 결합하여 프로젝트 팀에게 양질의 정보를 제공할 수 있다는 장점이 있다. 하지만 문화적 차이와 지리적 위치에 따라 실시간 정보 공유가 어렵기 때문에 다양한 형태의 의사소통 기술을 제공해야 하는 불편함도 있다. 항상 모든 일에는 양면성이 있어 장점이 있으면 단점도 발견된다. 장점을 잘 이용하고 단점을 줄인다면 기존 대면 방식을 능가할 수 있으리라 믿는다. 그렇다면 비대면 방식에서 각 상황이 어떻게 변할지 간단하게 정리해 보자.

프로젝트 조직 관점에서는 사회적 거리두기가 만연하면서 기존 기능(Functional) 중심의 조직에서 매트릭스(Matrix) 구조를 지나, 빠르게 프로젝트(Projectized) 조직으로 바뀌기 시작할 것이다. 지금까지는 기능 조직이 가지고 있던 안정적인 조직 체계와 전문 지식, 경험 등이 인적 네트워크를 통해 전달되었지만, 비대면 방식에서는 힘들 것이다. 특히 암묵적인 지식은 공유하기가 어렵기 때문에 시스템적 접근 방법이 필요할 것이다. 예를 들면, 실패 사례를 기반으로 자료를 정리할 수 있는 시스템을 구축하여 유사한 프로젝트에서 더 이상 같은 실수가 일어나지 않도록 해야 한다.

또한, 인적 자원의 활용도는 점점 높아질 것이다. 자원의 활용이 극대화되면 조직 입장에서는 당연히 좋은 결과를 얻겠지만, 의사소통 방식은 높아진 인적 자원의 활용도에 비해 더 복잡해진다. 따라서 이런 문제점을 해결하기 위해 기존 방식에서 벗어난 팀 관리 방식이 도입될 것이다. 예를 들어, 팀원들의 일하는 모습을 디지털 카메라를 이용하여 감시하는 부작용도 피할 수 없을 것이고, 성과 위주의 결과물로 팀원들의 역량을 판단하는 평가 방식 역시 일부 팀원들에게는 불만의 대상이 될 수 있다(간혹 많은 시간을 투자해도 얻을 수 없는 결과가 발생할 수 있다). 그렇게 되면 투자 대비 돌아오는 효과가 작은 업무는 기피하는 경향이 발생하고, 이러한 일들이 팀원의 결속력을 낮추기 때문에 중요한 정보의 공유가 실시간으로 안 될 수도 있다. 이런 부작용을 없애기 위해서 프로젝트 관리자는 프로젝트의 시작과 함께 상세한 일정 계획을 세우고, 정확한 자원의 활용도와 각 팀원들의 역할과 책임을 초기에 명확하게 할 필요가 있다.

업무 수행에는 주도적인 자세가 필요하다. 어떤 상황에서는 혼자서 해결할 수 없는 문제가 발생할 수 있다. 이럴 경우 빠르게 온라인 회의를 통해 해결 방안을 찾아야 하는데, 서로 미루면 당연히 해결되지 않는다. 프로젝트 관리자는 이런 문제가 발생하지 않도록 체계화된 프로세스를 구축하여 프로젝트 초기에 하나의 그라운드 룰로 정착시켜야 한다.

주도적으로 문제를 해결하지 않는 이유 중 가장 큰 요인은 평가 방식에 달려 있다. 아직까지 프로젝트를 진행할 때 각 부서별로 참여하는 팀원에게 고과권을 가지고 그들의 업적을 평가하는 프로젝트 관리자는 없었다. 그렇다고 프로젝트 관리자에게 고과권을 부여하게 되면 참여하는 팀원들은 원래 부서의 상사와 애매모호한 상황이 될 수 있다(대다수 팀원들은 고과권에 따라 움직이려는 경향이 있기 때문이다). 따라서 프로젝트 관리자는 고과권은 없지만 팀원들에게 동기부여를 해주어야 하고 소프트 스킬을 개발하여 리더십으로 팀을 이끌어야 한다. 그래서 쉽지 않다.

팀원들의 교육 형태는 전통적인 '집합 교육'에서 '온라인 교육'으로 바뀌는 추세다. 4차 산업 혁명 시대의 도래와 함께 창의적인 인재가 필요한 기업에서도 교육 패러다임은 바뀔 수밖에 없다. 현재 급하게 조달된 디지털 교육 시스템은 시행착오를 거쳐 조금씩 안정되는 모습을 보이지만, 기존의 집합 교육으로 얻었던 참여자들의 토론 시간과 강사의 경험을 기반으로 하는 즉각적인 피드백은 얻기 힘들다. 따라서 향후 교육은 한 방향으로 진행하는 강의형 교육을 벗어나, 학습자 중심의 주도적인 선행 학습, 교육 후 피드백을 통해 지식을 얻을 수 있는 시스템이 정착될 것이다. 시행착오를 통해 단점은 수정·보완하여 좋은 방향으로 갈 수 있도록 하고, 장점을 잘 이용한다면 슬기롭게 이 난관을 헤쳐나갈 수 있으리라 믿는다.

1.7 프로젝트 관리 방법론 적용 시 의문점과 해결 방안

체계적인 프로젝트 관리 방법론을 조직에 적용하려고 할 때 누구나 고민하는 문제가 있다. 특히 경영진 입장에서는 지금까지 이런 방법론을 적용하지 않아도 큰 문제가 없었는데, 과연 프로젝트 관리를 하면 어떤 도움을 받을 수 있을지 의문을 갖게 된다. 그래서 여러 가지 질문을 하게 마련인데 그중 몇 가지만 정리해보았다.

- **다양한 현업 업무를 하나의 프로젝트 관리 체계(Framework)로 해결할 수 있을까?**

하나의 체계로 해결이 될 수도 있고, 아닐 수도 있다. 이것을 알면 좋은 것이고 몰라도 크게 문제 되지 않는다. 현업에서 진행하는 방식과 다를 수 있다는 것도 당연히 인정한다. 따라서 현업에서는 제공되는 체계에서 도움이 될 내용만 가져다 쓰면 되는 것이지, 무조건 이 방법론을 따라야 한다는 것은 잘못된 방식이다. '맞지 않는 옷을 억지로 입는 것'과 같은 결과를 초래하기 때문이다.

만일 지금까지 열심히 일했음에도 기대한 만큼의 결과를 얻지 못했다면, 또는 더 좋은 결과를 얻길 원한다면, 한번쯤 프로젝트 관리 체계를 공부하고 무엇이 문제였는지 찾아 비교해보기를 권한다. 분명 도움이 될 것이다. 그리고 현업에서 일할 때 부족했거나 필요한 부분에 대해서만 직접 적용해보길 추천한다. 현업의 성공과 실패 경험에 체계적이고 이론적인 내용을 추가하게 되면 지금까지 일해온 방식에서 느끼지 못했던 많은 부분들이 해결되면서 프로젝트 성공 확률은 높아질 것이다. 이렇게 하나씩 적용해나가면 좋다.

- **유관 부서가 많은데 한 부서만 적용한다고 바뀔까?**

한 부서만 프로젝트 관리 체계에 대한 교육을 받고 적용한다고 해서 모든 것이 바뀌지는 않는다. 그렇다고 모든 부서가 똑같이 프로젝트 관리 교육을 받고 한 번에 똑같이 적용해도 프로젝트 관리의 효과를 현업에 적용시키는 것이 가능하지 않았다. 중요한 것은 프로젝트 관리 교육을 받고 직접 현업에 적용해서 익숙하게 될 때에야 비로소 작게는 한 개인, 크게는 조직 전체에 효과가 나타났다.

그 이유는 이렇게 생각한다. 무언가 새롭게 적용하려면 변화를 받아들여야 하는데 어느 조직에서든 변화를 싫어하는 세력이 있기 때문이다. 개인적으로, 불합리한 부분만 부각시켜 적용하지 못하도록 막는 것도 많이 보았고, 부서 간의 보이지 않는 장벽 때문에 적용 자체를 해보지 않은 경우도 많았다. 따라서 작은 부분이라도 적용해보고 도움이 되었다면 점점 확대하는 것이 바람직하다. 모든 사람들이 그 효과를 인정하면 조직의 성숙도는 분명 높아진다. 어떠한 경우라도 '첫 술갈에 배부를 수는 없다'. 중요한 것은 시도해보는 것이다. 아인슈타인이 말한 것처럼 "과거와 똑같은 방식으로 일하면서 다른 결과를 기대해서는 안 된다".

- **그렇게 좋다면 모든 조직에서 사용해야 하지 않을까?**

지금 많은 회사들이 정체된 조직 문화에 활기를 주기 위해 여러 방법들을 사용하고 있다. '혁신의 필요성'을 느끼고 수직적인 조직 문화를 수평적인 조직 문화로 바꾸기 위한 노력도 하고 있다. 직급 파괴, 호칭 통일, 스마트 오피스 등 많은 방법들이 도입되고 있지만 정착하기는 쉽지 않다. 먼저 일하는 문화를 바꾸는 것이 전제 조건이 되어야 하기 때문이다. '일하는 문화가 바로 프로젝트 관리'이다. 그래서 모든 조직에서 꼭 필요한 것이다.

많은 조직에서 프로젝트 관리를 쉽게 받아들이지 않는 이유로, 가장 먼저 불필요한 문서 작업이 많다는 점을 들곤 한다. 과도해 보이는 문서 작성 양에 거부감을 보이는 것이다. 그런데 정말 문서 작업이 많은 것일까? 내 대답은 '아니다'이다. 문서 작업이 많은 것이 아니라 해보지 않은 문서 작업이기 때문에 많다고 느껴지는 것이다. 문서 작업을 통해 일하는 방식을 체계화하면 현업에서는 오히려 많은 시간이 절약된다는 것을 알게 될 것이고, 이를 적극적으로 활용할 때 조직 문화는 바뀔 수 있다.

간혹, 무조건 새로운 프로젝트 관리 방법론을 받아들여 모든 프로젝트에서 똑같은 문서를 원하는 경우도 보았다. 이것은 분명 불필요한 문서이다. 앞에서 유연성을 강조했듯이 문서는 정보 공유를 위해서 만드는 것이지, 하나의 틀에 맞추어 작성하면 오히려 부작용을 낳는다. 어떤 문서가 필요한지 확인하는 제일 좋은 방법은, 그 문서가 모두에게 도움을 주면 필요한 것이고, 아니라면 불필요한 문서라고 생각하면 맞는다.

두 번째는 '부서 간의 사일로(Silo) 현상'이다. 지금까지 부서 간의 경쟁과 개인 간의 경쟁으로 평가하는 조직이었다면, 이제부터 추구하는 조직은 서로 상생하고 협력하는 조직이 되어야 한다. 서로가 정보 공유를 통해 '학습하는 조직'으로 체질을 바꾸어야 한다. 여전히 부서 간에 보이지 않는 벽이 존재할 것이기 때문에 시간이 걸리겠지만 해결은 가능하다.

세 번째는 부서에서 진행하는 것이 프로젝트가 아닌 경우이다. 이럴 때는 무리하게 적용하면 안 된다. 비효율적이기 때문이다. 프로젝트로 진행하지 않은 조직은 항상 똑같은 반복적인 업무를 한다. 우리는 이런 업무를 '운영(Operation)'이라고 한다. 필요성을 느끼고 나서 사용해야 도움이 된다. 절대로 다 사용할 필요는 없다.

생각해보기

- 프로젝트를 비대면 방식으로 진행할 때, 장점과 단점은 무엇이 있는지 정리해보자.
- 프로젝트를 진행할 때와 하지 않을 때 가장 큰 차이는 무엇일까? 다양한 관점에서 생각해보자.

Ch. 2

프로젝트 시작하기

프로젝트는 '끝이 있는 일'이다. 이것이 우리가 반복해서 되풀이하는 '운영'과 '프로젝트'를 구분하는 가장 쉬운 차이점이다. 기업에서 프로젝트를 시작하는 이유는 경제 가치 향상, 새로운 제품 개발, 기존 프로세스의 효율성 증대, 경쟁력 확보를 위한 특허 선점 등 다양한 목적을 가지며, 때로 경제 가치와 상관없이 환경 법규 개선이나 산업 규제를 지키기 위해서 진행하는 경우도 있다.

기업에서 프로젝트를 시작하는 방법은 정해져 있을까? 기업마다 조금씩 차이는 있겠지만 일반적으로 스폰서*가 비즈니스 케이스를 확인한 후, 프로젝트 관리자에게 시작을 요청하고, 프로젝트 관리자는 그 요청에 따라 팀원들과 함께 프로젝트 성공을 위해 책임지고 일하는 것으로 되어 있다. 따라서 프로젝트 관리자와 스폰서는

---

* 스폰서: 프로젝트, 프로그램 또는 포트폴리오에 필요한 자원을 제공하고 프로젝트를 성공으로 이끌 책임이 있는 개인 또는 집단을 말한다.

형식적인 관계가 아닌 긴밀한 협조 체제를 이루어야 성공 확률을 높일 수 있다.

2.1 시작이 반이다

프로젝트를 시작하는 공식적인 절차나 프로세스가 정해져 있지 않다면 대부분 조직에서 상사가 시키는 대로 진행하게 된다. "이런 제품 개발해봐." 또는 "이런 문제가 발생했으니 이런 식으로 해결해봐." 등이다. 그러다 즉흥적으로 "하던 일 멈추고 이것부터 먼저 해봐."와 같이 주먹구구식으로 업무를 진행한다. 무엇을 하는지 깊이 있게 생각할 틈도 없다.

그런데 막상 제품을 개발하라고 해서 열심히 개발했더니 경쟁사가 유사한 제품을 이미 개발한 상태다. 경제적으로 아무 가치가 없다는 것을 프로젝트가 끝날 무렵 알게 되었다. 스폰서에게 그런 사실을 보고했더니 왜 중간에 벤치마킹도 하지 않았느냐고 구박이다. 어쩔 수 없이 좋은 경험을 했다고 생각하면서 대충 개발 완료 보고서를 쓰고 프로젝트를 종료한다. 회사에 많은 손해를 끼친 것이다. 인적 자원을 필요 없는 곳에 사용했으니, 정작 중요한 프로젝트에 사용하지 못한 것이 제일 큰 손해이고, 중간에 지속적으로 확인해서 도움이 되지 않는다고 판단했다면 빨리 그만두어야 회사 입장에서는 낭비를 최소화할 것인데 솔직하지 못했던 것이 아쉽다.

아마도 그렇게 하지 못하는 이유는 잘못을 인정하는 순간, 조직에서 자신의 입지가 곤두박질치기 때문일 것이다. 누구나 한 번씩 이런 경험을 하고 나면, 입사했을 때의 초심을 잃어버리기 쉽다. 그렇게 되면 우리가 누구를 위해서 일하는 것인지 갈피를 잡기 힘들어진다. 조직이 존재하는 것이 먼저인지, 아니면 내가 살아야 조직이 존재하는지 혼란스러워진다.

이런 상황은 어느 조직에서나 일어날 수 있는 현상이다. 특히 대기업에서 조직 개편을 하면 하던 업무가 중간에 종료되고, 새로 부임한 상사의 요청에 따라 새로운 일을 하게 되는 상황이 발생하기도 한다. 업무가 바뀔 것 같은 생각(새로운 상사가 능력이 없어 또 다른 상사가 올 것 같은 생각)이 들면, 업무에 흥미가 생기지도 않고 그냥 바쁜 척하면서 대충 시간을 보내게 마련이다. 부하 직원들은 눈치만 빨라진다. 업무에 대한 동기부여도 안 된다. 어쩔 수 없는 우리의 현실이다. 그래서 공식적인 절차나 프로세스가 필요하다. 한 번 더 신중하게 정말 우리가 해야 하는 일인지, 지금 꼭 해야 하는지, 확인하고 확인해서 시작하라는 뜻이다.

'급할수록 돌아가라.'는 말이 있다. 무조건 빠르게 하려고 서두르면 실수가 많아진다. 그래서 프로젝트를 시작할 때 공식적인 절차를 만들어 모두가 같이 검토해 실수를 줄여야 한다. 이럴 때 필요한 것이 말보다는 공식적인 문서이다. 우리는 첫 번째로 작성하는 이 문서를 '프로젝트 헌장(Project Charter)'이라고 정했다. 공식적인 문서니 조금 더 신중하게 작성할 수 있고, 공식적이기 때문에 모든 이해관계자들과 공유하고 그들의 피드백을 받을 수 있어 다행이다. 사실 이것만으로도 성공 확률은 높아진다. 물론 문서의 이름은 조직마다 조금씩 다를 수 있다. 조직에 따라 '제품 개발 계획서', '상품 개발 계획서', '기안서' 등 다양한 이름으로 불린다. 이름이 무엇이든 상관없다. 단지 프로젝트를 시작할 때 공식적인 문서를 통해 모두가 공감하자는 이야기다.

'프로젝트 헌장'은 프로젝트 관리자가 팀원들과 작성하는 것이 일반적이지만, 누가 작성해도 무방하다. 단지, 이런 과정을 거쳐서 스폰서의 정확한 생각을 알아내고, 필요하다면 스폰서의 지시 사항을 필터링해서 조직의 전략적인 방향과 같은 방향으로 가도록 하는 것이다. 무작정 시킨 대로 하는 것이 아니라 잘못된 부분이 있다면 서로 수정할 수 있고, 이런 과정을 통해 방향 설정을 정확하게 하자는 것이다.

예전에 현업에서 새로운 제품을 열심히 개발한 적이 있다. 개발이 완료되었을 때 상사는 "원가도 생각하지 않고 이런 식으로 개발을 하면 못 할 사람이 어디 있냐?"면서 구박을 했다. "원가가 중요한 것이 아니라 일정이 급한 것처럼 이야기하지 않았나요?"라고 되물었더니, 일정도 급하지만 개발자가 기본적으로 원가에 대한 개념이 없다고 타박했다. 할 말이 없었다. 물론 내 책임이다. 원가와 일정 중에서 어디에 포커스를 둬야 할지 미리 정확히 이야기가 되었다면 개발 방향도 쉽게 정해지지 않았을까? 그래서 언제나 시작 전에 어디로 뛸지, 방향 설정을 정확히 하는 것이 중요하다. 시작이 잘못되면 쉬지 않고 올라간 산이 '엉뚱한 산'일 수도 있다는 것을 잊어서는 안 된다. 그래서 프로젝트를 시작할 때 첫 번째로 작성하는 공식적인 문서인 '프로젝트 헌장'을 작성하는 것이 중요하다. 그러면 프로젝트 헌장을 어떻게 작성하는 것이 좋은지 살펴보자.

2.2 프로젝트 헌장 작성법

프로젝트를 시작할 때 첫 번째로 작성하는 공식적인 문서를 '프로젝트 헌장'이라고 한다. 이 헌장을 통해서 프로젝트 관리자는 프로젝트와 관련된 이해관계자들과 모든 정보를 공유하고 피드백을 받아, 프로젝트 팀이 미처 생각하지 못한 부분까지 확인할 수 있는 기회를 얻어야 성공 확률이 높아진다. 재작업 횟수가 줄어들기 때문이다. 문서 없이 그냥 진행하면, 프로젝트와 관련된 사람들은 정확하게 프로젝트에 대하여 모든 것을 알고 있다고 생각하겠지만, 다른 이해관계자들의 시각에서는 그렇지 않은 경우가 생긴다. 모두가 우리와 같은 생각을 한다고 여기지 말자. 팀 별로 바라보는 시각은 분명 다르다.

이제 프로젝트 헌장에 포함될 내용을 정리해보자. 물론 회사마다, 프로젝트마다 조금씩은 다르겠지만 어떤 내용이 들어 있어야 효과가 좋을지 생각하면 쉽게 작성할 수 있다. 물론 프로젝트를 시작할 때는 부족한 정보로 인해 프로젝트 헌장이 다소 부실할 수 있겠지만, 시간이 지날수록 데이터를 확보하여 점점 더 자세하게 다듬어져 계획 단계가 끝날 때까지 완료하는 점진적 구체화(Progressive Elaboration)* 과정을 거친다는 점을 알면 오히려 마음이 편하다.

다음에 예를 든 것은 인터넷에서 쉽게 구할 수 있는 프로젝트 헌장의 샘플로 현업의 경험을 살려 내용을 일부 각색한 것이다. 아주 자세하게 적은 것도 아니고, 간단하게 작성한 것도 아닌 중간 정도라고 생각하면 좋을 것 같다. 간단하면 나중에 계획을 세울 때까지 더 많은 노력이 필요할 것이고, 시작할 때부터 너무 구체적으로 작성하면 초반에 많은 시간을 할애해야 한다.

프로젝트 헌장은 프로젝트의 복잡성과 난이도에 따라 샘플을 따로 만들어 사용해도 무방하다. 예를 들어, 사내에서 간단한 프로젝트를 진행할 때는 간단하게 작성하고 시작하면서 수정해도 괜찮지만, 정부 기관의 프로젝트를 수주하는 회사에서는 'RFP(Request For Proposal)'라고 하는 제안 요청서를 작성할 때 상세한 계획까지 모두 포함해 제출하는 것이 일반적이다.

다음 샘플은 프로젝트 헌장을 작성할 때 필요한 내용과 작성 방법을 토대로 만들었다.

---

* 점진적 구체화: 정보의 양이 점차 증가하고 정확한 산정치가 제시됨에 따라 프로젝트 관리 계획서의 기술 정확도를 높여나가는 반복적인 프로세스를 말한다.

프로젝트 헌장

프로젝트 타이틀	제목만으로 누구나 무슨 프로젝트인지 알기 쉽게 작성한다. 프로젝트 관리의 장점이 정보의 공유이다 보니 유사 프로젝트로부터 얻을 수 있는 정보가 많다. 따라서 조직이 방대해지면 타이틀만으로 쉽게 접근할 수 있어야 한다. 타이틀 아래에 프로젝트의 스폰서와 프로젝트 관리자 이름을 적어놓으면 정보 공유에 도움이 된다. 스폰서: 프로젝트 관리자:
프로젝트 배경	프로젝트를 진행하는 이유를 적는다. 간혹 우리는 프로젝트를 왜 진행하는지 모르고, 그저 시키기 때문에 생각할 겨를도 없이 무조건 수동적으로 하는 경우가 있다. 스폰서는 프로젝트 관리자가 자신의 뜻을 정확히 판단했다고 생각하지만, 때로 다르게 해석할 수도 있다. 배경을 넣어두는 것은 스폰서의 요청을 프로젝트 팀이 정확하게 이해했는지 서로 확인할 수 있는 좋은 기회를 준다.
전략적 목표	프로젝트에서 진행해야 할 분명한 목표는 SMART(Specific: 구체성·명확성, Measurable: 측정 가능성, Achievable: 달성 가능성, Relevant: 목표 연계성, Time-bounded: 납기 설정)하게 작성하는 것이 좋다. 특히 전략적인 목표는 조직의 비즈니스 목표와 언제나 일치해야 한다. 예를 들어, 회사에서는 경영 환경이 안 좋다고 하는데 경제 가치와 전혀 상관없는 개발을 하는 것은 잘못된 일이다. 그런 프로젝트는 경기가 좋아진 다음으로 미루어야 한다. 따라서 진행하는 프로젝트가 비즈니스 목표와 연계되었는지 확인해야 한다.
성공 측정 기준	무조건 열심히 하기보다는 프로젝트를 시작할 때 어떤 모습으로 프로젝트가 종료되어야 성공적일지 미리 생각하자. 그러면 진행하는 방법이나 절차가 바뀔 수 있다. 가령 프로젝트의 범위와 일정, 원가, 품질을 모두 만족시키려고 한다면, 하나라도 놓치지 않으려다가 아무것도 얻지 못하는 상황이 발생할 수도 있다. 따라서 프로젝트 별로 절대 놓칠 수 없는 것이 무엇인지를 먼저 생각해야 한다. 그것은 급박한 개발 일정일 수도 있고, 프로젝트의 한정된 예산 안에 완료해야 하는 업무일 수도 있다. 반드시 모든 것을 다 만족시킨다고 정해놓으면 실패할 확률이 높다. 중간에 뭔가 하나를 포기해야 될 때 꼭 달성해야 하는 것이 무엇인지 알고 있어야 한다. 이러한 성공 측정 기준은 프로젝트 팀에서 결정하는 것이 아니고 스폰서와 핵심 이해관계자들의 동의를 얻어 같이 정하는 것이 바람직하다. 성공 측정 기준을 정하면 각각의 팀원들이 바라보는 시각과 진행하는 방향이 명확해지면서 진행 과정에서 발생할 수 있는 실수를 줄이게 된다.
핵심 요구 조건과 중요 산출물	프로젝트를 진행할 때 꼭 필요한 요구 조건과 중요 산출물을 적어준다. 핵심 요구 조건은 핵심 기술일 수도 있고, 프로젝트 완료에 꼭 필요한 인적, 물적 자원일 수도 있다. 중요 산출물은 주로 문서 형태로 나온다. 예를 들어 '품질 테스트 완료 보고서', '장비 Set-up 보고서' 등이다. 특히, 개발 제품을 중요 산출물로 간단하게 적어놓으면 정상적으로 작동하는지 알 수 없고, 우리가 원하는 스펙을 모두 만족시켰는지도 모르기 때문에 이러한 내용이 모두 포함되어 있는 문서 형태로 나오는 것이 바람직하다.

프로젝트 일정과 예산	경험을 바탕으로 해서 개략적으로 적으면 된다. 일정과 예산을 산정하는 여러 가지 기법들이 사용되지만, 나중에 필요한 정보를 얻으면 다시 수정할 수 있기 때문에 많은 시간을 투자해서 정확도를 높일 필요는 없다. 유사한 프로젝트를 진행한 경험이 없다면, 그와 같은 프로젝트를 한 경험이 있는 동료의 도움을 받아 정확도 약 70% 정도의 확률로 작성한다. 이렇게 산정한 일정과 예산은 프로젝트를 계속 진행하면서 점진적으로 구체화되는 과정을 거쳐, 계획 단계가 완료될 때 훨씬 높은 정확도를 나타낸다.
프로젝트 자원	프로젝트를 진행하면서 필요한 인적 자원과 물적 자원을 적는다. 예를 들어, 품질 테스트를 진행할 인적 자원이 필요하다면 그 부서 담당자로부터 허락을 구해야 하고, 테스트에 사용할 특수 재료가 필요하다면 미리 주문을 내야 한다. 갑자기 프로젝트를 진행하면서 팀원을 달라고 하면, 어떤 부서장이 선뜻 원하는 팀원을 보내주겠는가? 따라서 필요한 자원에 대해서는 미리 문서상으로 언급해 공식적인 허락을 받아야 한다.
프로젝트 제약 조건과 가정 사항	프로젝트에 제약 조건이 있다면 시작 전에 확인한다. 예를 들어, '1년 안에 개발되어야 한다.', '품질은 국제 품질 기준을 따른다.' 등이다. 가정 사항에 대해서는 프로젝트를 성공적으로 끝내기 위해 필요한 가정들이 있으면 적은 후에 지속적으로 가정이 유효한지 프로젝트의 생애 주기 내내 확인해야 한다.
핵심 이해관계자 리스트	핵심 이해관계자*들의 명단은 꼭 작성한다. 필요하다면 사인까지 받아두는 것도 좋다. 핵심 이해관계자란 주로 프로젝트를 진행할 때 도움 받을 수 있는 부서장들이 여기에 속한다. 그들의 도움 없이는 프로젝트를 원활하게 진행하기 어렵다.

요즘 기업에서는 같은 실수를 반복하지 말자고 강조한다. 부서 간의 정보 공유가 안 되다 보니 똑같은 실수를 부서별로 반복하는 경우가 자주 발생하고 이로 인한 시간적, 경제적 손실이 무시할 수 없을 정도로 크다. 'AI(인공 지능)를 활용한 실패 재발 방지 시스템 구축' 프로젝트를 가상으로 생각해서 프로젝트 헌장을 작성해보자.

---

* 이해관계자: 프로젝트의 결과물에 긍정적, 부정적 영향력을 미치거나 영향을 받는 모든 사람을 말한다.

프로젝트 헌장

프로젝트 타이틀	"AI(Artificial Intelligence: 인공 지능)를 활용한 실패 재발 방지 시스템 구축" 스폰서: 이규호 상무 프로젝트 관리자: 차영서 수석
프로젝트 배경	부서별 실패 사례에 대한 정보를 공유하여 같은 실패가 반복되지 않도록 예방하고, 유사한 실패에 대해서는 적합한 해결 방안을 제공하여 프로젝트 개발 기간을 단축하기 위함이다.
전략적 목표	2022년 상반기까지 12개월 동안 프로젝트 관리자와 팀원 7명이 예산 100만 달러로 실패 재발 방지 시스템을 구축한다. 이 시스템을 이용하여 다음 목표를 달성한다. - AI를 활용한 모델링 기법을 사용하여 기존 대비 불량 해결률 30% 향상 - 2021년 대비 프로젝트 제품 개발 기간 30% 단축 - 정기적으로 추가 실패 사례를 확보하여 시스템을 업데이트하는 프로세스 확보 - 사용 방법 매뉴얼 개발과 직원 교육 일정
성공 측정 기준	총 기간 12개월 ± 10%, 불량 해결률 10% 향상, 제품 개발 기간 10% 단축, 총 예산 100만 달러 ± 30%, 시스템 업데이트하는 프로세스 베타 버전 확보
핵심 요구 조건과 중요 산출물	- 실패 사례에 대해 AI(인공 지능) 기능을 접목할 수 있는 국내외 업체 선정(업체 능력 검증 방법으로 과거 3년 매출 합계 500만 달러 이상, 전문 인력 10명 이상에 해당하는 업체 또는 이에 준하는 업체) - AI 시스템 테스트 결과 보고서, 각 부서 실패 사례 모음집, 1차 완료 보고서, 최종 완료 보고서, 사용 방법 매뉴얼, 직원 교육 일정 스케줄 등
프로젝트 일정과 예산	착수 단계: 2021. 7. 1~7. 31 계획 단계: 2021. 8. 1~8. 31 실행 단계: 2021. 9. 1~2022. 5. 31 종료 단계: 2022. 6. 1~6. 30 예산: AI 업체(80만 달러), 시스템 구축 하드웨어 및 기타 비용(20만 달러). 단, 프로젝트 관리자와 팀원 등 인적 자원에 대한 경비는 프로젝트 예산에 포함하지 않는다.
프로젝트 자원	프로젝트 팀원에는 AI 업체와 교량적 역할을 할 수 있는 IT 부서 팀원, 각 부서 실패 사례를 정리할 팀원 1명씩, 구매 부서 팀원 1명 등을 포함한다.
프로젝트 제약 조건과 가정 사항	- 전체 프로젝트 일정은 1.5년을 초과할 수 없다. - 개발 부서에서 진행한 제품 개발의 실패 데이터에 한정되고, 개발 부서의 5개 팀은 지난 5년 동안 확보한 실패 사례를 정리하여 계획 단계가 끝나는 시점까지 모두 제공할 수 있다. - 각 부서에서는 실패에 대한 공통의 정의가 있어야 하고, 프로젝트 관리자의 요청에 따라 부서별 조율이 필요할 수도 있다. 조건에 맞는 AI 업체가 국내외에 존재해야 하고, 계약 시 일정대로 진행할 수 있어야 한다. - 현재 IT에서 사용하는 서버 용량으로 가능하다.
핵심 이해관계자 리스트	개발 부서장, 5개 부서 팀장, IT 팀장, 품질 부서장, 스폰서, 경영진

프로젝트 헌장을 작성할 때 많은 혼란을 야기하는 것을 따로 정리해보았다. 조직별로 조금씩 다른 것은 인정하지만, 경험을 바탕으로 몇 가지 가이드라인을 제시하면 프로젝트 헌장을 작성할 때 도움이 될 것이다.

- **전략적인 목표와 성공 측정 기준**

  전략적인 목표가 성공 측정 기준과 같다고 생각할 수도 있지만 그렇게 되면 따로 정리할 필요가 없을 것이다. 일반적으로 전략적인 목표에 비해 성공 측정 기준은 작은 부분이다. 예를 들어, 2022년 상반기까지 프로젝트가 끝나는 것이 전략적 목표의 하나였는데 한 달이 지나서 끝났다면 성공일까? 또한, 범위와 일정, 예산을 모두 지키지 못했을 경우에도 성공일까? 애매모호하다. 그래서 성공 측정 기준은 우리 프로젝트가 최소한 이 정도는 돼야 한다고 생각하는 마지노선이라 생각하면 좋을 것이다. 전략적인 목표는 프로젝트 팀이 달성할 수 있는 최대의 기대치라고 생각해도 무방하다.

  프로젝트 성공 측정 기준을 스폰서나 경영진의 요청 때문에 달성하기 어렵게 작성하는 경우가 있다. 이런 식은 옳지 않다. 특별한 상황이 아니라면 프로젝트 성공 확률이 약 70~80%는 될 정도로 잡는 것이 바람직하다. 만일 성공 가능성이 50%도 되지 않는 프로젝트를 진행한다면 팀원들의 사기는 분명 떨어질 것이기 때문이다.

  스폰서나 경영진이 높은 성공 측정 기준을 원하는 이유는 프로젝트 팀을 압박하려고 하는 것인데, 이럴 때는 실제 성공 측정 기준과

겉으로 나타내는 성공 측정 기준이 다른 경우도 있었다. 전형적인 주먹구구식 방식이다. 일단 압박을 해야 더 많이 일한다는 그릇된 생각이 지배하는 경우 이런 현상이 나타난다.

스폰서 중에서 간혹 프로젝트의 실패가 본인들의 업적과 상관없다고 생각하는 경우도 있다. 이것은 명백히 틀린 생각이다. 프로젝트 관리자는 스폰서의 요청에 따라 프로젝트를 관리하는 사람이고, 프로젝트의 성공과 실패의 총책임자는 스폰서이다. 두 가지 서로 다른 성공 측정 기준으로 관리를 하면서 팀원들을 압박하는 것도 잘못된 일이다. 실패하면 모두가 실패하는 것이기 때문이다. 그래서 프로젝트 관리를 협업의 문화라고 하는 것이다.

- **프로젝트의 성공과 실패**

인간은 태어나서 살다가 죽는다. 만일 죽을 때 성공한 인생의 모습이 무엇일지 늘 생각한다면, 성공적인 삶의 끝을 맞이하기 위해 지금부터 계속 노력한다면 성공 확률은 높아질 것이다. 이처럼 성공한 모습을 생각하면 삶의 방식이 바뀌고 인생을 대하는 태도가 변한다. 이와 마찬가지로 프로젝트를 시작할 때부터 성공에 대한 정의를 내릴 수 있다면, 그래서 성공의 정의를 프로젝트 팀과 모든 이해관계자가 정확히 인지하고 공유한다면 성공 확률은 분명 높아진다. 프로젝트 성공의 정의가 모든 프로젝트 팀이 하나의 방향으로 갈 수 있는 동인(Driving Force)이 되기 때문이다.

동기부여 이론 중에 맥그리거의 X이론과 Y이론이 있다. X이론은 사람들은 대체로 일을 하기 싫어하기 때문에 통제와 지시를 통해 관리해야 한다는 것이다. Y이론은 사람들은 스스로 목표 달성을 위해 노력하기 때문에 맡겨놓으면 알아서 잘한다는 이론이다. 전형적인 관리자들은 팀원들과 프로젝트 성공의 정의를 공유하기보다는 강력한 통제를 통해 프로젝트의 성공을 얻으려고 애쓴다. 그래서 자신과 핀트가 맞지 않으면 프로젝트 팀원들에게 화풀이를 한다. 하지만 리더십을 갖춘 관리자들은 프로젝트 성공을 향해 같이 갈 수 있도록 애를 쓴다. 팀원들 역시 내가 어디로 가는지 정확히 알고 있어야 각자의 위치에서 생각할 수 있는 방향 감각이 생긴다.

그러면 프로젝트가 실패할 경우 누가 책임을 질까? 누구의 잘못이든 프로젝트 관리자가 먼저 일차적인 책임을 지고, 스폰서 역시 실패에 대한 결과를 감수해야 한다. 그렇다면 프로젝트 성공에 대한 정의가 열심히 일하는 모습이 아니라, 제대로 일하는 모습이 될 것이다. 막연하게 최선을 다해 상사의 눈에 들기 위해 그저 쉬지 않고 열심히 일만 하는 구태의연한 모습보다는 성공적으로 최종 산출물을 보여주는 모습이 맞을 것이다. 그래서 프로젝트를 시작할 때 성공과 실패에 대한 정의를 내리는 것이 중요하다. 그렇게 정의를 같이 내리면 상호 간에 믿음도 생기고, 이를 바탕으로 하나의 방향을 결정해서 갈 수 있는 지름길을 발견할 수 있다.

그렇다면 프로젝트의 성공은 어떻게 정의하는 것이 맞을까? 다양한 방법으로 정의할 수 있다. 과거에는 대부분 삼중 제약 조건으로 판단했다. 하고자 하는 업무(Scope)를 정해진 기간(Time) 안에 가지고 있는 예산(Cost)으로 진행하여 완료하면 성공이라고 생각했다. 프로젝트 팀의 관점에서 보았기 때문이다. 그러나 경영진의 관점에서는 다르게 볼 수도 있다. 개발이 정상적으로 끝났는데 시장에서 팔리지 않아 경제적인 가치를 얻지 못했다면, 또는 시간이 지나 고객의 호응이 안 좋다면 성공이라 말하기 어려울 수 있다. 정말 애매하다.

이러한 문제점을 보완하기 위해 미국의 리서치 기관인 스탠디시(Standish) 그룹에서 발표한 〈CHAOS 보고서〉*(2015)에서는 프로젝트 수행 결과를 3가지 유형으로 분류하였는데, 그 기준은 다음과 같다.

- **성공(Successful)**: 성공 요인을 모두 만족하면서 프로젝트가 종료
- **도전(Challenged)**: 성공 요인 중 하나라도 만족하지 못하면서 프로젝트가 종료
- **실패(Failed)**: 프로젝트가 취소되거나 고객에게 승인받지 못하면서 프로젝트가 종료

2015년 보고서에 따르면, 과거에 전통적인 성공 요인은 'OnTime(일정), OnBudget(예산), OnTarget(범위)'이었지만 2015년부터

---

* https://www.standishgroup.com

는 현대적인 성공으로 바꾸어 기존의 3가지 요인 외에 3가지 요인을 더 추가하였다. 즉 그것은 'Value(가치), OnGoal(목표), Satisfaction(고객 만족)'이다. 간단하게 6가지 요인을 줄여서 'OnTime, OnBudget, with a satisfactory result'라고 사용하는데, 그 뜻은 '프로젝트가 합리적인 일정과 예산으로 (프로젝트 범위와 상관없이) 고객과 사용자에게 만족을 전달하는 것'이라고 정의하였다. 이것을 바탕으로 2011년부터 2015년까지 5년 동안 진행한 여러 산업군의 IT 프로젝트 약 2만5000개를 조사한 결과, 새로운 기준으로 측정을 하였을 때 성공 확률은 7~10% 감소했지만, 이러한 감소율은 도전의 증가율로 반영된다는 것이 데이터로 나타났다.

	2011		2012		2013		2014		2015	
	전통적	현대적	전통적	현대적	전통적	현대적	전통적	현대적	전통적	현대적
성공	39%	29%	37%	27%	41%	31%	36%	28%	36%	29%
도전	39%	49%	46%	56%	40%	50%	47%	55%	45%	52%
실패	22%	22%	17%	17%	19%	19%	17%	17%	19%	19%

이 보고서는 프로젝트의 규모, 복잡성, 지정학적 위치, 다양한 산업군, 애자일 방법과 폭포수 모델에서의 차이에 대해 폭넓게 조사하였고, 성공과 실패에 기여하는 다양한 원인을 밝혀 통찰력을 주었다는 점에서 시사하는 바가 크다. 그 내용을 종합해서 간단하게 정리하면 다음과 같다.

- 프로젝트의 사이즈가 작을수록 성공 확률은 크다(6%에서 61%로 증가).
- 프로젝트의 복잡성이 감소할수록 성공 확률은 크다(15%에서 38%로 증가).
- 팀원 스킬이 좋을수록 성공 확률은 크다(17%에서 38%로 증가).
- 프로젝트의 규모와 상관없이 애자일이 폭포수 모델보다 성공 확률은 크다(11%에서 39%로 증가). 프로젝트 규모가 작으면 별 차이가 없지만 규모가 크면 성공 확률이 6배로 차이가 많이 난다.

이러한 내용 외에 보고서에서는 성공 요인들을 조사해 상대적인 점수를 부여했는데, 그 내용을 살펴보면 다음과 같다.

Chaos Factor of Success(2015)	성공 요인(2015)	점수
Executive Sponsorship	경영진 혹은 스폰서의 적극적인 지원	15
Emotional Maturity	정서적 성숙도	15
User Involvement	사용자 참여	15
Optimization	최적화: 프로젝트의 효율성 극대화	15
Skilled Resources	숙달된 인적 자원	10
Standard Architecture	표준화된 아키텍처	8
Agile Process	애자일 프로세스	7
Modest Execution	자동화/능률적인 실행	6
Project Management Expertise	프로젝트 관리 숙련도	5
Clear Business Objectives	명확한 비즈니스 목적	4

성공 요인은 매년 조금씩 점수가 바뀌고 있지만 경영진의 적극적인 지원은 항상 Top 3에 들어가는 요인이다. 경영진의 적극적인 지원은 프로젝트를 책임지고 있는 스폰서의 능력을 말하는 것과 일맥상통하는데, 프로젝트의 기술적인 면을 정확히 파악하고 있고 팀원들의 역량도 하나로 응집하는 소프트 스킬도 능숙하다는 것을 뜻한다.

반면, 커즈너(Harold Kerzner) 박사는 프로젝트 성공을 다른 4가지 관점에서 설명하였다.* 그 내용을 간단하게 살펴보면 다음과 같다.

1) 내부적 성공: 전사적 프로젝트 관리 방법론을 사용하여 프로젝트를 성공적으로 이끌고 지속적인 개선 활동을 일으키는 것
2) 재무적 성공: 조직에 재무적인 필요를 충족시킬 수 있는 장기 수입원을 창출하는 것
3) 미래적 성공: 조직을 미래까지 존속할 수 있도록 지원하는 연속적인 산출물 생산 능력을 갖추는 것
4) 고객 관련 성공: 고객의 니즈를 초과하여 고객과 동반자라고 느끼게 하는 지점에까지 이르는 것

프로젝트 별로 다를 수 있겠지만 언제나 프로젝트를 시작할 때 성공의 가치를 어디에 둘지 먼저 생각하고 시작하여야 한다. 그렇다면

---

* Harold Kerzner, 한양대 PM연구회 옮김, 《가치 중심의 프로젝트 관리》, 북파일, 2012

신제품 개발 프로젝트의 성공 확률은 얼마일까? PDMA(Product Development and Management Association)의 CPAS(Com-parative Performance Assessment Study)[*]에 따르면 신제품 개발의 성공 확률은 IT보다는 높아 약 60%가 된다고 한다. 그러나 이러한 성공 확률도 성공적인 제품 개발에 국한되어 있을 뿐, 시장에 나가 고객에게 재무적 가치를 부여한 제품을 따져보면 확률은 현저히 낮아진다.

이러한 조사에 대해 톰 카본(Tom Carbone) 박사가 발표한 내용[**]을 살펴보면, 프로젝트 시작 전 300개의 아이디어가 나오고, 그중 125개가 평가되어 최종 선정된 10개의 아이디어가 정밀 분석된다. 이 중 가능성이 높은 아이디어 4개를 선정하여 개발 프로젝트에 적용할 때 성공적으로 1.7개가 제품으로 출시되는데, 제품이 시장에 출시되어 재무적인 관점에서 이익을 주는 것은 단지 1개에 지나지 않는다고 하였다. 회사의 실무적인 내용을 총정리한 결과이므로 나름 의미가 깊다. 프로젝트의 성공을 '회사에 이익을 주는 것'으로만 정의할 때 성공 확률은 약 25% 정도에 불과하다는 것이다.

그렇다면 우리나라의 경우 프로젝트 성공 확률은 얼마나 될까?

---

[*] Kenneth Kahn, 《The PDMA Handbook of New Product Development》, 3rd Edition, 2012

[**] Tom Carbon, "It's a Success! Says Who? The Marriage between Product Development and Project Management", https://www.projectmanagement.com/videos/288532/It-s-a-Success--Says-Who--The-Marriage-between-Product-Development-and-Project-Management-, 2014

이 질문은 정말 어렵다. 일단 데이터를 구하기가 어렵다. 성공에 대한 정의도 없이 대부분 프로젝트를 시작하기 때문이다. 연말에 프로젝트 완료 보고서를 쓰면 성공한 것이라고 하는 조직도 의외로 많다. 그런 경우는 성공 확률을 100%라고 말한다. 무조건 보고서만 쓰면 끝이기 때문이다. 맞을 수도 있고, 아닐 수도 있는 수치다.

또한, 프로젝트가 끝나면 대충 성공했다고 믿는 경우도 많다. 외부에는 성공적이라고 알리지만 정말 재무 가치를 높인 프로젝트는 과연 얼마나 될지 필자도 무척 궁금하다. 나의 실무 경험으로 비추어 볼 때 카본 박사의 예상을 뛰어넘을 수는 없을 것으로 생각한다.

그러면 성공의 핵심 요인과 달리 실패 요인은 무엇일까? 물론 성공의 핵심 요인이 잘못되면 실패하는 것이다. 톨스토이의 소설 《안나 카레니나》는 다음의 문장으로 시작한다. "행복한 가정은 모두 모습이 비슷하고, 불행한 가정은 제각각의 불행을 안고 있다." 프로젝트 역시 비슷한 것 같다. 성공한 프로젝트는 성공 요인이 모두 엇비슷하지만, 실패한 프로젝트는 모두 저마다의 원인으로 실패하는 것 같다.

그중에서도 개발을 직접 한 입장에서 볼 때 가장 큰 실패 요인 중 하나는 '방심'이라고 생각한다. 정말 어렵고 힘든 업무는 모두가 힘을 합해서 해결하지만, 작은 실수 하나하나가 전체 일정을 느리게 하고, 예산도 점점 많아지게 한 경험이 있다. '방심'하지 않으려면 생각만 가지고는 안 된다. 서로 의사소통을 통해 필터링할 수 있는 '조기 모니터링 시스템'을 구축해야 최소로 막을 수 있다.

조기 모니터링 시스템으로 사용할 수 있는 것이 프로젝트 '단계 미팅'*이다. 단계 미팅에서 프로젝트 관리자는 정확한 현재 상황을 있는 그대로 발표하고, 단계 미팅에 참석하는 사람들은 프로젝트의 진행을 현재의 상황에서 같이 결정할 필요가 있다.

만일 미팅에서 진행 자체를 불필요하다고 결정하면 프로젝트를 종료한다. 이럴 경우, 팀원들은 다른 프로젝트에 할당되고, 만성적인 인적 자원의 부족은 쉽게 해결이 가능하다. 분명 이 부분이 어렵다. 특히 프로젝트 관리자 입장에서는 자신의 프로젝트가 중간에 종료('중단'의 의미다)되는 것을 실패라고 생각할 수 있는데, 그건 실패가 아니다. 프로젝트는 우리 모두의 프로젝트이고, 불필요하다고 생각되는 프로젝트를 중간에 그만두는 것은 우리 조직을 위한 일이기 때문이다.

- **프로젝트 헌장 작성 후 진행 절차**

프로젝트 헌장을 작성하여 스폰서가 원하는 방향인지 확인하는 절차를 통해, 최종 스폰서의 승인을 받았다면 프로젝트 관리자는 모든 이해관계자에게 프로젝트 헌장을 '발행(Issue)'한다. 이해관계자로부터 받은 피드백은 계획 단계를 거치면서 점진적으로 구체화되는 과정을 통해 최종 승인된 계획을 만들어 진행하면 되므로 따

---

* 단계 미팅: 프로젝트를 진행할 때 관리를 쉽게 하기 위해 단계별로 나누어 진행하는데 각 단계가 끝나면 다음 단계로 넘어가도 좋은지 확인하는 미팅이다. 프로젝트 팀과 스폰서, 경영진들이 참여해 진행 여부를 결정한다.

로 프로젝트 헌장을 업데이트할 필요는 없다.

스폰서들은 주로 큰 그림만 본다. 프로젝트 관리자는 큰 그림을 작게 나누어 큰 그림이 완성될 수 있도록 노력하면 된다. 성공하기 위해서는 스폰서의 생각을 잘 파악해야 하는데 스폰서가 세세한 내용까지 신경 쓸 틈이 없기 때문에 초반에 무엇을 원하는지 정확하게 파악해야 하고, 정확하게 이해가 안 될 경우 반복적인 질문을 통해 확실하게 알고 시작해야 한다. 하지만 스폰서에게 질문하는 것이 쉽지 않다. 그래서 문서로 프로젝트 헌장을 만들어 서로의 생각을 확인하고 비교해보는 것이다.

2.3 고객 관리도 체계적으로

프로젝트 헌장을 발행(Issue)하면 몇몇 부서에서 피드백을 보내준다. 주로 자기 부서에 해로운 무언가를 하지 말라는 내용이 많다. 도움을 주겠다고 하는 곳은 현업에서 그리 많지 않은 것 같다. 물론 프로젝트 팀 역시 도움을 달라는 요청을 거의 하지 않는다. 그냥 프로젝트 팀끼리 계획을 만들어 진행하는 경향이 큰데, 그건 잘못된 것이다.

한 번쯤 곰곰이 생각해보자. 프로젝트를 성공리에 종료하려면 모든 사람들의 도움이 절실히 필요하다. 경험을 말하자면, 예전에 제품 개발이 완료되었을 때 품질 테스트를 빠뜨렸다. 개발은 되었지만 품질 테스트가 완료되지 않아 판매가 불가능한 적이 있었다. 빨리 품질 테스트를 해야 하는데 시간이 오래 걸렸다. 예외는 없다. 그러다 보니 시장 진입 시간이 늦어져 결국 프로젝트를 실패한 경험이 있다.

나는 그때 초보 PM이었고 제품 개발을 한 경험도 없었다. 그런데 그 누구도 품질 테스트가 계획서에 빠져 있다는 것을 알려주지 않았다. 나중에 품질 부서에 문의하고 담당자를 배정받아 테스트가 끝날 무렵, 깜짝 놀랄 만한 얘기를 들었다. 품질 부서에서는 새로운 제품 개발 프로젝트가 시작된다는 이야기를 들었고 자기들의 업무가 빠진 것을 알고 있었던 것이다. 그런데 공식적인 요청이 없다 보니 일부러 나에게 와서 확인하는 사람이 없었다. 몰랐다고 해서 잘못이 없는 건 아니다. 그냥 "혹시 품질 테스트도 필요한가요?"라고 한 번만 물어보았다면 그런 불상사는 발생하지 않았을 텐데…. 안타깝게도 묻지 않은 프로젝트 관리자의 불찰이었다.

- **누구도 그냥 알려주지 않는다**

말을 하지 않으면 상대방은 모른다. 아마 알고 싶지 않을 수도 있다. 자기들에게 이익을 주는 것이 아니라면 더욱더 그렇다. 이런 상황에서 프로젝트를 한다면 제대로 잘될 리가 없다. 따라서 프로젝트 관리자는 적극적으로 프로젝트와 관련된 이해관계자들에게 프로젝트가 어떻게 될지 묻고 또 물어야 한다. 대부분 자기들과 상관없는 일에 둔감하다 보니 직접 확인하지 않으면 그 누구도 알기가 힘들다.

우리는 싫어하거나 불편한 사람과는 얘기하고 싶어하지 않는다. 직장 상사가 나를 싫어한다고 해서 피하기만 한다면 끝까지 좋아질 수가 없다. 마찬가지로 프로젝트를 진행하면서 피하려고 해도 언젠가 만나게 될 고객이라면, 시작부터 해결해야 일을 잘하는 것이다. 나중에 프로젝트가 끝날 때 싸워서 해결하려고 하는 것은 잘못된 방식이다. 그래서 이해관계자가 누구인지 알아내어 적절하게 의사소통을 해야 한다. 의사소통이 되지 않는다면 어떤 도움도 받기가 어렵다.

누가 프로젝트와 연관된 이해관계자인지 알아낸다는 것의 의미는 단순히 어느 부서의 누구인지 알아내는 것만이 아니고 그들이 프로젝트를 어떤 시선으로 바라보고 있는지도 포함한다. 너무나 많은 이해관계자를 찾아서 그들의 생각을 파악해야 한다면, 많은 시간을 할애해야 하기 때문에 큰일이다. 그래서 효과적이면서 효율적인 방법을 찾아야 했다.

우선 이해관계자들이 프로젝트를 어떻게 생각하고 있는지 확인해보자. 직책이 높거나 경험이 많은 사람인 경우 프로젝트 관리자가 직접 물어보는 것이 맞다. 물론 물어볼 때 솔직하게 이야기해줄 수도 있겠지만, 그렇지 않고 대충 얼렁뚱땅 넘어가는 사람들도 있다. 잘 살펴야 한다. 말한 대로 믿으면 안 된다. 어떤 경우는 프로젝트 관리자가 직접 알아내기보다는 직책이 높은 사람과 친한 팀원이나 제3자에게 부탁하는 것도 나쁘지 않다.

직책은 높지만 프로젝트와 직접적인 관련이 없다고 생각하는 경우 만나는 것도 쉽지 않고, 만나도 "일하다가 도움이 필요하면 오세요. 제가 도울 수 있으면 기꺼이 돕겠습니다."라고 한다. 이런 경우라도 프로젝트의 방향 결정에 영향력을 미칠 수 있으므로, 지속적인 관계를 통해 불편하지 않도록 해야 한다. 그러나 보통의 이해관계자들은 메일이나 한 번에 모두 모일 수 있는 미팅을 하며 물어볼 수 있다. 이해관계자의 생각을 미리 파악하는 것은 굉장히 어려운 일이지만 미리 파악하면 그만큼 문제 해결에 많은 도움을 주기 때문이다. 그렇다고 만나서 이야기한 것을 그대로 받아들이면 프로젝트는 실패할 확률이 크다. 그런 것들은 많은 경험을 하면서 느낌으로 알 수 있다.

- **내 편으로 만들어야 한다**

조직에서 내 의견을 관철하려면 혼자서 주장하기보다는 다수의 힘을 이용하는 것이 좋다. 다수의 힘을 얻기 위해서는 미리 손을 쓰는 것이 효과적인 방법이다. 내 편으로 만들어야 쉽게 일이 풀린다. 예전에 다른 사람이 발표를 할 때마다 틀린 부분을 잘 집어내는 친구가 있었다. 가끔 질문을 해도 정말 예상하기 힘든 어려운 질문을 해서 발표자를 당황하게끔 했다. 일부러 그러는 것은 아니었고, 미팅 때마다 좋은 방향으로 가기 위해서 토론을 하다 나오는 현상이었다.

새롭게 시작하는 프로젝트를 발표할 때, 대표이사도 참석하는 자리에서 그런 상황이 발생하면 무척 당황할 것 같아 그 친구에게 미리 도움을 구했다. 발표 자료를 먼저 보내주고 틀린 부분이 있는지, 예상되는 질문이 있는지 등을 물었다. 그러자 그 친구는 대표이사가 참석하는 미팅에서 나에게 질문을 하지도 않았고, 미처 생각하지 못한 아이디어까지 제공해주었다. 미팅에서 발표를 듣다가 갑자기 떠오른 질문도 나중에 미팅이 끝나고 할 수 있는 상황을 만들어주었다(질문이 있다면 자료를 보고 발표 전에 미리 해달라고 요청했기 때문이다). 그 친구는 결국 우리 편이 되었다.

프로젝트를 진행할 때 다양한 이해관계자들이 프로젝트를 바라보는 시각은 저마다 조금씩 다를 수 있다. 《PMBOK》에서는 '전혀 모름-저항-중립-지원-선도'의 다섯 단계로 구분했다. 그런데 이것이 너무 복잡하기도 하고, 정보 공유 차원에서 이해관계자 관리대장이 모든 사람들에게 뿌려졌을 때 당사자가 받는 느낌은 굉장히 불편하다. '내가 전혀 모른다고?', '저항을 한다고?'라는 의미다. 여기에서 '전혀 모른다'가 의미하는 것은 프로젝트의 내용을 모르는 것이 아니라 관심이 없기 때문에 무엇인지 전혀 모른다는 뜻이다. 그러므로 다른 방법을 제안한다.

그저 단순하게 '불확실, 중립, 확실'로 나누자. '불확실'의 의미는 이해관계자가 프로젝트의 성공을 확신하지 못하고 있는 상황이다. 확신하기 위해서 뭔가 추가 정보가 더 필요하다는 뜻으로 '전혀 모름'이나 '저항'의 의미와는 다르다. '중립'은 단순히 프로젝트를 바라볼 때 그저그렇다고 생각하는 의미로, 프로젝트가 성공을 해도 조직에 큰 도움이 되지 않는다고 생각하거나 실패할 수 있다고 믿는 부류이다. 반면 '확실'은 프로젝트의 성공에 대해 대단하다고 느끼거나 성공 확률을 높게 평가하는 부류로, 본인들도 적극적으로 참여하겠다는 뜻이다. 이때 '확실'이 좋은 것만은 아니다. 프로젝트가 실패하면 '확실'이라고 생각한 사람들은 많은 기여를 했음에도 불구하고 얻을 것이 없거나, 생각이 짧은 것으로 조직에 인식되기 때문이다.

2.4 이해관계자 관리대장 작성법

프로젝트를 바라보는 시각을 3가지로 나눈 이유는 무엇일까? 이해관계자를 나누어 관리하는 것이 효과적이고 효율적이기 때문이다. 핵심 이해관계자를 선별해서 어떻게 해야 프로젝트를 바라보는 시각이 좋은 쪽으로 가도록 만들지, 최소의 시간으로 최대의 효과를 얻기 위해 고심해서 만든 방법이다. 이를 바탕으로 현실적으로 사용할 수 있는 '이해관계자 관리대장'을 작성하는 방법을, 선정한 프로젝트를 가지고 직접 만들어보자. 분명 머릿속으로 생각하는 것보다 좋은 효과를 얻을 수 있다. 이해관계자 관리대장은 AI 전문 업체 T사의 PM이 작성한 것이다.

- **이해관계자 관리대장: AI를 활용한 실패 재발 방지 시스템 구축**

  실패 재발 방지 시스템을 구축하기 위한 AI 전문 업체 T사의 한명림 PM은 맨 처음 이 프로젝트 착수에 참여했던 조준영 PM으로부터 프로젝트 상황을 인수받았다. 조준영 PM은 타 부서의 프로젝트를 맡기 위해 떠났다.

  한명림 PM은 'AI를 활용한 실패 재발 방지 시스템 구축을 진행하는 P사와 계약을 마무리하는 과정에서 P사 연구소 소속의 차영서 PM으로부터 미국 업체의 제안보다 납품 가격은 30% 싸게, 성능은 10% 이상 향상된 능력(불량 검출 능력)을 보여야만 인수한다는 말도 안 되는 조항을 발견하였다. 이에 시정을 요구하였으나 T사의 경영진은 한명림 PM에게 P사의 요청을 수락하라고 압박하고 있다.

  P사 연구소장이며 프로젝트 스폰서인 이규호 상무는 계약 직전 미팅에서 무조건 2022년 상반기까지 베타 버전을 납품하라는 제약 조건까지 요구한 상태인데, 알아본 결과 T사는 3곳의 협력 업체와 같이 작업하면 2022년 상반기까지 완료할 수 있을 것으로 예상하고 있었다. 하지만 금액 문제로 이 중 한 곳이 2개월 정도 늦게 투입될 수 있다는 통보를 받은 상태이고 '계약을 해야만 실행하는 것'을 원칙(선발주 후입고)으로 한다는 이야기를 들었다. 한명림 PM은 이러한 상황에서 이해관계자들의 정립을 통해 프로젝트를 성공리에 수행하려고 한다.

  우선 주인공은 T사의 한명림 PM이다. 한명림 PM의 관점에서 이해관계자 관리대장을 작성한다는 것이다. 그녀는 오랜 PM 경력을 가지고 있고, 회사에서 무척 두터운 신임을 받고 있다. 제일 처음 그녀가 한 일은 이해관계자 리스트를 작성한 것이다. 본인이 주인공이므로 자신을 제외하고 현재 프로젝트와 관련된 사람들을 모두 정리하였다.

- **T사(내부 이해관계자)**: 경영진, 조준영 PM
- **P사(외부 이해관계자)**: 이규호 상무, 차영서 PM
- **협력업체 A, B, C**

우선 한명림 PM은 이해관계자 관리대장을 작성하기 전에 그라운드 룰을 만들었다. 각 팀원들이 이해관계자를 바라보는 시각이 서로 다를 경우 다수결로 결정하자는 것이었다. 물론 다수결로 하는 것이 정답은 아니겠지만, 먼저 시도를 하기 위함이고 다수결로 결정한 상황이 틀리다고 판단되면 다시 이해관계자 관리대장을 작성하여 반복해서 실행하기 위함이다. 예를 들어, 조준영 PM을 바라보는 시각이 둘로 나뉘었다. 첫 번째는 이미 인수인계를 하고 떠났기 때문에 무시하자는 의견이 지배적이었다. 하지만 T사 경영진의 말도 안 되는 조항과 상관없이 무조건 계약을 진행하라는 압박 상태에서 갑자기 프로젝트 팀을 떠났으니, 분명 말 못 할 무언가가 있을 수도 있다는 견해도 있었다. 둘 다 가능하지만 다수결로 후자를 선택하였다.

추가로 한명림 PM은 팀원들과 다양한 방법으로 조사해서 이해관계자들이 프로젝트를 바라보는 시각을 3가지로 나누어보았고, 프로젝트의 성공 확률을 높이기 위해 현재 상태(Current)와 바라는 상태(Desire)로 나누어 이해관계자 관리대장을 작성해보았다. 현재 상태와 바라는 상태는 프로젝트 팀이 성공을 위해서 원하는 정도를 표시한 것이다. 이를 위해 팀원들이 어떻게 하면 바라는 상태로 갈지 취해야 할 행동 목록을 동시에 작성해보았다. 아래는 이러한 내용을 토대로 작성한 이해관계자 관리대장이다.

이해관계자		부서/역할	연락처	이해관계자 관리 방안			
				불확실	중립	확실	취해야 할 행동
내부 (AI 업체 T사) PM:한명림	경영진	전무	123-2345		C	D	미팅에서 설득
	조준영	과거 PM	234-3456		C,D		계약서 배경 설명 요청
외부(P사)	이규호	상무 연구소장	456-0123		C,D		협상을 통해 해결
	차영서	PM	567-1234	C		D	불합리한 조항 제거 요청
	협력업체 A	PM 1	678-2345		C		
	협력업체 B	PM 2	789-3456		C		
	협력업체 C	PM 3	890-4567	C		D	선입고 후계약

이해관계자 관리대장에서 보듯이 프로젝트 관리자와 팀원들이 취해야 할 행동을 결정해야 한다. 우선 내부 이해관계자를 보자. 단순하게 경영진을 '미팅에서 설득'이라고 쓰는 것은 의미가 없다. 쉽게 설득될 사람이면 말도 안 되는 계약 조건이 있는데, 사인을 강요하지는 않았을 것이다. 팀원들과 아이디어를 모아, 경영진을 '미팅에서 설득'하는 것보다 '무조건 사인을 했을 때 회사에 발생할 수 있는 리스크에 대한 영향력 평가'를 제공하여 설득하기로 하였다. 괜찮은 아이디어다. 또한 그 결과를 최종 문서화하기로 하였다.

문서화하면 증거 자료로 남기 때문에 분명 경영진은 다시 한번 신중하게 생각하지 않을 수 없다. 물론 경영진이 어떻게 결정을 해도 프로젝트 팀은 따를 수밖에 없다. 프로젝트 팀에게 말할 수 없는 회사의 중대한 포석이 숨어 있을 수도 있기 때문이다. 다음으로 조준영 PM에게 말도 안 되는 조항이 포함된 계약서의 배경을 설명해달라고 요청했으나 그는 모르쇠로 일관한다. 알고 있어도 구설수에 오르기 싫어서 이야기하지 않는 경우도 있고, 어쩌면 정말 모를 수도 있다.

이런 부분을 알아내는 것이 중요하다. 물론 무척 어려운 일이다. 팀원들과 아이디어를 모은 결과, 이런 경우는 프로젝트가 어느 정도 자리 잡힐 때까지 스폰서인 이규호 상무를 통해 '미팅 참석을 공식적으로 요청'하거나, '프로젝트 성공 시 보상을 나누기로 합의'하여 참여를 촉구하기로 하였다.

만일 두 가지의 아이디어가 무용지물이 되더라도 가능하면 비공식적으로(오프 더 레코드)라도 프로젝트 관리자는 숨어 있는 내용을 반드시 알아내야 한다. 그래야 실패할 확률을 최소화할 수 있다. 어떠한 경우라도 그냥 얻어지는 것은 없다. 간혹 "집으로 한우 세트를 보내자."거나 "술을 왕창 마시게 한 후 들어보자."라는 의견도 있었지만 어떤 경우라도 불법적인 부분을 포함하면 안 되는 것이 프로젝트 관리이므로, 그런 것들은 모두 제외하였다. 이제 외부 이해관계자에게 취해야 할 행동(참여 관리 계획)을 만들어보자. 이 부분은 정말 어렵다. 자신의 회사가 아니기 때문에 그들의 의도를 정확히 파악하기가 쉽지 않다.

우선 P사의 이규호 상무에 대해 '협상을 통해 해결'이라고 적는 것은 안 좋다. 그를 다시 만나기도 힘들고, 그의 요구 사항은 어쩌면 일방적인 통보일 수도 있다. 아무리 세상이 좋아졌다고 해도 '갑을 관계'의 잔상은 여전히 우리 주변에 남아 있다. 그는 납품 일정을 2022년 상반기로 잡아 데드라인을 정했다. 따라서 '선계약을 요청'하여 계약금 30%를 받아 협력업체에게 전달하거나, 말도 안 되는 계약 조건을 미국 업체 수준으로 조정해달라고 요청하기로 하였다.

차영서 PM은 상대방 회사의 PM이므로 '갑'의 위치에 있음이 틀림없다. 따라서 프로젝트를 끝까지 성공시켜야 할 의무도 가지고 있기 때문에, 좋은 관계를 유지하면 많은 부분 합리적으로 해결할 수 있으리라 믿는다. 그렇다고 말도 안 되는 '독소 조항'을 쉽게 버리지는 않을 것 같다. 그의 책임 아래 프로젝트가 진행되기 때문이다. 그렇다고 '독소 조항'을 계속 유지하는 것은 한명림 PM에게는 굉장히 불리하다.

그래서 최악의 경우는 '폭망 작전'을 써서, 도와주지 않으면 나중에 같이 망할 수 있다는 것을 은연중에 알리는 방식으로 겁을 주자는 의견도 나왔다. 프로젝트 관리는 협업의 문화인데 비합리적인 요구 사항을 거는 것은 나쁘다는 사실을 알려주자는 의미였다. 항상 '협박'은 좋지 않은 결과를 초래한다. 그래서 생각한 것이 '미국 회사 수준의 유지'를 베타 버전으로 하고, 수정 버전에서 '원하는 스펙을 만족'시키는 것으로 요청하였다.

또한, 수시로 찾아가 '눈도장 찍기'를 하는 것도 함께 선택하였다. 정확히 프로젝트의 진행 상황을 공유하기 위해서이다. 이것도 하나의 방법으로 사용할 수 있다. 인정한다. 서로 만나 문제점을 파악하고 같이 해결하자는 의미이다. 기타 협력업체들 중에서 금액 때문에 일정을 맞출 수 없는 곳은 P사 이규호 상무가 '선입고 후계약'을 해서 빨리 계약을 완료해 도움을 줄 수 있도록 하면 문제없다. 또한, 이번에 도움을 주면 다음 계약에 우선권을 주겠다는 아이디어도 나왔는데, 이는 바람직하지 않다. 엄밀히 말하면 위법이기 때문이다. 각자가 알아서 판단하길 바란다.

지금까지 토의했던 이해관계자 관리대장에서 취해야 할 행동(Action Items)과 함께 담당자와 예상 일정까지 정리해보았다.

이해관계자		부서/역할	연락처	이해관계자 관리 방안					
				불확실	중립	확실	취해야 할 행동	담당자	예상 일정
내부 (AI 업체 T사) PM:한명림	경영진	전무	123-2345		C	D	리스크에 대한 영향력 평가 제공, 문서화	PM	다음 주
	조준영	과거 PM	234-3456		C,D		공식적인 미팅 참석 요청, 프로젝트 보상 제공	PM 팀원	다음 주
외부 (P사)	이규호	상무 연구소장	456-0123		C,D		선계약 요청, 독소 조항 완화 요청 (미국 회사 수준)	PM 차영서PM	계약 전
	차영서	PM	567-1234	C		D	미국 회사 수준으로 베타 버전 제공, 진행 상황 공유를 위한 정기적인 미팅	PM	7월 중순
	협력업체 A	PM 1	678-2345		C				
	협력업체 B	PM 2	789-3456		C				
	협력업체 C	PM 3	890-4567	C		D	선입고 후계약	PM	7월 셋째주

수정한 결과는 프로젝트 팀이 이해관계자를 생각하는 정도이기 때문에 바라보는 시각에 따라 다를 수도 있고, 여러 이해관계자들의 적극적인 참여를 위한 계획을 만드는 것도 얼마든지 바뀔 수 있다. 또한 시간이 지남에 따라 이해관계자들이 바라보는 시각도 쉽게 바뀔 수 있어 프로젝트 생애 주기 내내 민감하게 관리해야 한다. 정말 중요한 것은 취해야 할 행동을 만들 때 현실적으로 가능한 계획을 세우고, 실행

할 시기와 담당자도 정해서 진행하는 것이 좋다는 것이다. 막연히 취해야 할 행동을 정하면 실행하기 어렵고, 실행을 해도 효과가 없었다.

마지막으로, '확실'한 이해관계자는 더 이상 관리할 필요가 없을까? 답은 '아니다'이다. 오히려 더 확실하게 할 필요가 있기 때문에 지속적으로 '확실함'을 유지할 수 있도록 프로젝트 생애 주기 내내 관리해야 한다. 방심하면 안 된다. 신규 고객을 얻기 위해 기존 고객을 무시하면 오히려 역효과가 나는 것과 마찬가지 논리다.

이해관계자 관리대장을 작성할 때 가장 어려운 부분은 해당 이해관계자가 자신은 프로젝트와 상관없다고 생각하는 경우와 미처 프로젝트 팀에서 식별하지 못한 이해관계자이다. 프로젝트와 상관이 없다는 것은 자신에게 아무런 도움이 되지 않을 때 흔히 나타나는 현상이다. 한마디로 시간 빼앗기기 싫다는 것이다. 이럴 때는 어떻게 도움을 줄 수 있는지 생각해서 접근하는 게 좋을 것 같다.

반면, 식별하지 못한 이해관계자의 경우 시작할 때는 표면상으로 드러나지 않지만 프로젝트가 종료 시점으로 다가갈 때 결국 나타난다. 앞에서 설명한 것처럼 '품질 부서의 미참여'가 그런 경우이다. 이런 경우 나중에 설득하기는 정말 어렵다. 따라서 프로젝트 관리자는 프로젝트 착수 시점에 모든 수단과 방법을 동원해서라도 이해관계자를 식별하고 관리해야 한다. 이것이 정말 어려우면서도 중요하다.

2.5 점진적 구체화되는 고객의 요구 사항

프로젝트를 진행하기 전에 정확히 프로젝트의 목표가 무엇인지 알아야 한다. 당연한 얘기다. 프로젝트의 목표는 고객의 니즈에서 나온다. 프로젝트가 실패하지 않으려면 고객이 무엇을 원하는지 정확히 알아야 한다는 뜻이다. 그렇다면 고객이 원하는 것을 물어보면 되지 않을까? 그러나 고객은 자신들이 무엇을 원하는지 정확히 모르는 경우가 많다. 원하는 것이 무엇인지 모르는 사람에게 물어본들 정확한 요구 사항이 나올 수 없다. 이로 인해 많은 문제가 발생한다. 어떻게 해야 이런 문제를 해결할 수 있을지, 현실 속의 '노량진 수산시장'의 예를 살펴보자.

2004년 국책 사업의 일환으로 '노량진 수산시장 현대화 사업'이 가동되었다. 간단하게 진행된 내용을 정리하면 다음과 같다.

- **2006년:** KDI(한국개발연구원) 예비 타당성 조사 실시
- **2007년:** 정부 예산에 노량진 수산시장 현대화를 위한 사업비 반영
- **2009년 4월:** 현대화 사업 기본 계획 설명회 개최
- **2009년 7월:** 양해 각서 체결
- **2012년:** 노량진 수산시장 현대화 건물 공사 시작(수협중앙회: 설계·감리자, 현대건설: 시공사)
- **2015년 10월:** 건물 완공(지하 2층, 지상 6층)

- **2016년 3월:** 신축 건물 개장(상인들 입주 거부: 높은 임대료, 좁은 간격으로 물류 시스템 적용 불가)
- **2017년 4월:** 1차 명도 집행
- **2018년 8월:** 대법원 확정 판결
- **2019년 8월:** 10차 명도 소송 집행(완료)
- **2019년 12월:** 완전 철거

- **고객은 자기가 무엇을 원하는지 정확하게 모른다**

가슴 아픈 노량진 수산시장 이야기를 시작해보자. 2009년 양해각서를 체결할 당시 판매 상인들에게서 80.3%, 중도매인 조합에서 73.8%의 찬성을 얻어 신(新)시장 건물 착공이 정상적으로 이루어졌다. 그런데 건물이 완공되고 개장할 때가 되어서야 새로 지어진 건물을 처음 본 상인들은 기존 물류 시스템과 맞지 않는 협소한 통로와 1층과 2층에 마켓형으로 설계된 상가 구조가 자신들이 원하는 설계가 아니었음을 알게 되었다. 특히 가게 위치 선정과 관련하여 상인들 간의 이해관계까지 얽혀 결국 입주를 거부하는 사태가 발생했다.

이런 일이 생긴 이유를 살펴보자. 분명 수협은 상인들을 대상으로 설명회를 개최하고, 신시장 건물의 설계를 준비할 때만 해도 상인들의 의견을 수렴해서 설계안을 마련했을 것이다. 문제는 상인들이 마음속에 그리고 있는 설계안과 그 설계안이 달랐기 때문에 발생했다. 정확하게 자신들이 무엇을 원하는지 설명하지 못하면서 문서에 사인한 상인들의 문제와 상인들이 설계 도면을 보고 전체 그림을 그릴 수 있다고 생각한 수협의 생각이 결국 이런 사태를 야기한 것이다.

  프로젝트는 고객의 요구 사항과 초기에 선정한 인수 기준을 만족해야 정상적으로 끝나는데, 계약과 동시에 받은 상인들 대표의 사인과 중간에 진행되면서 드러나지 않은 여러 가지 문제들이 입주 시점에 한꺼번에 나타나 결국 이런 사태가 발생한 것이다. 입주 시점으로부터 3년이 훨씬 지난 후 상처뿐인 해결로 끝났을 때, 아마도 수협과 상인들은 모두 후회했을 것이다. 결국 수협과 상인들 모두 피해자가 되었다.

- **법적 소송으로 가야만 했을까?**

  상인들이 입주를 거부했을 때 수협도 난감했을 것이다. 그러나 수협의 PM(프로젝트 관리자)은 뉴스에서 이렇게 이야기했다. "우리는 원하는 대로 만들어주었고, 사인도 모두 받았습니다." 사실 이 뉴스를 접했을 때 나 또한 개인적으로 당혹감을 감출 수 없었다. PM은 어떤 경우라도 법적 소송으로 가지 않고 해결하는 것이 원칙이다. 클레임을 통한 해결보다는 합의에 의한 해결을 찾아야 하고 만일 분쟁이 발생하면 '협상→조정→중재→소송'으로 가는 방식을 취하는 것이 일반적이다.

  그럼에도 불구하고 수산시장 PM은 법적으로 아무런 문제가 없다는 것만 강조하다 보니 상인들과 감정 싸움으로 번지면서, 상인들 사이에서 "절대로 들어가지 말자."는 이야기가 나오지 않을 수 없었다. 양측은 법정 싸움을 시작했고 앞서 수협 PM이 말했듯 상인들의 사인을 받은 문서 때문에 법적으로는 수협이 이겼다.

2017년 4월에 1차 명도 집행이 처음으로 이루어졌다. 누가 알았겠는가? 그 후로도 10차 명도 집행이 이루어질 때까지 이 싸움이 끝나지 않으리라는 것을…. 결국 양쪽 모두 피해자가 되었다. 만일 수협이 법정 싸움을 하지 않았다면, 그 상황에서 상인들의 마음을 이해하고 상인들 역시 서로 조금씩 양보했다면 그런 상황까지 가지 않았을지도 모른다. 가장 큰 문제는 이 상황을 촉발한 원인을 찾아서 해결해야 하는데, 서로 잘잘못만 따지고 있었다는 것이다.

물론 중간에 여러 가지 시도를 하였다. 양측이 50여 차례 만나 협상을 하였고, 서울시의 중재로 갈등조정협의회를 다섯 번 진행하였다. 그런데도 불구하고 적절한 대책은 나오지 않았다. 아마도 감정의 골이 깊었던 것 같았다. 상인들의 입장에서는 생존권이 달린 문제라 한 치의 양보도 할 수 없었을 것이고, 수협의 입장에서는 바꿀 수 없는 신건물을 다시 고칠 수 있는 것도 아니고, 기존 시장을 인정해줄 수도 없는 상황이었기에 무조건 법적 소송으로 가려고 했던 것 같다.

양쪽은 의사소통이 부족한 것이 아니라 의사소통하는 방법을 정확하게 알지 못한 것 같다. 중재 기관에서도 최선을 다했다고는 하지만, 이런 사태로까지 크게 번질지는 초기에 그 누구도 정확히 예상하지 못했을 것 같다.

- **고객이 원하는 것을 확인하는 방법**

프로젝트의 시작부터 수협 프로젝트 관리자가 '고객은 잘 모른다.'고 생각하고 접근했으면 어땠을까? 설계도면을 정확하게 이해하지 못하는 상인들에게 새로운 건물의 구조를 그럴싸하게 포장해서 이야기하기보다는 상가 사이즈와 각 층마다 상가 구조가 포함된 프로토타입을 직접 지어서 보여주었다면 이해가 빠르지 않았을까? 상인들 역시 프로토타입으로 지어진 새 건물의 모습과 상가 사이즈, 구조에 대해 수협 측이 제시한 것과 다른 요구 사항을 밝혔다면 향후 임대료가 인상된다고 하더라도 모두가 원하는 상황을 맞이하지 않았을까?

비록 상인들의 동의를 받은 사인이 있었기에 수협은 법적인 문제를 피했지만 프로젝트 관리 관점에서 볼 때, 고객이 정확하게 원하는 것이 무엇인지 몰랐던 수협도 책임을 피할 수 없다.

자, 그렇다면 입주 시점으로 가보자. 늦은 감은 있지만 상인들이 입주하도록 만들려면 어떻게 해야 했을까? 물론 기존 상권을 인정한다는 것은 정말 어려운 일이었을 것이다. 그렇다고 새로 지은 건물을 다시 공사하는 것 역시 쉽지 않은 문제이다. 하지만 방법이 없다고 포기하는 것이 아니라, 아직 찾지 못한 것으로 생각하고 계속 찾았어야 했다. 무조건 법적으로 해결하기 전에 양쪽이 조금씩 양보하는 전략을 찾아야 했다. 그러려면 어떤 경우에도 넘지 말아야 하는 감정의 선을 넘어서는 안 되었다.

분노는 분노를 부르고 결국은 비극을 낳기 때문이다. 다 알면서도 사람인지라 그게 쉽지는 않다. 결국 중간에 서로 싸우다 칼부림이 발생했다. 그것보다 더 가슴 아픈 사연은 얼마 전까지 가족 같은 이웃으로 살던 상인들이 새 건물에 먼저 들어간 쪽과 나중에 들어가게 되는 쪽으로 편이 갈렸다는 사실이다(이 부분은 몇몇의 상인들과 인터뷰를 통해 들은 얘기로, 정말 가슴 아파하는 모습이었다).

고객은 스스로 무엇을 원하는지 안다고 생각한다. 그러나 자세하게 따지고 들어가면 개략적인 내용만 알 뿐이다. 깊이 있게 이야기를 하다 보면 무엇을 모르는지 스스로 느끼게 된다. 이게 정답이다. 스스로 느끼게끔 해주어야 실패할 확률을 줄일 수 있다.

예전에 간단한 제품 개발을 진행했던 이야기를 해보겠다. 고객이 요청을 했다. "간단하게 뚜껑만 덮을 수 있는 박스면 좋을 것 같아요.", "예, 알겠습니다. 사이즈는요?" 고객은 두 팔을 벌리면서 답했다. "대충 이 정도요". 얼마의 시간이 지나고 고객에게 뚜껑을 덮을 수 있는 박스를 보내주니 뜬금없이 색깔 타령을 한다. 우중충한 색깔이라면서 바꿔달라고 말한다. 말하다 보니 아이디어가 샘솟기 시작하면서 추가 요구 사항을 쏟아낸다. "사이즈도 지금보다 조금만 더 크면 좋겠네요.", "뚜껑이 왜 위에 있습니까? 불편하네요. 옆에다 만들어주세요." 정말 당황스럽다. 고객은 만들어진 제품을 보면서 그제야 자신이 무엇을 체크하지 못했는지 알게 된다. 그러니 처음부터 고객에게 완성된 제품에 가까운 모델을 가지고 설명해주어야 하는데, 처음부터 자세히 설명해줄 수 있는 사람은 없다. 또한, 고객은 일부 항목을 바꾸는 것이 얼마나 힘들고 어려운 일인지 이해하지 못하는 경우도 많다. 그들의 요구 사항도 '점진적으로 구체화'되는 과정을 겪는 것이다.

고객들의 반응이 이렇게 나올 때, 어디서부터 잘못된 것인지, 또 누구의 잘못인지 생각할 필요가 있다. 뭘 정확히 모른다고 해서 고객의 탓으로 돌리는 대신, 먼저 내 잘못이라고 생각해보자. 시선을 바꾸면 분명히 알 수 있다. 맞다. 내 잘못이다. 맨 처음부터 고객이 분명히 알 수 있도록 고민하고 또 고민을 했어야 했다. 프로젝트 관리를 한다는 것은 고객의 변경 요청을 없애는 것이 아니라 최소화하는 것이다. 그렇게 해서 두 번 할 실수를 한 번으로 줄일 수 있다면 성공 확률은 높아지는 것이다.

뉴스를 보니 "검찰 측 120쪽 질문 리스트 완성"이라는 자막이 나왔다. 다스 사건으로 이명박 전 대통령이 구속되기 전에 나온 뉴스[*]였다. 정치적인 이야기를 하려는 것은 절대 아니다. 단지 고객의 요구 사항을 정확하게 알기 위해 필요한 방법 중 하나가 '질문 리스트'라는 것을 말하고 싶다. 질문을 통해 고객이 정말 원하고 있는 것을 알아내려면 어떤 질문을 해야 우리 모두가 원하는 요구 사항을 찾아내 프로젝트의 성공을 이룰 수 있는지 생각해보기 위함이다. 간단하게 생각해보자. "다스가 당신 것입니까?"라는 질문에 만일 "아니요."라고 답하면 어떻게 할 것인가? 그래서 미리 준비한 질문 리스트를 만들었는데 120쪽이나 되었다는 이야기이다.

이 예시를 노량진 수산시장에 적용해보자. 간단한 질문으로 상가의 사이즈와 위치에 대해서만 물어봐도 다음과 같은 질문을 예상할

---

[*] https://cnbc.sbs.co.kr/article/10000895049?division

수 있다.

- **원하는 상가 크기는 어떻게 해드릴까요?**
  (상가 앞에는 아무것도 둘 수 없다.)
- **상가 구조는 어떻게 해드릴까요?**
  (다양하게 구성할 수도 있다.)
- **상가 사이즈의 종류는 몇 가지 정도로 할까요?**
  (판매하는 상품에 따라 다를 수 있다.)
- **상가와 상가 간격은요?**
  (상가 앞쪽에 사람들이 다닐 수 있는 도로의 크기를 말한다.)
- **상가 위치는 어떻게 결정할까요?**
  (입주할 때 투표로 하든지, 임대료를 차등화한다.)
- **상가 간판 사이즈와 위치는 어디가 좋을까요? 등등**

고객의 요구 사항을 알기 위한 방법은 무궁무진하다. 그 다양한 방법 중 하나가 질문 리스트라는 말이다. 항상 우리는 문제가 코앞에 닥쳐야 해결할 생각을 한다. 아직도 우리에게는 주먹구구식으로 해결하려는 마음이 있다. 무조건 열심히 하면 된다는 생각을 하지만 현실은 그렇지 않다. 참 괴로운 일이다.

- **요구 사항 최적화 방법**

고객의 요구 사항은 초기에 확보해야 하고 점진적인 구체화 과정을 거쳐 완성되는 것이 일반적이다. 고객의 요구 사항을 확보하는 방법은 아래와 같이 굉장히 많다.

- **인터뷰:** 공식, 비공식, 1:1 또는 N:N 방식
- **포커스 그룹:** 핵심 이해관계자 또는 전문가들에게만 집중하여 수집
- **퍼실리테이션 워크숍:** 여러 부서의 사람들이 모여 요구 사항을 정의
- **그룹 창의성 기법:** 브레인스토밍, 브레인라이팅, 델파이 기법 등
- **그룹 의사 결정 기법:** 만장일치, 과반수, 다수, 독단적 의사 결정
- **설문지와 조사**
- **관찰:** 실제 사용자의 행위 관찰
- **시제품:** 프로토타입을 보여주고 피드백을 받아 요구 사항 확정
- **벤치마킹**
- **컨텍스트 다이어그램:** 다이어그램 형태로 요구 사항 정의
- **문서 분석:** 제안 요청서 RFP(Request For Proposal) 또는 기타 사용할 수 있는 여러 문서

고객의 요구 사항을 확보하는 방법이 이렇게 많은 이유는 초기에 요구 사항을 확보하는 것이 프로젝트의 성공과 밀접하게 연결되어 있기 때문이다. 노량진 수산시장 이야기를 들은 대부분의 사람들은 대체 어떻게 그런 상황까지 갈 수 있었는지 의아해한다. 하지만 우

리 모두가 그런 상황에 처한다면, 상인의 입장이든, 수협의 입장이라도 대부분 똑같은 실수를 저지르게 될 것이다.

또 다른 예로, 프로젝트 진행 중에 무엇이 잘못되었는지 찾아보고, 어떻게 고쳐야 하는지 생각해보자. 프로젝트 관리자가 팀원에게 품질 부서에 가서, 800도에서 진행하는 신뢰도 테스트가 있는지 확인해보라고 했다. 팀원은 품질 부서에 가서 800도에서 진행하는 신뢰도 테스트가 있는지 물어보았고, 품질 부서장은 간단하게 없다고 했다. 돌아와서 보고하니 900도는 가능한지 물어보라고 한다. 다시 가서 물어보니 그것 역시 안 된다고 한다. 돌아와서 다시 보고를 하니 700도는 가능한지 다시 물어보라고 한다. 또 가서 물어보니 그것도 안 된다고 한다. 프로젝트 관리자에게 돌아와서 안 된다고 보고를 하니 짜증을 내기 시작한다.

프로젝트 관리자: "모두 안 되면 몇 도에서 우리 제품의 신뢰도 테스트를 해야 하는지 확인해보고, 안 해도 되는 것인지 알고 와야 하는 것 아닌가요?"
팀원: "차라리 맨 처음부터 그렇게 말씀해주지 그러셨어요."
프로젝트 관리자: (한심하다는 눈초리로 쳐다보며) "지금까지 같이 일했으면서 그런 것까지 일일이 알려줘야 하나요?"

누구의 잘못인가? 이런 일들이 현업에서 자주 발생하지 않나? 서로 손가락질하면 절대로 해결이 안 된다. 확인하고 또 확인해서 질문을 최소로 하는 것이 필요한데 쉽지가 않다. 팀원에게 상사에게 질문을 하지 않는 이유를 물어보니, 질문을 하면 무시를 하거나 화만 내기 때문에 질문하고 싶지 않다고 한다. 듣기만 해도 짜증나는 일이지만 우리는 이런 식으로 일을 한다. 단순히 시키는 것 이상으로 생각하기도 어렵지만, 그렇다고 한들 묻기도 어렵다. 이러한 오류를 방지하기 위해 필요한 것이 바로 교육이다. 수직 관계의 조직 구조에서 협업을 통해 해결하는 수평 조직으로 바뀌지 않는다면, 이런 문제는 계속 발생한다. 다양한 고객과 그들의 여러 가지 요구 사항을 초기에 확보할 수 있어야 프로젝트의 성공 확률이 높아지는데, 그게 그렇게 어렵다. 그래서 계속 문제가 된다.

그렇다면 어떻게 해야 실수를 최소화할까? 먼저, 상호간의 신뢰가 전제 조건이다. 만일 신뢰가 없다면 의사소통이 이루어지지 않고, 의사소통이 적절하게 안 되면 요구 사항은 정확하게 파악이 안 된다. 물론 프로젝트 별로 조금씩은 다르겠지만 간단하게 요구 사항 평가 매트릭스를 만들어보면 향후 진행하기 어려운 고객의 요구 사항을 미연에 방지할 수 있다. 요구 사항 평가 매트릭스는 모든 이해관계자로부터 얻어진 요구 사항 중에서 우리 프로젝트 팀이 할 수 없는 부분을 미리 찾아내어 초기에 필터링하는 장점이 있고, 정말 중요한 요구 사항이 어떤 것인지 발견하기 위해 사용하는 방법이다.

당연히 프로젝트를 진행할 때 모든 이해관계자로부터 얻어진 요구 사항을 모두 만족시킬 여건은 안 된다. 분명 그 요구 사항 중에는 서로 상충되는 부분도 있을 것이다. 따라서 아래의 그림처럼 고객의 요구 사항을 모두 모은 후, 평가 매트릭스를 난이도와 중요도로 나누어보면, 중요하고 만들기가 쉬운 것은 진행을 하고, 중요하지도 않은데 만들기까지 어렵다면 처음부터 진행을 하지 않는 것이다. 난이도와 중요도로 나눌 수도 있지만 그 외에 다른 요인들을 추가하여 점진적으로 구체화할 수 있는 방법도 생각해야 한다.

  상황에 따라 질문 리스트를 만들든, 관찰을 통해 알아내든, 설문 조사를 하든 무조건 고객의 마음을 정확히 파악해서 최종적으로 그들의 요구 사항을 알아내는 것이 중요하다. 그러려면 고객이 스스로 알 수 있도록 분위기를 만들어주어야 한다. 그게 어렵기 때문에 우리는 실패를 거듭하게 된다. 실패를 통해서 배우고 다음 프로젝트

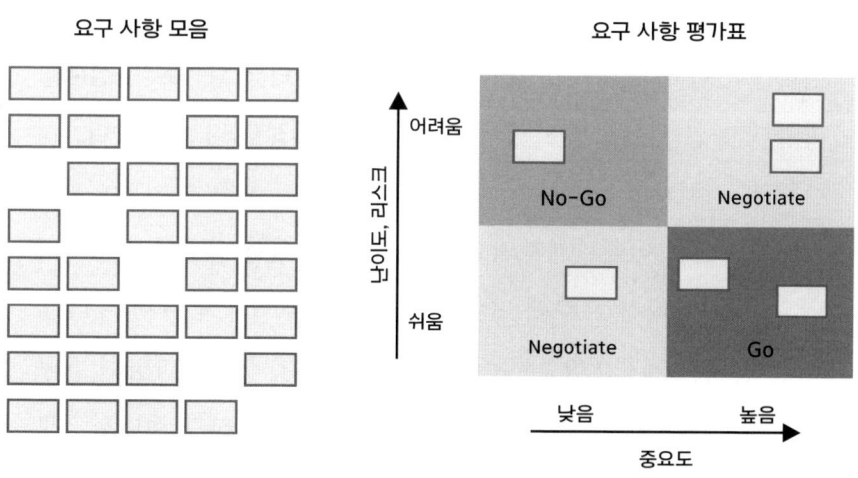

요구 사항 평가표(샘플)

에 적용하면 프로젝트의 성공 확률은 올라갈 것이다. 이것이 프로젝트 관리의 장점이다.

- **요구 사항 관리에 중요한 핵심 요인들**

　PMI에서는 매년 다양한 주제로 〈In-depth report〉를 발행한다. 2014년 8월에 나온 요구 사항 관리에 대한 보고서[*]를 살펴보면 2000명 이상의 실무자로부터 받은 데이터를 기준으로 폭넓게 조사한 결과, 성공하지 못한 프로젝트 중 47%가 빈약한 요구 사항 관리로 인해 발생한다고 한다. 프로젝트의 주된 실패 요인은 의사소통의 부재인데 이 중 75%가 부정확한 요구 사항 관리로 발생했고, 특히 저성과 조직에서 요구 사항 관리가 적절하게 되지 않을 때 프로젝트 성공 확률이 더 나쁜 것으로 조사되었다. 또한, 요구 사항 관리는 People(담당자), Process(프로세스), Culture(문화)와 서로 밀접하게 연관되어 있고 이 중 하나라도 부족하면 프로젝트가 실패할 확률이 높은 것으로 발표됐다. 각 요인을 살펴보면 다음과 같다.

　● People: 이해관계자의 요구 사항을 관리할 담당자가 있어야 한다. 커다란 프로젝트(수천억 원의 예산과 여러 국가에서 수백 명의 이해관계자가 참여하는 프로젝트를 말한다)에서는 다양한 요구 사항의 상충을 막기 위해서 요구 사항 관리자가 절대적으로

---

* PMI Part of 'Purse of the Profession In-depth report': 'Requirements Management: Core Competency for Project and Program Success', 2014.

필요하다는 것이다(만일 프로젝트 규모가 그렇게 크지 않다면 프로젝트 관리자가 이해관계자의 요구 사항을 관리해야 한다).
- Process는 요구 사항 관리를 위해 필요한 프로세스를 말한다. 어떻게 이해관계자로부터 모든 요구 사항을 확보하고 우선순위화하여 최종 프로젝트 목표를 만드는지, 또한 프로젝트 진행 중 고객의 변경 요청이 들어오면 어떤 방법으로 해결해주는지 등 요구 사항 관리와 관련된 모든 프로세스를 계획 단계에서 미리 만들 필요가 있다는 것이다.
- 마지막으로, Culture는 주먹구구식으로 열심히 일하기보다는 이러한 요구 사항 관리 방법들이 우리 조직에 하나의 문화로 받아들여져야 한다는 것이다. '조직 문화'라는 것이 일하는 방법이므로, 특히 경영진에서 요구 사항 관리의 중요성을 부각시키고 핵심 경쟁 요인으로서 실무에 이해관계자의 요구 사항을 반영할 수 있도록 적절한 도움을 지속적으로 주어야 한다.

보고서에서는 이러한 문제를 해결하기 위해 다양한 방법들을 제시했는데, 그중에서 핵심 세 가지는 다음과 같다.

1) 실사례와 프로세스를 더 분명하게 규정하라(More defined practices and processes): 58%
2) 프로세스를 개정하라(Revisions to processes): 53%
3) 교육을 진행하라(Employee training): 48%

이것을 종합적으로 분석해보면 조직에서는 요구 사항 관리와 관련하여 프로젝트 팀이 사용할 수 있는 프로세스를 만들고, 지속적으로 수정해가면서 더 좋은 프로세스를 만드는 것이 중요하며, 교육을 통해 쉽게 이해할 수 있도록 하자는 뜻이 내포되어 있다. 교육을 통해 조직원들이 이것을 이해하고 실행하면 짧은 시간 안에 가장 큰 효과를 얻을 수 있을 것이다.

2.6 고객을 만족시키자

고객을 떠나게 하지 않으려면 고객을 만족시켜야 한다는 것을 우리는 안다. 그렇다고 모든 고객을 만족시킬 수도 없다. 고객들은 서로 다른 것을 원할 수도 있기 때문이다. 프로젝트를 진행할 때도 이해관계자의 요구 사항을 정리하다 보면 정말 각양각색이다. 모두 자기들이 원하는 것만 이야기한다. 무조건 다 해줄 수 없는 것이 현실이다. 시간도 없고 예산도 부족하다. 이런 상황에서 프로젝트의 최종 목표가 될 수 있는 요구 사항을 결정해야 하는데 기준이 미리 정해져 있지 않다면 고객의 신뢰를 잃기 쉽다. 그 기준은 조직의 전략적인 방향에 맞추어 프로젝트 관리자와 팀원들이 프로젝트에 할당된 예산과 일정, 프로젝트의 난이도에 따른 리스크까지 생각해서 결정하는 것이 일반적이다. 이를 바탕으로 고객의 요구 사항을 정리해서 프로젝트를 착수할 때 빠짐없이 모아 정해진 기준에 맞추어 프로젝트 팀에서 할 수 있는 정도로 정하면 된다.

- **뛰기 전에 생각하자**

 스티븐 코비(Stephen Covey)의 《성공하는 사람들의 7가지 습관》에서 강조하는 두 번째 습관은 "끝을 생각하면서 시작하라(Start with the end)."이다. 시작할 때 끝을 생각하라는 '의미심장한' 내용이다. 급한 마음에 무작정 시작하면 엉뚱한 방향으로 갈 수 있다. 언제나 뛰기 전에 방향을 결정하고 전력질주해야 한다. 방향을 결정하느라 조금 늦게 출발해도 오히려 더 안전하고 빠를 것이다.

 여러 명의 고객과 같이 일하다 보면 서로 자기 것을 우선시해주기를 원한다. 무엇을 원하는지 정확히 모르기 때문에 계속 고객에게 물어서 확인하고 또 확인을 한다. 그런데 고객들로부터 요구 사항을 잘 받았음에도 서로 상충되는 부분이 있어서, 또는 부족한 일정과 예산 때문에 모든 요구를 다 들어줄 수 없는 상황이 되었다. 어떻게 할지 걱정이 태산이다. 누구는 해주고, 누구는 해주지 못하고…. 어떻게 성격 안 좋은 고객을 설득할 수 있을지도 걱정이다.

 이럴 때 고객의 감정을 건드리면 안 된다. 상대적인 박탈감이 생기면 고객은 떠나간다. 떠나간 고객은 언젠가 프로젝트에 해를 끼치게 되어 있다. 따라서 고객의 요구 사항을 들어주기 어려운 경우에 타당한 근거를 들어 해줄 수 없다는 사실을 명확히 밝혀야 한다. 예를 들어 '프로젝트의 목표와 상반되는 고객의 요구 사항은 진행하지 않는다.'와 같은 것이다. 그러기 위해서는 프로젝트의 시작 단계에서 규정을 미리 만들어 이를 근거로 상대의 이해를 구해야 한다. 그런데 규정을 미리 만들어놓지 않았기 때문에 서로 다툼의 소지가 있는 곤란한 문제는 대충 덮으려는 경향이 있다.

이것이 문제다. 고객이 최종적으로 원하는 것은 요구 사항을 다 해달라고 요청하는 것이 아니라, 자신의 요구 사항이 프로젝트 목표와 정확하게 연결되었는지 확인하는 것이 아닐까? 그렇게 하려면 해주기로 했던 요구 사항도 중간에 바꿀 수 있어야 한다. 프로젝트를 진행하면서 요구 사항을 바꾸는 상황이 발생하면 고객도 받아들여야 하고, 역으로 고객의 요청에 따라 프로젝트 팀도 초기의 요구 사항을 바꿀 수 있어야 한다. 점진적으로 구체화되어야 하고, 그래야 프로젝트가 종료되는 시점에 모두가 원하는 것을 얻을 수 있다.

또 다른 상황이 발생할 수도 있다. 고객이 요구 사항을 추가하면서도, 원래 요구 사항은 그대로 해달라고 한다. 어떤 요구 사항이 맞는 것인지, 누구도 정확히 예측하기 힘들기 때문이다. 예를 들어, 일정은 꼭 지켜달라고 하면서(원래 요구 사항) 무조건 사이즈는 처음에 요구한 사이즈보다 작거나 크게(추가된 요구 사항) 해달라고 막무가내다. 이러한 상황에 대비할 규정이 없으면 고객을 설득하거나 고객의 요구를 거절하기 힘들다. 그래서 고객의 변경 요청을 관리하는 방법이나 절차를 시작하기 전에 규정으로 만들어야 한다. 게다가 큰소리만 치면 다 된다고 생각하는 사람들도 많다. "무조건 하라고 하면 하는 거지."라고 믿는 부류다. 물론 그럴 수 있는 상황도 있겠지만 절대로 안 되는 경우도 있다는 것을 잊어서는 안 된다.

최고 경영진의 큰소리로도 안 되었던 경우를 살펴보자. 카카오뱅크가 도입되었을 때 신문에 이런 내용이 실렸다.* 맨 처음 인터넷 은행의 존재에 대해 반신반의했던 모 은행장은 카카오뱅크가 성공적으로 자리 잡자 직원들을 불러모아 일주일 안에 우리도 카카오뱅크처럼 모든 것을 바꾸라고 지시를 했고, 대체로 수긍하는 분위기였다. 그러나 현업의 일을 모르는 사람들끼리 앉아서 이상적인 말만 늘어놓아 봤자 될 수 없는 일은 어떻게 해도 안 된다. 결국 3개월의 시간이 걸렸다.

중국에서 시작된 코로나19 바이러스(이하 코로나19)는 전 세계로 번져나갔고 초기에 바이러스로부터 자신을 보호할 수 있는 방법은 마스크가 유일했다. 지금은 사정이 좋아졌지만 바이러스가 번지던 초기에는 마스크를 구하지 못해 전 국민이 동동거리기도 했다. 대통령까지 나서서 마스크를 바로 살 수 있게 하겠다고 했지만 현실은 그렇지 못했다.

시키는 사람들은 제대로 된 상황도 모른 채 부하 직원들에게 빨리 책임지고 해결하라고 하는데, 방법을 찾으려면 시간이 오래 걸린다. 찾다 보면 뭔가 부족한 규정이나 법령이 있으며, 이에 대해 묻기 위해 여기저기 확인하고 있을 때조차도 시간은 우리를 기다려주지 않는다. 뛰기 전에 어디로 어떻게 뛰어야 할지 생각해보는 것이 오히려 시간을 절약할 수 있는 방법이라는 걸 받아들이자.

---

* https://news.joins.com/article/21819371

생각해보기

- 프로젝트 헌장을 작성하지 않고 프로젝트를 시작하면 어떤 문제가 발생할까?
- 프로젝트의 성공 측정 기준을 너무 높게 또는 낮게 정하면 어떤 현상이 일어날까?
- 진상 고객이 그리 크지 않은 요구 사항을 지속적으로 수정해달라고 할 때 어떻게 해야 할까? 이렇게 작은 변경 요청을 반복적으로 하는 것을 '범위 확대(Scope Creep)'라고 한다.
- 비대면 상황에서 고객의 요구 사항을 정확히 알기 위한 가장 정확한 방법과 가장 빠른 방법이 무엇일지 고민해보자.

Ch.3

프로젝트 계획하기
(Planning)

우리는 초등학교에 들어가면서부터 수업 시간표대로 수업을 듣는다. 성인이 되어서도 개인의 일정표대로 움직이고, 회사 역시 계획대로 경영한다. 그렇다면 우선 스케줄링(Scheduling)과 플래닝(Planning)의 차이에 대해 알아보자. 스케줄링은 일정을 만드는 과정이고, 플래닝은 계획을 짜는 과정인데, 일정과 계획을 혼동해서 같이 사용하다 보니 차이를 논하는 것이 어쩌면 의미가 없을지도 모르겠다. 하지만 계획(Plan)이라는 것은 '언제까지(When), 무엇을(What), 어떤 방법(How)으로 하겠다'는 것을 의미하는 반면, 일정표(Schedule)는 '언제까지(When), 무엇을(What) 하겠다'는 것만 있으니, Plan 안에 Schedule이 포함되어 있다고 생각하면 좋을 것 같다.

3.1 계획은 예행연습이다

'잘 짜인 계획이 있으면 반은 성공한 것'과 다름없다. 그 계획에는 구체적인 방법(How)이 포함되어 있어야 한다. 예를 들어, 'AI를 활용한 실패 재발 방지 시스템 구축'이라는 프로젝트를 생각해보자.

스폰서: "1년 안에 시스템 구축을 완성해야 하는데 가능하겠지?"
프로젝트 관리자: "무조건 완성시키겠습니다."
스폰서: "모든 부서에서 발생한 실패 사례들을 다 모을 수 있겠어?"
프로젝트 관리자: "네. 개발 부서에서 발생한 실패 사례 5년치만 정리해보려고요."
스폰서: "그런데 실패 사례는 어떻게 모을 수 있지?"
프로젝트 관리자: "개발 부서에 요청하면 주지 않을까요?"
스폰서: "안 주면? 실패 사례가 없어서 줄 수 없다고 하면?"
프로젝트 관리자: "글쎄요, 그것도 문제겠네요."

두 사람의 대화를 정리해보자. 프로젝트의 목표는 'AI를 활용한 실패 재발 방지 시스템 구축'이다. 당연히 이러한 시스템을 구축하면 같은 실수를 반복하지 않도록 방지할 수 있는 좋은 프로젝트이다. 그런데 개발 부서에 실패 사례를 정리한 자료가 없다거나, 줄 계획이 없다면 어떻게 해야 할지 막막하다. 어떻게든 받아내야 하는데 난감하다. 무조건 시스템을 만들고 나서 데이터를 받아 정리한다는 것이 절대 안 된다는 이야기는 아니지만, 아마도 그런 과정에서 우리가 미처 예상하지 못한 많은 리스크가 존재할 것이고, 시작할 때부터 '어떻게(How)'가 빠져 있다면 성공할 확률은 무척 낮을 것이다. 그러나 실패한 데이터를 어떤 방법으로 개발 부서에서 받아 정리할 수 있는지 프로젝트를 시작하기 전이나 시작하면서 명확하게 알 수 있다면, 당연히 성공 확률은 높아진다. 계획을 세운다는 것은 머릿속으로 시작부터 끝까지 어떻게 하면 성공할지 반복적으로 생각하고, 또 생각하는 예행연습이다. 그래서 계획이 중요한 것이다.

- **점진적으로 구체화(Progressive Elaboration)되다**

계획을 만들면 '점진적 구체화'가 된다. 맨 처음 계획을 만들 때는 정보가 부족하지만 만드는 과정에서 새로운 정보를 얻거나, 그 정보 때문에 미처 생각하지 못했던 일이 계속 추가될 수도 있다. 그때마다 계획은 수정이나 보완을 통해 조금씩 완벽해지다가 계획 단계가 끝날 때쯤에는 정확도가 상당히 높아진다.

여행을 간다고 생각해보자. 한 지점에서 다른 지점으로 이동할 때 어떤 길을 선택할까? 많은 방법들이 있겠지만 누구나 가장 가까운 길로 가려고 할 것이다. 혹시 중간에 들르고 싶은 곳이 있다면 여행 구간이 추가되기도 한다. 그러면 처음보다 계획을 만들기가 조금 복잡해질 것이다. 여기에 같이 가는 사람이 많아지거나 가지고 갈 짐이 많다면 정확한 계획을 세우는 것이 그리 만만하지 않을 것이다. 가격까지 따지면 좀 더 저렴한 것을 찾기 위해 여러 가지 교통편을 살펴보아야 하고, 여기에 일정과 관련한 데드라인이 있다면 어떻게 계획을 세울지 정말 난감해진다.

하지만 '시작이 반'이라고 일단 제일 간단하게 한 지점에서 다른 지점으로 가는 방법에 대한 기본적인 계획을 세우고, 추가 내용들이 첨부될 때마다 계획을 수정, 보완한다면 그리 어려운 문제는 아닐 수도 있다. 계획을 한 번에 완벽하게 만들려고 생각하다 보니 어렵게 느껴지는 것이지, 한 번에 끝나는 것이 아님을 인정하면 그때부터 쉬워진다.

이렇게 만드는 방법을 체계적으로 깔끔하게 제시할 수 있는 것이 프로젝트 관리의 가장 큰 매력이라 할 수 있다. 복잡할 수는 있지만 어려운 것은 아니다. 문제는 일정대로 지켜지지 않기 때문에 만들 필요가 없다는 잘못된 생각이 우리를 힘들게 하는 것이다. 매번 똑같이 행동하면서 다른 결과를 얻으려고 하면 안 된다.

- **리스크도 포함되어야 한다**

현업에서는 많은 조직이 계획을 만들지 않거나 형식적으로 만드는 경향이 짙다. 아무리 잘 만들어도 예상하지 못하는 일이 발생하기 때문에, 결국 계획 대비 변동성이 심해서 의미가 없다고 말한다. 충분히 그렇게 생각할 수 있다. 몇 번 계획을 수정하다 보면 시간 낭비라는 생각이 들기도 하고, 그래서 다시 주먹구구식으로 돌아선다. 계획의 정확도를 높이기 위해서는 예상하지 못한 일(리스크)이 발생할 경우를 대비해서 미리 필요한 버퍼를 인정해줘야 하는데 대부분 조직에서 버퍼를 인정하지 않기 때문이다.

예를 들어, 출근하는 데 한 시간 정도가 걸리는 사람이 있는데 어느 날 대표이사와 중요한 미팅이 있다면 그는 언제 출발해야 할까? 늦지 않으려면 어느 정도 버퍼가 필요할까? 통계적, 확률적으로 접근해 차가 막히는 시간대나 도로의 상황을 감안하여 충분한 시간적 여유를 두고 출발할 것이다. 그것이 프로젝트 관리이다. 계획은 그렇게 만들어야 한다. 아무런 버퍼도 없이 만들어 무조건 지켜야 한다면 실패할 확률이 크다. 마치 1년 동안 똑같은 시간에 출근하라고 요구하는 것과 같다. 현업에서 자세하게 일정을 만드는 경우는 드물었다. 그 이유를 물었더니 다음과 같은 답변이 나왔다.

- 계획 대비 변동성이 심해서
- 열심히 만들어도 수정이 많아서
- 만들거나 안 만들거나 차이가 없어서
- 만드는 방법을 몰라서
- 만드는 방법을 알아도 귀찮아서
- 과제 규모가 작아서
- 만들면 임원들의 관리 포인트가 많아져서 등등

이유를 하나하나 살펴보면 주먹구구식으로 일하는 것이 보인다. 계획을 만들어도 변동성이 있다는 것은 누구나 알고 있다. 특히 예상하지 못한 리스크가 발생할 수도 있다는 것을 경험으로 알 것이다. 일찍 출근해야 할 상황이 반복되면 시간을 조정하는 것처럼, 여러 번 계획을 만들어 실행하다 보면 계획의 정확도가 높아진다는 것을 느낄 수 있다. 그래서 경험이 중요하다.

그런데 현업에서 시간이 없다는 이유로, 또는 일정을 만드는 방법을 몰라서 대충 계획을 만들어 진행하니, 정확도는 떨어지고 계획을 만드는 것 자체를 아무런 의미가 없는 '시간 낭비 업무(Time Consuming Job)'라고 생각하게 된다. 정말 안타깝다. 리스크에 대해 어떻게 버퍼를 적용하는지에 대해서는 4부에서 다시 자세하게 논의하겠지만 리스크 역시 계획을 만들 때 관리할 항목임을 잊어서는 안 된다. 예상대로 되는 것은 별로 없지만 예상 자체를 하지 않는 것보다는 훨씬 바람직하다.

- **계획은 지키려고 만든다**

  계획을 만들 때 제일 중요한 것은 지키려고 만드는 것이다. 지키지 않거나 지킬 수 없는 상황이 지속적으로 반복된다면 잘못 만든 계획이고, 이러한 계획을 만드는 것은 분명 시간 낭비다. 물론 과제 규모가 작아서 해야 할 업무가 정확하게 머리에 있다면, 또한 진행하는 업무가 거의 변하지 않아 똑같이 반복된다면 계획을 안 만들어도 무방하다. 아니, 계획을 안 만드는 것이 아니라 이미 만들어진 계획이 머릿속에 있는 것이다. 그렇지 않다면 계획을 만드는 것이 시간을 절약하는 방법임을 이해하고, 팀원들과 모든 이해관계자의 피드백을 받아서 같이 만들어야 짧은 시간에 정확도가 높은 결과물을 얻을 수 있다. 프로젝트의 시작 부분에 잘 만든 계획이 있다면 반은 성공한 것이나 다름없다. 간혹 계획을 정확히 만들 수 없는 경우가 있는데 R&D연구소에서 이에 대한 토론을 하였다. 그중 두 가지 예를 살펴보자.

1) 새로운 제품 개발을 하기 위해 테스트를 하고 있는 프로젝트가 있다. 한 번에 성공하면 6개월이 걸리지만 실패하면 테스트 기간이 2개월씩 추가된다. 몇 번에 성공할지는 아무도 모른다.

이와 비슷한 상황은 현업에서 자주 발생한다. 어떻게 하면 계획을 정확히 만들 수 있을까? 테스트 결과에 따라 전체 일정이 달라지는데 정말 애매모호하다. 하지만 계획을 만든다면 1)번의 경우는 그동안의 경험을 바탕으로 성공할 확률을 분석하는 것이다. 새로운 제품 개발의 난이도와 개발 팀원들의 역량, 타 부서의 도움 등을 고려해보았더니 한 번에 성공할 확률은 20%를 넘기가 힘들었다. 두 번째 테스트에 성공할 확률은 50% 정도는 되는 것 같고, 세 번째 테스트에 성공할 확률은 70%라고 한다면, 개발 일정은 총 10개월이 걸리는 것으로 만드는 것이 옳다. 그렇게 계획을 만들면 된다. 확률적으로 최소한 70%는 넘어야 지킬 수 있는 계획이 된다.

그런데 갑자기 현업에서 무조건 한 번에 개발을 완료하라고 한다. 이럴 경우 어떻게 대응해야 할까? 확률적으로 이유를 설명해도 막무가내다. 당장 목을 칠 듯이 난리다. 프로젝트 계획을 세울 때 모든 이해관계자와 같이 만들지 않으면 그렇게 된다. 당연히 한 번에 개발이 되는 경우는 별로 없고 결국 반복할 만큼 하고 나서야 개발이 완료된다. 이것이 현실이다.

그래서 막무가내인 상사에게 물었다. "결국 할 만큼 일을 해야 개발이 되는데 시작부터 그렇게 밀어붙이는 것이 정말 맞나요?" 그렇게 밀어붙여야 간신히 10개월에 끝난다는 것이 그들의 말이었다. 관리를 잘한다는 것은 부하 직원들의 어려움을 이해하고 도와줄 수 있는 방법을 찾아서 일이 빠르게 진행되도록 하는 것인데, 무조건 윽박지르는 것이 관리라고 생각하면 더 이상 팀의 발전은 없다.

2) 새로운 제품 개발을 할 때 적절한 장비가 필요한 프로젝트가 있다. 첫 번째 테스트(3개월이 필요) 후 나온 결과에 따라 장비를 선정해야 하는데 장비 A의 경우는 6개월, 장비 B의 경우는 2개월이 걸려 입고가 된다. 선정된 장비가 입고되면 2개월씩 두 번 테스트를 더 진행하면 완료된다. 다른 곳에서 장비를 빌리거나 테스트를 할 수 없다고 가정한다.

이런 경우는 어떻게 해야 할까? 정답이 없는 것이 아니라 정답이 두 개가 나온다. 테이블로 정리하면 다음과 같다.

1차 Test(3개월)		2차 Test(2개월×2회): 4개월	
장비 A 선택 (6개월)	장비 B 선택 (2개월)	총 13개월	총 9개월

만일 하나로 결정하라고 하면 총 13개월이 걸린다고 하면 되지만, 최대한 일정을 줄이라고 하면 테스트 시작과 함께 미리 장비 두 개를 모두 구매하면 된다. 그렇게 되면 빠르면 7개월(장비 B 선택: 장비의 인도 일정이 전체 일정에 영향을 끼치지 않는다), 늦어도 10개월(장비 A 선택: 장비의 인도 일정은 6개월이 걸리지만, 첫 번째 테스트에 3개월이 필요하므로 3개월의 장비 인도 일정이 필요하다)이면 가능하다.

만일 장비 두 개를 구매하지 못하게 하면 어떻게 할까? 어떤 상황이라도 '안 된다'는 이야기는 하지 말자. 프로젝트 관리자가 해서는 안 되는 말이 바로 이 말이다. 아직 찾지 못했다고 생각하고 반복해서 찾아보는 것이다. 다른 곳에서 장비를 빌리거나 테스트할 수 없다고 가정했기 때문에 대체할 수 있는 다른 장비나 새로운 방법으로 테스트를 할 수 있는 방법을 찾아야 한다. 정확도가 일부 떨어질 수 있지만 노력하면 좋은 결과로 연결될 수도 있다. 절대로 가만히 있어서는 저절로 해결이 안 된다.

사실 위와 같은 상황은 현업에서 자주 발생하는데 계획을 만들 때 모두 참여해서 같이 만들지 않았기 때문에 발생하는 문제이다. 위와 같은 상황을 만들지 않으려면 시작할 때부터 모든 조건과 상황을 같이 공유하여 다양한 아이디어를 얻는 것이 중요하다. 그래서 프로젝트 관리가 필요한 것이다.

- **계획은 다양성이다**

계획을 만들어 최종 승인을 받으면 기준선(Baseline)이 설정된다.

이를 바탕으로 프로젝트 관리자는 팀원들과 계획대로 업무를 진행한다. 그런데 중간에 예상하지 못했던 일들이 발생해서 계획대로 진행이 안 되었다. 어떻게 해야 할까? 무조건 늦어진다고 보고하는 것은 기본이 안 된 프로젝트 관리자가 할 일이다. 우선 프로젝트 관리자는 팀원들과 현재까지의 상황을 기준으로 분석해서 얼마큼 늦어지는지 확인한 후, 어떻게 하면 원래 계획대로 돌아갈 수 있는지 대안을 마련해야 한다.

예를 들면, 추가로 팀원 1명이 두 달 정도 필요할 수도 있고, 테스트 장비를 한 달 동안 우리 프로젝트 팀만 사용해야 가능할 수도 있을 것이다. 계획대로 완료할 수 있도록 다양한 대안을 마련해서 스폰서나 경영진에게 요청해야 한다. 현업에서는 그런 요청을 하지 않아 프로젝트가 계획대로 끝나지 못하는 경우를 많이 보았다. 요청을 하지 않는 이유는 프로젝트 관리자가 혼자서 해결하려고 노력하거나, 스폰서 또는 경영진에게 요청하는 것이 아직 우리 문화에서는 익숙한 모습이 아니기 때문이다.

그런데 대부분 혼자서 해결하려고 노력하다가 더 이상 해결 방안이 없어 어쩔 수 없이 보고를 하면 경영진은 그런 상황이 발생했을 때 빨리 와서 보고를 안 했다고 큰소리를 낸다. 혼나서 해결된다면 상관없지만 혼나도 해결이 안 되기 때문에 문제다. 이런 상황은 반복적으로 일어난다. 조금만 문제가 생기면 같이 이야기해서 해결 방안을 찾아야 한다. 말하기가 거북하다면 아직까지 우리 조직은 옛날 방식에서 벗어나지 못한 것이다. 변화가 필요할 때다. 변화의 중심은 프로젝트 관리에서 시작한다.

고객의 변경 요청에 따라 승인받은 계획을 바꾸어야 한다면 어떻게 해야 할까? 무조건 고객의 변경 요청을 받아주면 안 된다. 변경통제위원회(Change Control Board)의 허락을 받아야 한다. 아마그러한 절차는 승인된 계획 안에 모두 포함되어 있어야 한다. 어떠한 경우라도 프로젝트 관리자 마음대로 해서는 안 된다. 프로젝트 관리자의 책임은 혼자서 판단하고 결정하는 것이 아니라 중요한 항목은 같이 결정할 수 있도록 절차를 만들고, 그 절차대로 움직이는 것이다. 무조건 해주거나 안 해주는 것이 아니라, 정해진 절차대로 고객을 위해 최선을 다하는 것이 바람직하다. 고객도 절차대로 움직이기를 원할 것이다.

3.2 해야 할 일 모두 정리하기(Work Breakdown Structure)

계획을 잘 만들기 위해서 우선 필요한 것은 우리가 해야 할 일이 무엇인지 빠뜨리지 않는 것이다. 해야 할 일을 누락시킨 상태에서 계획을 세우고, 진행 과정에서 뒤늦게 그 일이 빠졌다는 사실을 발견한다면 어쩔 수 없이 일정이 지연되는 결과를 초래할 수밖에 없다. 해야 할 일을 모두 알기 위해서 시작할 때 작성했던 프로젝트 헌장을 생각해보자. 그 문서 안에는 프로젝트가 달성해야 할 목표가 있다. 그 문서를 모든 이해관계자에게 보내 피드백을 받으면 맨 처음 생각과 다른 부분이 나타나기도 한다.

  그런 다음 이 내용도 모두 반영하여 프로젝트를 하면서 꼭 해야 할 일이 무엇인지 최종적으로 정의한 문서가 있어야 하는데 이것을 '범위기술서(Scope Statement)'라고 부른다. 그래서 프로젝트 헌장을 업데이트하지 않는 것이다. 문서의 이름은 조직별, 프로젝트 별로 다를 수 있다. 그러나 분명한 것은 최종적으로 달성해야 할 프로젝트의 범위가 이 문서에 모두 포함되어 있다는 점이다. 제품의 자세한 스펙은 물론이고 프로젝트 종료 시 전달할 핵심 인도물(Deliverables)도 당연히 포함된다.

  추가로 프로젝트 범위에 포함되지 않는 내용과 제약 조건 등도 문서에 담긴다. 프로젝트 범위에 포함되지 않는 내용이란 종료 시 논란의 소지가 될 만한 것들로, 이를 미리 정리해두는 것이다. 그래야 상호 간에 오해가 발생하지 않는다. 프로젝트 진행 중에 발생하는 모든 범위와 관련된 내용은 이 문서를 통해 확인 가능하다는 것이 장점이다. 그럼에도 불구하고 애매모호한 범위가 나타날 경우 해결할 수 있는 방법이나 절차까지 포함한다면 완벽하다.

  이제부터 범위기술서를 이용하여 우리가 프로젝트에서 해야 하는 모든 일을 찾아야 한다. 단순히 프로젝트 목표만 가지고 해야 할 일을 두서없이 생각하면 언제나 빠진 일들이 나오고, 그 일들을 중간에 하다 보면 순서가 안 맞아 재작업을 하는 경우도 다반사다. 그래서 '작업 분류 체계(Work Breakdown Structure)'라는 도구를 활용해 최종적으로 프로젝트에서 해야 할 일을 모두 찾는다.

그러기 위해서는 중복이 없고 누락되지 않도록 MECE(Mutually Exclusive Collectively Exhaustive)적으로 생각해야 하고, 분할(Decomposition)이라는 방법을 사용해 최종적으로 해야 할 일을 정리하는 것이다. 그러나 막상 현업에서 모든 업무를 빠지지 않게 한다는 것은 쉬운 일이 아니다. 특별한 왕도는 없다. 그저 많이 연습해서 잘하는 수밖에 없다.

- **100% 룰을 적용한다**

아래 그림처럼 작업 분류 체계를 만들 때 제일 아래에 있는 해야 할 일(《PMBOK》에서는 이를 '작업 패키지'라고 부른다)들의 합이 우리 프로젝트에서 해야 하는 모든 일이다. 보기에는 쉽지만 현업에서 직접 나누는 작업을 해보면 그리 쉽지 않다. 일단, 첫 번째 대분류에서 잘 나누는 것이 중요하다. 만일 대분류에서 나누는 것이 완벽하지 않은 경우에는 아래로 더 잘게 나눌 때 중복되거나 빠뜨리게 되는 경향이 있다.

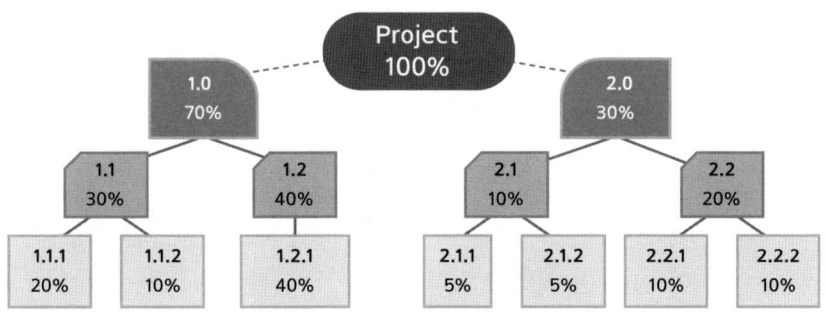

100% 룰을 적용한 작업 분류 체계(샘플)

예를 들어, 작업 분류 체계를 이용하여 우리나라 도로에 다니는 모든 차량을 분류하되, 제일 하단에 모든 차량이 들어가도록 만들어보자. 첫 번째 대분류에서 승용차와 상용차로 나누었다. 뭔가 이상하다. 커다란 트럭도 있고 추가로 특장차(특별한 장치가 달려 있는 차)라는 것도 있다. 승용차도 아니고 상용차도 아니다. 또 그 외에 다른 것이 없다는 걸 증명할 방법이 없다. 그렇다면 이번에는 사용하는 연료로 나누기로 하자. 기름과 디젤, LPG로 나누었다. 그런데 하이브리드 차도 있고 수소로 가는 차도 있다고 TV 광고에서 본 듯하다. 그런 것들을 다 적었더니 등유가 빠졌다고 한다. 헉~ 내가 모르는 연료가 존재할 수 있다는 생각이 머릿속을 혼란스럽게 한다.

첫 번째 대분류에 들어갈 항목으로 적합하지 않은 것 같다. 그렇다면 이번에는 배기량을 기준으로 나누어보자. 1500cc 미만, 1500~2500cc 미만 그리고 2500cc 이상. 빠져나갈 틈이 없다. 나쁘지 않다. 그런데 중분류로 나가게 되면, 각각의 용량에 나라별, 회사별로 종류를 다 적어야 한다. 중복되면 빠져나갈 틈이 발생한다. 틀린 답은 아니지만 결코 좋은 답은 아니라는 것을 금방 알 수 있다. 그렇다면 국산 차와 수입차로 나누는 것을 어떨까? 일단 더 이상의 선택지가 없다는 것을 우리는 쉽게 알 수 있다. 길에 다니는 차는 국산차 아니면 수입차니까. 이런 식으로 나누는 방법이 바람직하다.

첫 번째 대분류에서 누구나 더 이상 나눌 수 없다고 믿을 만큼 잘 나누어야 한다. 만일 애매모호하게 나눈 상태에서 빠뜨린 것이 나오면 아래 단계로 더 내려가도 나오질 않는다. 그렇게 되면 결국 프로젝트에서 해야 하는 일이 빠지게 되고, 프로젝트 수행 중 갑자기 예상하지 못한 일들이 출현하게 되어 프로젝트는 지연되기 쉽다. 정답이 없는 것이 아니라 정답은 많은데, 어떤 답이 최적의 답인지 알기가 힘들어서 어렵다. 다양한 경험을 통해 체득할 수밖에 없다. 경험이 쌓이면 자신의 프로젝트에 적합한 방법을 쉽게 찾아낼 수 있다. 첫 번째 대분류부터 잘 나누려면 다음과 같은 방법을 이용하면 좋다.

1) 시간 순서로 나눈다   항상 일하는 순서가 정해져 있는 것들이 있다. 집을 지을 때도 기초 공사를 하고 1층을 지은 다음, 1층이 올라가야 2층을 짓는다. 조립식으로 만든다고 해도 1층이 없는 2층은 존재하지 않기 때문이다. 개발을 할 때도 착수 단계-계획 단계-실행 단계-종료 단계 순으로 진행한다. 실행을 하고 계획을 만들 수는 없기 때문이다. 이 방법은 일하는 순서가 분명히 정해져 있는 경우에 바람직하다.

2) 구조적으로 나눈다   구조적으로 나눈다는 것의 의미는 볼펜을 개발할 때 볼펜 심과 볼펜 내부(스프링)와 볼펜 외부(껍데기와 꽂이 등)로 나누는 것을 말한다. 이렇게 나누는 것은 구조를 분명하게 구분할 수 있을 때 좋다. 구조적으로 나눌 때 현업에서 3개의 부서만 참여한다면 다른 부서는 참여하지 않을 테니까 첫 단계에 3개의 부서를 적어주는 것도 하나의 방법이 될 것이다. 만일 다른 회사나 다른 부서의 도움을 받는다고 해도, 3개의 부서 중에 담당하는 부서

를 정하면 되므로, 그 부서의 업무로 생각하면 된다.

3) 상향식 방법   첫 단계에서 대분류를 나눌 때 어려움을 겪는다면 아마도 진행하는 프로젝트에 대해서 경험과 지식이 부족하기 때문일 것이다. 이런 경우에는 프로젝트 관리자가 프로젝트와 관련된 모든 이해관계자들을 불러 같이 작업을 하는데, 작업 분류 체계의 제일 하단에 있는 작업 패키지를 모두 모아서 정리하는 방법을 사용하면 좋다.

일단 생각할 수 있는 모든 작업 패키지를 두서없이 막 적어보는 것이다. 즉, 프로젝트를 진행하면서 어떤 일들을 해야 하는지 모두 정리해본다. 이렇게 나온 작업 패키지를 종류별로 분류하면서 거꾸로 올라가는 상향식 방법을 사용하면 첫 단계의 대분류가 보이기 시작한다. 이를 바탕으로 다시 하향식으로 적어본다. 괜찮은 방식이다.

연습하기 제일 좋은 것은 가족끼리 미국 여행을 간다고 생각하고 필요한 목록을 그냥 만들어보는 것이다. 다 만들고 분류해보면 '가지고 갈 것', '예약할 것', '가서 방문할 곳', '돌아와서 할 일', '비상사태 준비물' 등으로 나눌 수 있다. 그리고 다시 생각해보는 것이다. '가지고 갈 것' 중에 빠진 것이 있는지, '비상사태 준비물'에서 친구 연락처나 비상 약품, 비상금 등이 빠져 있는지 등. 그러면 도움이 된다.

4) 기존 결과물을 이용하는 방법   제일 좋은 방법으로 비슷한 프로젝트에서 만들었던 작업 분류 체계를 통해 정보를 얻는 것이다. 이러한 정보는 PMO를 통해 얻을 수 있다. 이 정보들을 정리해서 새

로 시작하는 프로젝트에 정보를 공급해주는 것이 PMO의 역할이다. 사용하는 템플릿이 있다면 이 또한 많은 도움이 된다. 만일 그런 결과물이 없다 해도 늦지 않았다. 지금부터 정리하자. 언젠가 누군가에게 도움을 줄 것이다.

우리가 진행하고 있는 'AI를 활용한 실패 재발 방지 시스템 구축' 프로젝트의 WBS 샘플을 간단히 만들어보았다. 대분류는 내부와 외부에서 하는 일로 크게 나누고, 내부에서 하는 일은 실패 사례 구축과 IT 부서에서 진행하는 인터페이스를 생각했다. 외부 업무는 크게 AI 업체 선정과 모델링만 간단하게 추가했다. 물론 더 자세히 만들 수도 있고 PM이 진행하는 리스크 관리, 이해관계자 관리, 의

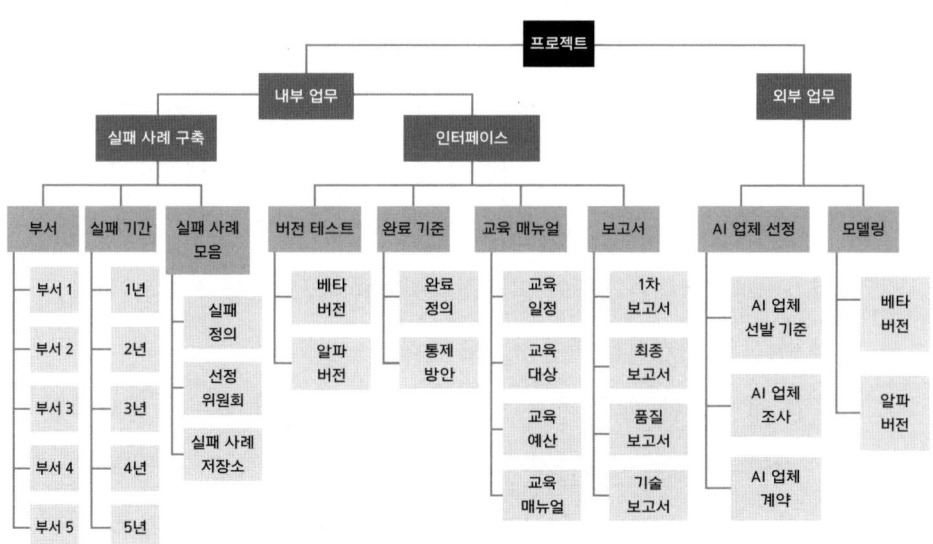

'AI를 활용한 실패 재발 방지 시스템 구축' 프로젝트의 WBS(작업 분류 체계)

사소통 관리 등도 당연히 넣어야 한다. 이럴 경우 대분류에 'PM'이라고 추가하면 된다. 프로젝트를 진행할 때 이런 일들도 시간을 쓰는 업무이기 때문이다.

- **작업 분류 체계의 장점**

누가 뭐라 해도 작업 분류 체계의 가장 큰 장점은 해야 하는 일이 복잡할 때, 어떤 일을 해야 할지도 모르겠고 답답함을 느낄 때, 차근차근 생각할 수 있는 힘을 주는 것이다. 갑자기 회사에서 연구 개발을 하던 사람이 회사를 떠나 자영업을 시작한다고 하면 어떻게 해야 할까? 답답하다. 섣불리 무엇을 시작하는 것도 어렵고, 하려고 해도 어디서부터 시작해야 할지 막막하다. 이럴 때 차분히 앉아 현재 나의 상황과 내가 할 일을 잘 정리하기 시작하면 방법이 보인다. 바로 그렇게 해줄 수 있는 것이 작업 분류 체계의 가장 큰 장점이다.

프로젝트에서 작업 분류 체계를 만들어 프로젝트 팀이 해야 하는 모든 일들을 찾아내는 것은 대단히 중요하다. 제일 하단의 작업 패키지 모두를 우리가 완료하면 되기 때문이다. 작업 패키지는 사용 범위가 넓다. 이해관계자와 의사소통할 때나 리스크를 식별하기 위해서 이 작업 패키지를 활용하기도 한다.

작업 패키지 한 개 한 개를 보면서 어떤 리스크가 있는지 생각하자는 것이다. 또한, 이해관계자와 작업 분류 체계를 같이 만들면 상호 간에 어려움도 알 수 있고 대화를 통해 놓칠 수 있는 부분을 찾아내기도 하며, 다른 부서가 하는 일에 대해 서로 배우는 것도 많다. 게다가 개략적인 프로젝트 예산도 추출할 수 있다. 작업 패키지만 모두 완료하면 프로젝트 목표가 달성되는 것이므로, 각 작업 패키지를 완성하는 데 필요한 예산을 모두 합하면 개략적인 프로젝트 예산이 된다(나중에 전체 버퍼를 추가하면 완성된다).

그러나 각 작업 패키지를 완성하는 데 필요한 시간을 모두 합한다 해도 개략적인 프로젝트 일정은 나오지 않는다. 작업 패키지가 서로 중첩되어 동시에 진행하는 경우가 있기 때문이다. 작업 패키지의 가장 중요한 장점은 이러한 과정을 통해서 프로젝트 팀의 의사소통이 활발해지면 분명 팀 빌딩으로도 사용될 수 있다는 것이다. 가족들과 내년 여름 휴가 때 미국 여행을 계획하는 작업 분류 체계를 같이 만들어보는 과정만으로도 집안 분위기가 좋아지는 것과 같다.

- **작업 분류 체계와 단계별 체크리스트**

단계별 체크리스트는 각 단계가 끝날 때 확인해야 될 항목들을 모아놓은 것으로 중요한 것들만 정리한 것이다. 이것은 경험이 부족한 프로젝트 관리자도 각 단계가 정확하게 끝이 났는지 확인할 수 있는 가이드라인 역할을 한다. 대부분 프로젝트 관리 역량이 높은 회사들은 각 프로젝트 별로, 각 단계별 체크리스트를 만들어놓고 그 체크리스트의 항목이 어떤 내용인지, 어떻게 만들어지는지 등을 정리한 샘플을 제공하기도 한다. 체크리스트의 항목들은 작업 분류 체계에서 만들어진 작업 패키지 중 중요하다고 생각되는 것들을 정리해놓은 리스트이다. 만일 체크리스트에 있는 내용인데 자신의 프로젝트에 적합하지 않다면 'N/A'라 쓰고 간단하게 그 이유를 적어놓으면 된다. 예를 들어, 우리가 샘플로 진행하고 있는 프로젝트의 체크리스트를 간단히 만들어보면 아래와 같다.

프로세스 개선 프로젝트 체크리스트

프로젝트 관리 영역	완료 여부
프로젝트 헌장	V
리스크 관리대장	V
이해관계자 관리대장	V
요구 사항 문서	V
범위기술서	V
원가 기준선	V
일정 기준선	V
구매 부서	
구매 계약서	V
시스템 설치 사양서	N/A
업체 리스트	V
기타 등등	V

IT 부서에서 시스템 설치와 관련하여 결정 완료

체크리스트의 항목을 클릭했을 때 그 항목을 어떻게 만들어야 하는지 알려주는 문서와 템플릿을 정리해 만들어놓는다면 누구든지 쉽게 프로젝트를 진행할 수 있다. 여기에 더 쉽게 작성할 수 있도록 모범 사례까지 추가하면, 전체 진행 상황을 한눈에 확인할 수 있어 실수를 최소로 줄일 수 있다.

- **작업 분류 체계를 만들 때 고려 사항**

 작업 분류 체계는 몇 단계까지 만들어야 하나? 특별한 기준은 없다. 단지, 너무 자세하게 나누면 시간도 많이 들고 관리하기도 힘들다. 일반적으로 현업에서 일주일에 한 번 미팅을 하는 경우 작업 패키지의 분량은 40시간에서 80시간 정도로 만드는 것이 바람직하다. 권장 사항이다. 너무 분량이 길면 팀원들이 아직 여유 시간이 있다고 생각해 미팅에 참석하지 않는 경향이 있다. 만일 리스크가 크다면 더 잘게 나누고, 단지 시간만 지나면 자동으로 되는 업무라면 더 크게 나눠도 무방하다.

 작업 분류 체계를 만드는 것도 '점진적 구체화'가 되는 과정일까? 그렇다. 만들어진 작업 분류 체계를 가지고 최종 계획을 만들게 되는데, 여기에는 향후 식별된 리스크를 해결하기 위한 대응 계획이 추가된다. 따라서 최종 계획이 완료될 때까지 반복 진행하여 완결성을 높여야 한다. 승인된 계획(Baseline)을 완료할 때까지 점진적으로 구체화된다.

 작업 분류 체계에서 자주 빠뜨리는 것은 무엇인가? 우선 팀원들끼리 회의를 하거나 문제가 발생했을 때 해결하기 위해 모이는 미팅 등 의사소통과 관련된 시간이다. 프로젝트 관리자는 자신의 업무 중 80~90%에 해당하는 시간을 의사소통에 사용한다. 생각보다 크기 때문에 꼭 추가해야 한다. 그 외에 프로젝트 팀이 경험 부족으로 인해, 본인 부서가 하는 것 외에 추가로 하는 다른 업무를 누락시키는 경우도 많다.

예를 들어, 개발 팀 출신의 프로젝트 관리자가 제품을 개발할 때 품질 부서에서 진행하는 신뢰도 테스트 등을 빠뜨리는 것이 이런 경우이다. 많은 프로젝트 관리자가 일정 기간 프로젝트 관리 교육을 받고 시작하는 것이 아니라, 엔지니어로 일하다가 프로젝트 관리자가 되기 때문이다. 조금씩 경험이 쌓이고 프로젝트 관리에 대한 지식이 쌓이면서 이는 자연스럽게 해결된다.

마지막으로 소프트 스킬에 대해 무시하는 경향 때문에 팀원들의 팀 빌딩이나 동기부여, 협상 능력 등을 빠뜨리는 것이다. 자원과 기간이 포함되는 항목이 있으면 무조건 추가해야 한다. 팀 빌딩을 위해 어느 정도의 시간을 할애하는 것이 좋을지에 대해서 고민할 필요는 없다. 버퍼로 전체 일정의 5~10%를 추가하면 좋다. 분명 팀원들 간에 문제가 발생해서 면담할 시간도 필요하고, 그들 사이에서 발생하는 불협화음도 조정해야 한다. 이런 시간도 전체 계획에 들어가는 것이 맞다. 이런 것이 계획에 빠지기 때문에 일정대로 되지 않는 것이다.

좋은 작업 분류 체계는 어떻게 식별할 수 있을까? 작업 분류 체계를 만들기 위해 프로젝트 목표를 실행가능한 작업 패키지로 분할(Decomposition)할 때 작업 패키지의 원가와 기간을 신뢰할 수 있는 수준 정도로 나눌 수 있다면 바람직하다. 모든 단계가 똑같이 내려갈 필요는 없다. 더 잘게 나눌 수 있으면 잘게 나누면 되고, 나누기 힘들면 일부러 억지로 나눌 필요는 없다.

작업 패키지는 일반적으로 인도물(Deliverable)의 형태인데 더 작게 활동(Activity)으로 나누는 것은 바람직하지 않았다. 예를 들어,

작업 패키지가 '1차 완료 보고서'일 경우 '모든 실험 보고서 확보', '읽고 분석하기', '1차 완료 보고서 작성', '제출하기', '결재 받기', '문서 등록'이 활동을 의미한다. 즉, 활동은 작업 패키지(인도물)를 만들기 위한 일련의 작업이다. 갑자기 작업 패키지 담당자가 퇴사를 할 경우, 담당자가 바뀌었을 경우를 대비해 만들어놓는 것인데 현업에서 작업 패키지가 1000개 이상이 되면 활동을 만드는 것 자체가 일하는 것보다 더 힘들다. 따라서 활동까지 나눌 필요는 없지만 어떻게 작업 패키지를 완료해야 하는지 잘 모를 경우에 작업 방식을 알기 위해서 필요한 작업 패키지에 대해 한 번쯤 활동으로 정리해보는 것도 나쁘지 않을 것 같다.

작업 패키지로 명확하게 분할하기가 어려운 경우는 어떻게 해야 할까? 분명 그런 상황이 올 수 있다. 어려운 일이다. 미래의 인도물이 완료되는 시점에 다양한 변수에 의해 불분명한 작업 패키지가 나올 수 있다. 그런 상황이 되면 명확할 때까지 기다렸다가 완료하면 된다. 만일 계획 단계가 완료될 때까지 작업 패키지를 나눌 수 없다면, 그냥 개략적인 방법으로 나눌 수밖에 없다. 예를 들어, 어떤 장비를 구매해야 되는지 확인할 수 없을 때는 단순히 '최종 장비 선정'이라고 적으면 된다. 나중에 어떤 장비를 구매해야 하는지 결정한 후에 설치해서 사용하는 방법까지 나누면 된다. 점진적 구체화 과정임을 기억하자.

그렇다면 불명확한 작업 패키지를 이용하여 어떻게 계획을 만들 수 있을까? 이런 경우에는 개략적인 평균 일정으로 정할 수밖에 없다. 예를 들어, 새로 팀원을 선정해서 진행할 업무가 있다. 능숙한 팀원일지 아닐지 알 수 없는 상황에서, 무작정 급하다는 이유로 능숙한 팀원이라 가정하고 최소한의 일정으로 결정하면 리스크가 무척 커진다. 그런 상황이 발생하면 평균 일정으로 정한 후 선정된 팀원의 능력을 통해 정확한 일정을 알아내고, 필요하다면 도움을 주어 계획대로 완료하는 것이 원칙이다.

작업 분류 체계를 만들 때 가장 필요한 것은 누구의 도움일까? 모든 이해관계자의 참석이 중요하다. 특히 만드는 방법에 대해 유경험자의 조언은 절대적이다. 유사한 프로젝트의 경험이 있는 사람 또는 PMO(Project Management Office)가 있다면 분명 많은 도움을 받을 수 있을 것이다. 한 번이라도 해보면 느낌이 확 온다. 하지만 수동적으로 대충 한다면 시간 낭비다. 나누는 작업을 통해 프로젝트 팀에서 해야 하는 모든 일을 추출한다는 것이 쉽지는 않지만 피해 갈 수는 없는 과정이다. 프로젝트의 성공은 저절로 되는 것은 아니다.

3.3 누가 책임지고 일을 하나?(RACI Chart)

R&R(Roles and Responsibilities)은 단어의 의미대로 역할과 책임을 말한다. '누가 어떤 일을 하는 데 어떤 책임이 있다.' 정도로 생각하면 좋다. 왜 프로젝트를 할 때 R&R을 미리 정해야 하는지에 대해서는 논란이 많다. 특히 조직의 상사들은 언제나 "네 일, 내 일이

어디 있어? 그냥 모두 우리의 일이지."라고 한다. 전형적인 주먹구구 방식이다. 분명 조직에서는 네 일과 내 일이 반드시 분리되어야 한다. 경계가 없으면 서로 미루기 때문이 아니라, '내 일을 상대방이 왜 하는가?'에 대한 논란이 지속적으로 발생하기 때문이다. 각자의 책임 아래 일을 해야 효과가 크다.

R&R을 결정하지 않았을 때 발생하는 문제의 예를 찾아보자. 코로나19가 발발한 지 얼마 안 되어, 뉴스에서 "800억 넘게 모였지만… 못 쓴 채 쌓이는 코로나 국민성금"[*]이라는 글을 보았다. 감염병 재난은 사회 재난으로 분류돼 정부가 모금액을 어떻게 쓸지 직접 개입할 수 없기 때문이다. 그럼 언제까지 모금만 해놓을 생각인가? 피해액을 조사해서 골고루 공평하게 나누어야 하는데 아직도 피해가 계속 발생하니 어떻게 해야 할지 아는 부서가 없다.

총괄 컨트롤 타워가 모르면 계속 모르는 것이다. 작년 강원도 산불 때에도 실제 성금 전달까지 반년이나 걸렸다고 한다. 심지어 기부금의 용도를 정해달라고 하는데, 어이없다. 기부하는 사람들이 고통받는 사람들과 마음을 같이 나누기 위해 보내는 돈이다. 그러면 그 돈으로 관리하는 사람들이 정말 필요한 것이 무엇인지 판단해서 마스크를 사든, 음식을 사든, 최종 결정을 해서 빨리 진행을 해야 옳은데 서로 미루기만 한다. 아니, 미룰 수밖에 없다. 답답한 현실이지만 사실 이 문제는 누구의 잘못도 아니다. 단지 내 업무가 아니기 때문에 할 수 없다는 것

---

[*] https://news.v.daum.net/v/20200305012108479

이다. 그렇다고 절대로 그냥 넘어갈 문제는 아니다.

우리가 일하는 현업에서도 비슷한 현상이 발생한다. 우리 모두의 일이라고 해서 서로 미루지 않고 일을 해도, 누군가는 경계선에 대해 민감할 수 있다. 특히 공무원의 경우는 그런 상황이 되면 나중에 감사를 통해 문제가 발생하는 것 같다. 그런 경험을 하고 나면 더 이상 내 일이 아니면 하고 싶지 않게 된다. 하기 싫어서가 아니라 누군가의 오해 아닌 오해를 불러일으킬 수 있기 때문이다.

- **R&R은 신호등이다**

운전을 하고 길을 지날 때 신호등이 없다면 도로는 교통지옥이 될 것이다. 서로 빨리 가려다 오히려 뒤죽박죽 엉망이 되어버릴 것이다. 그러한 문제를 방지하기 위해 설치한 것이 신호등이다. 신호는 반드시 지켜야 한다. R&R은 프로젝트를 진행할 때 팀원 간, 부서 간 발생할 수 있는 불협화음을 잠재우는 신호등이다. 그런 신호등이 없다면 부서 간에, 팀원 간에 그럴싸한 업무는 서로 가지고 간다고 할 것이고, 시간만 낭비하면서 결과가 미흡한 일이라면 서로 미루기 바쁠 것이다. 그래서 계획 단계에서부터 R&R을 만드는 것이 좋다.

특히 작업 분류 체계가 다 만들어지면 제일 하단에 있는 작업 패키지를 누가 맡아서 할지, 누가 한 일에 대해 검사를 할지 등을 결정하는 업무를 해야 한다. 이런 일을 할 때 대체로 시간 낭비라고 생각하는 경우가 많다. 신호등의 예를 통해서 알 수 있듯이 운전만 빨리 한다고 집으로 갈 수 있는 것이 아니라, 도로 상황을 통제하는 신호등이 있어야 빨리 갈 수 있다. 프로젝트를 빨리 완성하려면 R&R은 필수다.

그렇다면 그런 업무는 누가, 어떻게, 어떤 방법으로 결정할까? R&R을 결정하는 방법 중 하나는 아래와 같은 매트릭스를 만드는 것이다. 왼쪽에는 프로젝트에서 진행해야 하는 모든 업무(작업 패키지)를 적고 위쪽에는 참여하는 인원들을 적어보자. 정확히 누가 책임을 질지 모르는 경우에는 담당 부서를 적어도 상관없다. 그렇게 해서 매트릭스를 완성시키면 누가 맡은 업무를 처리할지, 누가 처리한 업무를 확인해서 최종 확정을 하는지에 대해서 매트릭스 안에 적으면 된다. 추가로 이러한 정보를 누구와 공유할지, 누구의 도움을 받을 수 있는지 등도 만들어보자.

'AI를 활용한 실패 재발 방지 시스템 구축' 프로젝트의 RACI 차트 중 일부

작업 패키지	담당자					
	차영서 PM	이규호 상무	한명림 PM	한소영 팀원	법무팀	IT 부서
AI 업체 계약서 초고 작성	A	I	I	R	C	I
AI 업체 계약	R	A	R	I	R	I
AI 업체 1차 보고서	A	I	R	R	I	I
실패 사례 모음	A	I	I	R	I	I
1차 test 실행	A	I	I	C	I	R
최종 완료 보고서	R	A	R	R	I	C

R: Responsible, A: Accountable, C: Consult, I: Informed

위는 가장 많이 사용하는 RACI 차트이다. R은 Responsible로 작업 수행에 책임이 있는 사람 또는 부서이고, A는 Accountable로 작업 결과에 대한 책임이 있는 사람, C는 Consult로 모르면 물어볼 사람이나 부서, I는 Informed로 최종 결과를 받을 사람 또는 부서를 말한다. 일반적으로 A는 한 사람이다. 두 사람 이상인 경우, 서로 다른 의견을 보이면 곤란하기 때문이다. R은 두 사람 이상이어도 상관없다.

예를 들어, 위의 샘플에서는 'AI 업체 계약서 초고 작성'이란 작업 패키지를 완성하기 위해서 P사의 한소영 팀원이 초고를 작성하면서 잘 모르는 법률적인 부분은 법무팀과 상의하여 작성하고, 완성되면 차영서 PM에게 승인을 받으면 된다. 차영서 PM은 이 내용을 이규호 상무와 T사의 한명림 PM 그리고 자사의 IT 부서에 통보한다는 의미이다.

- 더 좋은 신호등을 만들려면?

다양하게 역할을 나누는 것도 바람직하다. 그러나 너무 복잡한 것보다 간단한 것이 현업에서 사용할 때 더 좋았다. 많은 사람들이 R&R을 보면 항상 하는 이야기가 "이런 것까지 만들어야 하나?"였다. 만들기 어려워서가 아니라 쓸데없는 일에 시간 낭비한다고 생각하기 때문이다. 한적한 시골길에 지나다니는 차량이 별로 없다면 굳이 신호등은 필요치 않다. 하지만 도시의 번잡한 교차로에는 반드시 신호등이 필요하다. 막상 작성해보면 시간이 많이 걸리지도 않는다.

기존에 사용하던 템플릿이 있거나 경험이 있다면 더욱더 시간을 절약할 수 있다.

현업에서 약 1000개 정도 작업 패키지를 만든 후 RACI 차트를 실제로 만들어보았다. 대략 2시간 정도 걸렸다. PM으로서 누가 무슨 업무를 하는지 대부분 알고 있었고, 애매모호한 부분은 몇 번의 전화로 확인 후 최종 결정을 했기 때문이다.

빨리 만드는 방법은 우선 작업 수행 담당자인 R을 결정하는 것이다. 담당자를 모르면 일단 관련 부서로 배정을 해놓으면 된다. 두 번째로 책임지는 A를 결정한다. 대부분 프로젝트 관리자일 확률이 높고, 그렇지 않다면 주로 담당 부서장이나 스폰서가 된다. 나머지 C와 I는 그다지 문제가 안 되었다. 개인적으로 물어볼 필요가 없으면 C는 안 써도 무방하고, 물어보고 싶은데 누구에게 물어봐야 하는지 잘 모를 경우에는 일단 '프로젝트 관리자'라고 적어도 무방하다. 이렇게 만들어진 초안을 모든 이해관계자에게 먼저 보낸 후 수정 사항이 있으면 같이 이야기해서 보완하면 된다. 처음만 힘들 테니 일단 만들어보자. 나중에 힘을 발휘할 것이다.

이렇게 R&R을 결정해서 프로젝트를 진행할 때도 여전히 예상하지 못했던 업무가 계속 나온다. 특히 종료 시점이 다다르면 더 어려운 상황이 발생한다. 팀원들은 종료 일정을 맞추기 위해 많은 시간을 할애하지만 여의치 않다. 그렇다면 종료 시점에서 예상하지도 못한 새로운 업무가 나올 때 팀장은 믿고 맡길 만한 최적의 책임자를 찾을 것이고 아마 그는 일 잘하는 사람일 것이다.

언제나 일 잘하는 사람에게 더 많은 일, 더 어려운 일이 배정되는 것이 현실이다. 그 팀원은 현재도 많은 일을 하고 있다. 그러다 보면 연속해서 바쁜 상황이 발생하고, 팀장이 자기에게만 일을 준다고 생각하니까 그 짜증이 다른 팀원들에게 알게 모르게 전달이 된다. 물론 다른 팀원들도 기분이 안 좋다. 그 일은 중요한 것이고 나도 할 수 있는 일인데 꼭 편애하는 팀원에게 그 일을 맡기는 것 같다. 고과를 잘 주기 위해 편법을 쓰는 것 같은 느낌마저 든다. 드디어 팀워크가 깨지기 시작한다. 이런 상황을 막기 위해서라도 RACI 차트는 반드시 있어야 한다.

누구에게 배분해야 할지 명확하지 않은 업무가 발생하는 상황도 분명 있다. 이럴 때를 대비해서 규정을 만들어놓아야 한다. 예를 들어, 팀원 A와 B 각자에게 줄 수도, 아닐 수도 있는 애매모호한 업무가 있다. 업적 고과에 도움이 되면서 시간도 걸리지 않는 일이라면 서로 본인들이 하겠다고 하겠지만, 시간만 걸리고 해보지도 않은 업무라면 두 사람 모두 기피할 것이다.

이런 상황에서 결정하는 좋은 방법으로, 현업에서 사용했던 것은 팀 미팅에서 팀원 A와 B를 제외한 다른 사람들에게 물어봐서 결정하는 방법이다. 원래부터 그런 규정이 있다면 큰 문제는 일어나지 않는다. 다른 팀원들은 A와 B 중 현재 누가 그 일에 적합한지 어느 정도 알고 있고, 두 팀원의 업무량을 개략적으로 파악하고 있기 때문에 의외로 쉽게 조정이 된다. 대부분 두 팀원이 모두 할 수 있는 일이라면 주로 일 없는 사람에게 일이 가는 경향이 있다. 일 잘하는 사람에게 무조건 일을 맡기는 팀장의 생각과 다르게 전달되지만 오히려 그런 방법이 공평하다.

팀원간 업무 변경이 일어나면 R&R을 바꾸는 일도 자주 발생한다. 맨 처음 작성했을 때 검토를 요청했지만 아무런 피드백이 없었다. 그러다 일이 진행되어 본인의 업무가 아님에도 해야 하는 경우가 생길 수도 있다. 이런 경우 담당자를 바꾸어달라고 한다. 할 수 없는 일을 시킬 수는 없지만 하기 싫어도 해야 되는 일은 있다. 이런 때는 규정에 따라 바꿔야 하는 이유를 적어서 문서로 보내달라고 한 후 수정해주면 된다. 굳이 문서로 보내라는 이유는 그래야 다음부터 생각하면 막을 수 있는 실수를 하지 않기 때문이다. 시내에서 신호등이 망가져 있을 때, 운전을 해본 사람은 빨리 가려고 서로 눈치 게임을 하는 것이 더 느리다는 것을 정확하게 느낄 수 있다.

3.4 효과적·효율적으로 일하는 방법(네트워크 다이어그램)

미국 드라마 〈프리즌 브레이크〉는 동생인 스콧 필드가 억울한 살인 누명을 쓰고 감옥에 들어간 형을 구하기 위해 직접 죄를 짓고 감옥으로 들어가서 형을 구해 나오는 내용이다. 동생은 천재 과학자로서 굉장히 머리가 좋아 형을 구하기 위한 계획을 자세하게 만든 후, 그 계획대로 움직인다. 그런데 계획이 간단하지 않을 터인데 어떻게 다 기억을 할까? 감옥에 들어가니까 그런 계획은 문서로 작성해 가지고 들어갈 수도 없다. 그래서 생각해낸 것이 그 복잡한 계획을 자신의 몸에 문신으로 남기는 것이었다. 동생 몸에 있는 문신이 바로 작업의 명확한 순서가 있는 네트워크 다이어그램이다.

현업의 프로젝트 규모가 작을 경우, 해야 할 업무가 100~200개 정도라면 네트워크 다이어그램을 만들 필요도 없이 그냥 진행해도 무방할 것 같다. 그 정도는 담당자들의 지식과 경험으로 기억할 수 있다. 그러나 1000개를 넘어선다면 아무리 머리가 좋아도 그 순서를 모두 기억하기 힘들다. 업무의 순서를 모두 기억할 수 없기 때문에 실수를 줄이기 위해 우리는 네트워크 다이어그램을 만들어 효과적, 효율적으로 업무를 관리한다. 또한 1000개를 넘어간다면 논리적인 순서를 필요로 하는 업무뿐 아니라, 비논리적인 순서에 따라 진행할 수 있는 업무도 많아진다. 이럴 때 어떤 순서로 업무를 시작하는지에 따라 일정은 길어질 수도, 줄어들 수도 있다.

- **초기 일정 만드는 방법**

초기 일정을 만들 때 중요한 요인이 무엇인지 확인하기 위해 간단한 예를 생각해보자. 어느 휴일 짜파게티 요리사가 되기로 마음먹은 남편이 가족을 위해 3명이 먹을 수 있는 짜파게티를 만들기로 했다. 짜파게티 위에는 달걀 프라이도 하나씩 만들어 올릴 예정이다. 일단 해야 할 목록을 정리해보았더니 다음과 같았다. 물 끓이기(5분), 면 끓이기(5분), 소스를 비비고 그릇에 담기(2분), 식탁 세팅(3분), 김치 썰기(4분), 달걀 프라이(3분). 해야 할 일의 모든 시간은 22분이 걸린다. 혼자서 이 모든 것을 해야 한다. 따뜻한 짜파게티를 맛있게 먹기 위해서 어떤 순서로 하는 것이 가장 좋을까? 우선 예쁘게 식탁을 세팅을 하고, 김치를 썰고, 달걀 프라이를 미리 만들어놓고, 짜파게티를 끓이기 시작하는 것으로 네트워크 다이어그램을 만들었다. 전체 시간은 22분이 소요된다.

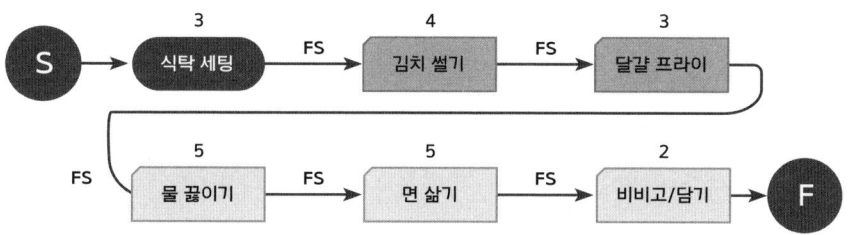

그런데 가만히 생각해보니 물을 끓이는 5분 동안 내가 직접 투입하는 시간은 30초가 소요된다는 것을 알았고, 면을 삶는 시간도 5분이 걸리지만 내가 투입하는 시간은 면을 끓는 물에 넣기만 하면 되기 때문에 30초면 충분하다. 마지막 스프를 넣고 비빈 후에 접시에 담는 시간은 무조건 2분을 사용해야 한다. 총 12분 중에 내가 직접 투입할 시간은 3분만 있으면 된다. 그렇다면 9분 동안 식탁 세팅, 김치 썰기 또는 달걀 프라이를 같이 할 수도 있다. 그래서 가장 적절한 네트워크 다이어그램을 만들어보니 15분이 소요되었다.

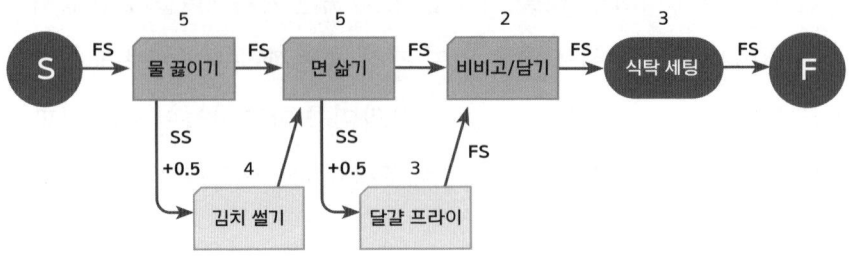

　식탁 세팅은 3분, 김치 썰기는 4분, 달걀 프라이 만드는 데 걸리는 시간 3분 중 내가 일을 나누어 할 수 있는 것은 식탁 세팅이다(수저를 가져다 두고, 조금 있다가 다른 음식을 놓아도 크게 문제가 안 된다). 그렇다면 시간이 남을 때 식탁 세팅을 나누어 한다면 네트워크 다이어그램은 어떻게 되고, 전체 일정은 얼마나 걸릴까? 아마 식탁 세팅 시간을 김치 썰기 후 0.5분 동안 진행하고, 달걀 프라이 후에도 1.5분 진행할 수 있다. 마지막으로 비비고/담기 후 마지막 1분을 사용한다면 총 걸리는 시간은 13분이 소요된다. 아마 혼자서 할 수 있는 제일 빠른 시간일 것이다.

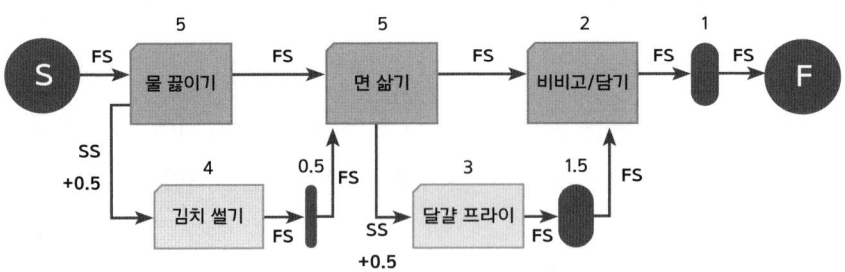

앞의 네트워크 다이어그램을 다시 살펴보자. 기존의 화살표처럼 하나의 업무가 끝나면 다음 업무를 진행하는 것이 아니라, 전체 일정을 단축하기 위해 다른 논리적인 연관 관계를 사용하였다. 이러한 연관 관계는 크게 3가지로 나눌 수 있다. 가장 많이 사용하는 관계로 선행 활동 완료 후 후행 활동을 시작하는 FS(Finish to Start) 관계, 선행 활동을 시작해야 후행 활동을 시작할 수 있는 SS(Start to Start) 관계, 그리고 선행 활동이 끝나야 후행 활동이 끝나는 FF(Finish to Finish) 관계가 있다. 추가로 현업에서 거의 사용하지 않는, 새로운 활동이 시작되어야 끝이 날 수 있는 SF(Start to Finish) 관계도 있지만 다른 연관 관계를 이용해서 나타낼 수도 있으므로 생략하자.

여기서 SS+0.5(분)의 의미는 선행 활동(짜파게티 물 끓이기)을 시작하면 0.5분 후에 후행 활동(김치 썰기)을 시작하겠다는 의미이다. 현실적으로 짜파게티 물 끓이기를 할 때 사용하는 시간은 단지 30초에 불과하므로, 물을 끓이는 동안 가만히 있지 말고 김치 썰기를 시작한다는 이야기다. 물론 다르게 작성해도 무방하다.

예를 들어 FS-4분 30초도 같은 의미다. 어느 것도 상관없다. 하지만 끝나기 4분 30초 전에 시작하라는 의미보다는 첫 번째 업무를 시작하고 30초 후에 진행하는 것이 편하므로 SS+0.5(분)로 만들었다. 또한, FF의 의미는 짜파게티 비비고/담기를 마쳐야만 식탁 세팅이 최종적으로 완료된다는 의미로 받아들이면 된다. 맨 처음 아무런 생각 없이 진행할 때 22분이 걸리는 것을 13분으로 단축할 수 있는 방법을 찾을 수 있었다.

쉽다. 간단하기 때문에 누구나 이렇게 시간을 절약할 수 있다. 그렇다면 시간을 13분으로 단축하기 위해 어떻게 했나? 먼저 해야 할 일과 각각의 일에 걸리는 총 시간과 직접 투입하는 시간을 추정했다. 연관 관계를 결정할 때 분명한 순서가 정해지는 경우도 있지만(물이 끓으면, 짜파게티를 넣어 끓이고 난 후, 스프와 함께 비비고 그릇에 담기), 동시에 진행 또는 순서를 바꾸어도 무방한 업무(식탁 세팅, 김치 썰기, 달걀 프라이)가 있을 수도 있다.

이렇게 순서를 바꾸어도 무방한 업무 중에 한 번 진행하면 계속 해야 되는 업무만 있는 것이 아니라 중간에 일을 하다가 멈추어도 되는 일이 있는지도 확인해야 한다. 당연히 업무를 동시에 진행해서 시간을 단축시키기 위함이다. 가능한 여러 가지의 경로를 만들어보고, 가장 짧은 시간 안에 전체 업무를 완료하는 경로를 찾아냄으로써 시간을 단축시킬 수 있다. 이런 여러 조합들을 생각하고 점진적으로 구체화하는 과정을 통해 일정은 점점 완벽해진다. 일정을 최소의 기간으로 만들기 위한 특별한 기법은 없지만, 모두가 모여 협업으로 시간을 투자해서 작성하는 것이 효과적이다. 추가로 13분보다 더 빨리 일을 진행하기 위해서 다른 방법을 찾으라고 요청을 했다. 우리 마음속의 틀을 깨자는 얘기였다. 그랬더니 다양한 아이디어가 나왔다. 물을 더 빨리 끓이기 위해 전기포트를 사용한다는 의견이 제일 많이 나왔다.

현업에서 일정을 만드는 것 역시 똑같다. 제일 먼저 작업 분류 체계를 만들어 프로젝트에서 해야 할 모든 일을 추출한다. 그리고 각 작업 패키지에 자원과 기간을 결정하고, 각 작업 패키지들 사이의 연관 관계를 결정하는 방법을 사용하면 개략적인 초기 일정이 나온다. 물론 연관 관계를 결정한 후에, 자원과 기간을 결정해도 무방하다. 하지만 자원과 기간은 항상 따라다녀야 하는데, 그 이유는 자원에 따라 기간이 바뀔 수 있기 때문이다. 예를 들어, A급 팀원은 3일이 걸리지만 C급 팀원은 5일이 걸릴 수도 있기 때문이다(예: 아내가 김치를 썰면 2분이 걸리지만 남편이 썰면 3분이 걸린다). 연관 관계를 결정하는 것은 모든 이해관계자의 협업으로 최적화된다. 먼저 업무를 자세히 파악하는 것이 중요하다. 이렇게 초기 일정이 만들어진다.

- **자원 평준화와 주공정 경로**

현업에서 프로젝트의 일정은 위의 네트워크 다이어그램처럼 간단하지 않기 때문에 먼저 초기 일정을 만든 후 자원 평준화를 진행한다. '자원 평준화(Resource Levelling)'란 한 사람이 동시에 여러 가지 업무를 할 수 없기에 인적 자원의 일정을 조절하는 것을 말한다. 그래서 초기 일정을 만든 후에 자원 평준화를 진행하면 초기 일정보다 대부분 늦어지는 것이 일반적이다.

초기 일정에서 자원 평준화를 진행하는 일과 맞물려 우리가 제일 먼저 확인하는 것이 '주공정 경로(Critical Path)'이다. 주공정 경로는 전체 네트워크 다이어그램에서 제일 긴 경로를 의미한다. 현업에서는 진행할 작업 패키지가 수백 개 이상 나오고, 논리적인 연관 관

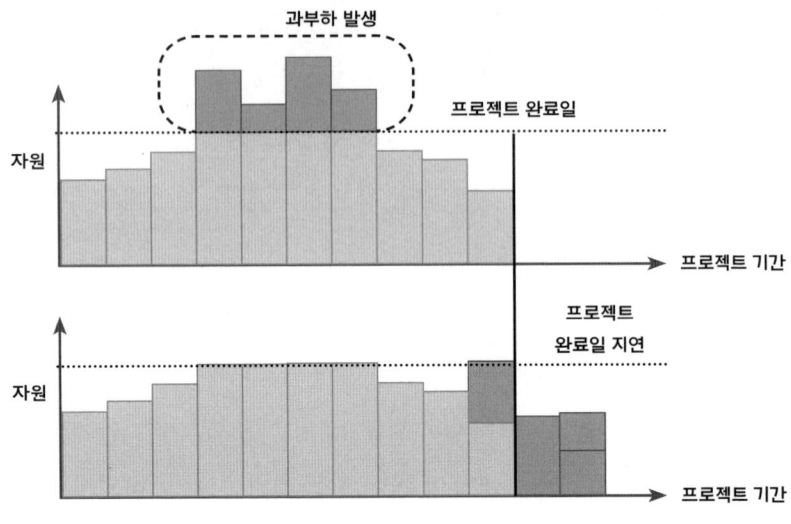

자원 평준화 설명을 위한 그림

계가 복잡하기 때문에 개략적인 초기 일정이 만들어지면 주공정 경로를 파악하고 자원 평준화를 진행하는 것이 일반적이다. 주공정 경로가 중요한 이유는 주공정 경로상에 있는 업무들 중 하나라도 지연이 되면 전체 일정이 늦어지기 때문이다. 따라서 프로젝트 관리자는 조금의 여유 시간(Float or Slack)이 있는 경로보다 주공정 경로를 살펴서 절대로 늦지 않도록 관리해야 전체 일정이 지연되는 것을 방지할 수 있다.

주공정 경로가 네트워크 다이어그램의 여러 경로 중 가장 긴 경로라고 했다. 다음 그림에서 주공정 경로를 찾아 간단히 계산해보자. 우선, 모든 경로를 파악하고 각 업무 일정들의 합을 계산해야 알 수 있다.

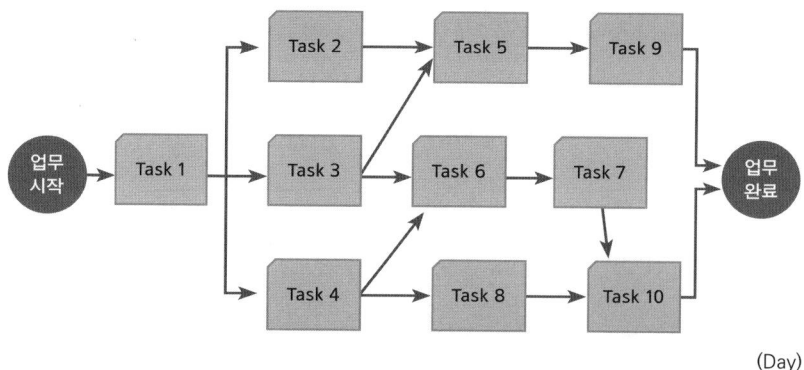

| Task 1: 3 | Task 2: 5 | Task 3: 7 | Task 4: 5 | Task 5: 5 |
| Task 6: 3 | Task 7: 5 | Task 8: 6 | Task 9: 3 | Task 10: 5 |

- Task 1 → Task 2 → Task 5 → Task 9 = (3+5+5+3) = **16 days**
- Task 1 → Task 3 → Task 5 → Task 9 = (3+7+5+3) = **18 days**
- Task 1 → Task 3 → Task 6 → Task 7 → Task 10 = (3+7+3+5+5) = **23 days**
- Task 1 → Task 4 → Task 6 → Task 7 → Task 10 = (3+5+3+5+5) = **21 days**
- Task 1 → Task 4 → Task 8 → Task 10 = (3+5+6+5) = **19 days**

위 다섯 개의 경로 중 세 번째 경로가 주공정 경로로, 총 23일이 걸린다. 그 의미는, 다른 경로들은 23일보다 작기 때문에 조금 늦어도 되는 여유 시간(23일보다 작으면 그 차이만큼의 여유 시간이 있는 것이다)이 있지만 주공정 경로는 여유 시간이 없기 때문에, 주공정 경로 상에 있는 모든 업무(Task 1, Task 3, Task 6, Task 7, Task 10)는 조금이라도 늦어지면 전체 일정이 늦어진다는 것이다.

따라서 주공정 경로상에 있는 업무는 특히 늦어지지 않도록 프로젝트 관리자가 담당자를 배정할 때도 경험이 있는 팀원을 선정하는 것이 좋다. 어쩔 수 없이 자원 평준화를 할 경우에는 주공정 경로가 아닌 다른 경로상의 업무를 뒤로 미루어 주공정 경로가 늦어지지 않도록 해야 한다. 예를 들어, 위의 네트워크 다이어그램상에서 주공정 경로상의 Task 3을 진행하는 팀원이 Task 2도 동시에 해야 한다면 연관 관계를 바꾸어 Task 3 이후에 Task 2를 진행하도록 일정을 조절하거나, 상황상 조절할 수 없다면 Task 2를 다른 팀원으로 바꾸어 전체 일정이 늦어지지 않도록 해야 한다.

주공정 경로는 여러 개가 나올 수 있다. 모두 계산을 해보았더니 제일 긴 경로가 똑같이 여러 개가 있다면 모두 주공정 경로이다. 위의 예에서 짜파게티를 13분에 끓이는 네트워크 다이어그램은 모든 경로가 13분이 걸리므로 모두 주공정 경로가 된다. 하나라도 실수하면 전체 일정이 늦어진다는 것이므로 리스크가 크다고 할 수 있다.

또한, 프로젝트 진행 상황에 따라 주공정 경로는 변할 수도 있다. 만일 Task 8이 원래 6일이 걸릴 예정이었는데 12일이 걸렸다면, 전체 공정은 'Task 1 → Task 4 → Task 8 → Task 10 = (3+5+12+5) = 25일이 걸리므로 중간에 주공정 경로가 바뀐다는 것이다. 주공정 경로가 바뀌면 팀원들을 다시 재조정해야 할 수도 있으므로 가능하면 바뀌지 않도록 하는 것이 바람직하다.

추가로 주공정 경로에서 중간에 마일스톤(Milestone)을 이용하여 중요한 일정을 관리한다면 더 쉽게 관리가 가능하다. 예를 들어,

개발 프로젝트에서 장비를 구매할 경우, 입고 일정이 중요하다면 마일스톤을 이용해보자. 정확한 일정대로 입고가 안 된다면 전체 일정이 얼마나 지연되는지 미리 알 수 있게 해준다. 현명한 프로젝트 관리자라면 이런 도구나 기법 등을 이용할 줄 알아야 한다.

전체 일정을 잘 관리하기 위해서는 팀원들과 같이 일정을 만들고, 각 팀원들이 주공정 경로의 의미를 정확히 알고 있어야 한다. 주공정 경로상의 업무를 담당하는 팀원들은 본인들이 해야 하는 업무에 대해 철저히 준비해서 어떤 경우라도 늦어지지 않도록 해야 프로젝트의 지연을 막을 수 있게 된다. 그러기 위해서 항상 프로젝트 관리자는 전체 일정의 진행 상황을 모든 이해관계자와 공유해야 한다.

- **네트워크 다이어그램 분석 방법**

네트워크 다이어그램을 개발한 후에 전체 프로젝트 일정이 나오면 승인을 받기가 쉽지 않다. 대부분 일정을 단축하라는 압박이 들어온다. 이럴 때 절실하게 필요한 것이 후진 계산법을 이용한 방법이다. 네트워크 다이어그램에서 주공정 경로를 구하기 위해 각 업무의 일정을 합한 것이 전진 계산법인데, 후진 계산법은 각 업무가 가지고 있는 여유 시간(Float or slack)을 계산하기 위해 개발한 방법이다. 전진 계산법을 이용하여 계산하면 아래 네트워크 다이어그램의 일정은 총 14일이 소요되고, 주공정 경로는 진하게 그려진 경로이다.

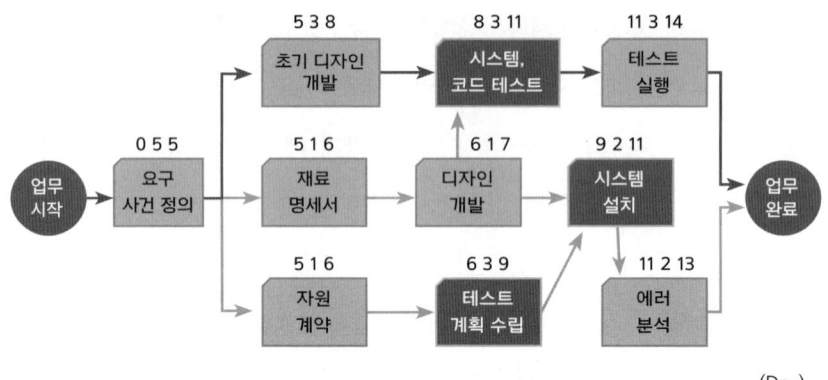

요구 사건 정의	5	디자인 개발	1	초기 디자인 개발	3	시스템 설치	2	시스템, 코드 테스트	3
자원 계약	1	테스트 실행	3	테스트 계획 수립	3	재료 명세서	1	에러 분석	2

각 작업 패키지 위에 있는 숫자는 계산을 쉽게 하기 위해 작성하는 것인데 두 가지 방법으로 작성이 가능하다. 첫 번째 방법은 기간을 시간의 관점으로 본 것이고, 우리가 샘플에서 사용한 것은 시각의 관점에서 본 것이다. 결과는 모두 같기 때문에 후자를 사용하기로 하였다.

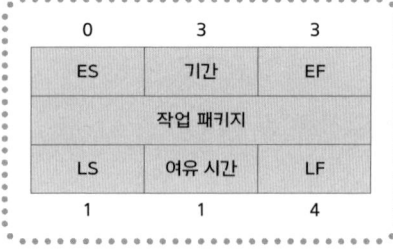

전진 계산법의 특징은 시작부터 종료 방향으로 진행하며, 각 작업 패키지의 ES(Early Start date)와 EF(Early Finish date)를 이용하는 것인데 ES는 가장 빨리 일을 시작할 수 있는 날짜이고, EF는 가장 빨리 종료할 수 있는 날짜를 의미한다. 반면, LS(Late Start date)는 가장 늦게 시작해도 되는 날짜이고, LF(Late Finish date)는 가장 늦게 종료해도 되는 날짜를 뜻한다. 따라서 앞의 네트워크 다이어그램에서 후진 계산법을 사용하면 다음과 같다.

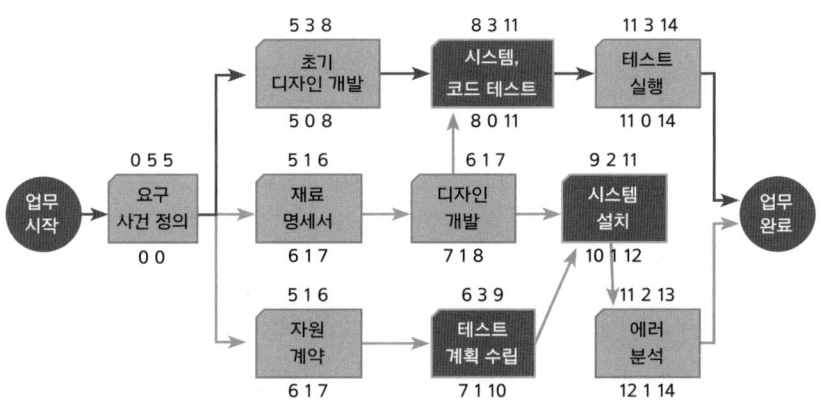

여유 시간을 구하는 공식은 LS-ES 또는 LF-EF이다. 주공정 경로는 여유 시간이 없으므로 주공정 경로상의 모든 작업 패키지의 여유 시간은 '0'이다. 나머지 작업 패키지 중 제일 뒤에 있는 '에러 분석'은 가장 늦게 종료할 수 있는 날짜가 14일이므로 위와 같이 작성하면 된다. 그렇게 뒤에서부터 하나씩 작성하면 되는데, 문제는 병목 현상이 발생한 '디자인 개발'이다. '시스템 설치'의 늦은 시작일이 10일이므로 '디자인 개발'의 늦은 종료일은 10일이 되어야 하지만 먼저 계산한 '시스템, 코드 테스트'의 늦은 시작일이 8일이므로 '디자인 개발'의 늦은 종료일은 8일이 되어야 한다. '디자인 개발'의 늦은 종료가 8일에 끝나고 '시스템, 코드 테스트'의 늦은 시작일이 8일에 시작할 수 있기 때문이다. 이렇게 하나씩 작성해나가면 된다.

후진 계산법을 작성하는 이유는 경영진의 프로젝트 일정 단축 요구를 받아들일 때 힘을 발휘하기 때문이다. 예를 들어, 위의 네트워크 다이어그램에서 경영진이 전체 프로젝트 일정을 13일로 단축시켜달라고 요청하였다. 어떤 작업 패키지를 줄이는 것이 좋을까? 우선 주공정 경로상의 작업 패키지 중 하나를 선택해서 1일을 줄이면 가능하다. 이런 경우 뒤의 작업 패키지보다는 앞에 있는 작업 패키지를 줄이는 것이 좋다. 따라서 '요구 사건 정의' 또는 '초기 디자인 개발'이 유력하다.

그런데 '요구 사건 정의'는 다른 작업 패키지('재료 명세서'와 '자원 계약)와 연관 관계가 있으므로 '초기 디자인 개발' 작업 패키지만 1일을 줄이면 아무런 문제 없이 원하는 일정대로 끝낼 수 있다. 전체 일정을 10일로 줄여달라고 강력하게 요청하면 어떻게 해야 할까? 그런 경우는 '요구 사건 정의'를 1일로 줄이면 쉽게 해결이 된다. 5일을 1일로 줄이는 방법은 한 사람이 해야 할 일을 5명이 하면(이론적인 계산으로는 맞다) 된다. 후진 계산법을 사용하면 어떤 작업 패키지를 줄이는 것이 경영진의 요구 사항에 가장 적합한 것인지 찾아낼 수 있는 장점이 있다. 또한, 주공정 경로가 아닌 작업 패키지의 경우는 얼마큼의 여유 시간이 있는지 확인도 가능하기 때문에 무조건 빨리 하라고 모든 팀원을 다그칠 필요가 없다. 그래서 필요하다.

- **기준선**

기준선(Baseline)은 승인된 계획이다. 초기에 개발된 일정은 반복적으로 진행이 되어 점진적으로 구체화된다. 마지막으로, 리스크의 식별/분석 후 대응 계획을 추가하는 작업을 한 후, 네트워크 다이어그램을 다시 수정해서 최종 일정을 완성한다. 복잡하다고 생각되지만 막상 해보면 일부 몇 개만 추가해 간단하게 끝낼 수 있다. 이렇게 해서 최종 일정을 단계 미팅에서 승인받으면 일정 기준선(Schedule Baseline)이 되고 이를 바탕으로 실행을 한다.

프로젝트 팀이 완성한 최종 일정을 보면 프로젝트 관리자의 역량을 어느 정도 판가름할 수 있다. 역량이 높은 프로젝트 관리자들은 전체 일정에서 주공정 경로가 그리 많지 않다. 만일 모든 경로가 주공정 경로가 된다면 프로젝트 관리자는 모든 업무가 하루라도 늦지 않도록 관리를 해야 하기 때문에 리스크가 너무 크다. 또한, 중요한 스텝마다 마일스톤을 두어 중간 관리를 하고, 각 경로별로 여유 시간이 너무 차이가 나지 않도록 한다. 그래서 전체 일정을 만들 때 팀원들의 역량도 살피고, 업무의 중요도도 파악해서 계속 수정과 보완을 해야 적절한 일정 개발을 완수할 수 있다.

일정 기준선이 정해졌다면 프로젝트 예산(Cost Baseline)도 같이 정하는 것이 좋다. 가장 간단하게 생각해볼 수 있는 것은 작업 분류 체계의 모든 작업 패키지 별로 얼마의 원가가 필요한지 모두 합친 후 전체 원가에 일괄적으로 버퍼(약 10%)를 추가하여 프로젝트 예산으로 만드는 방법이다. 버퍼는 프로젝트의 난이도, 복잡성에 따라 모두 다르게 적용한다. 복잡하거나 어렵다고 생각하면 30~50% 이상 추가할 수도 있다.

프로젝트 시작 시 스폰서나 경영진이 개략적인 프로젝트 예산을 물어보면 본인의 지식과 그동안의 경험으로 이야기하면 된다. 물론 정확할 수도 있고 아닐 수도 있다. 시간을 투자해서 작업 분류 체계를 만든 후 상향식(Bottom Up)으로 모든 작업 패키지에 들어가는 예산을 합하면 정확도는 높아지지만, 개략적으로 물어보더라도 당황하지 말고 경험으로 이야기하면 된다. 아마 몇 번만 연습하면 점점 좋아질 것이다.

프로젝트 예산을 결정할 때 어려운 부분으로는 버퍼를 인정하는지 여부이다. 대부분의 조직에서는 버퍼를 인정하지 않으려는 경향이 짙다. 그러면 프로젝트는 실패로 간다. 예상하지 못한 일들은 무조건 발생하게 되어 있다. 그런 식으로 프로젝트 관리를 하다 보면 프로젝트 관리자들이 각 작업 패키지를 부풀리면서 버퍼를 숨기려고 한다. 다시 주먹구구식으로 돌아가는 모양새다. 모두 같이 힘을 합쳐 잘하는 것이 프로젝트 관리인데 서로 숨기기 시작한다면 의사소통에 문제가 발생하고, 예상하지 못한 일이 발생하면 해결할 방법이 쉽게 떠오르지 않는다.

따라서 예산을 잡을 때 같이 만들고 모든 진행 결과를 투명하게 하는 것이 중요하다. 버퍼를 인정해주지 않으려고 하는 것은 어쩌면 버퍼를 터무니없이 너무 많이 잡는다고 생각하기 때문일 수도 있다. 예전에는 각 작업 패키지에 버퍼를 넣어 따로 관리하였지만 관리가 너무 버겁다 보니 전체 원가에 프로젝트 별 상황을 고려해서 버퍼를 한 번에 추가하는 것이 요즘 추세다. 그렇게 프로젝트 예산은 결정이 된다.

일정 기준선과 원가 기준선을 결정할 때 버퍼를 인정해주어야 한다고 했다. 적절한 버퍼는 어떻게 관리해야 할까? 버퍼는 예상하지 못했던 일이 발생할 때 사용하는 일정 또는 예산이기 때문에 발생하지 않는다면 반납하는 것이 맞다. 그런데 많은 프로젝트 관리자들이 그러한 버퍼를 다른 쪽으로 이용하다 보니 잡음이 발생하는 것이다. 그래서 스폰서나 경영진은 본인들이 프로젝트 일정에 대한 버퍼를 가지고 프로젝트를 관리하려고 한다.

아마도 가장 큰 이유는 '학생 증후군' 때문일 것이다. 시험 일정이 다가와야 공부를 열심히 하듯 실무자들에게 일정에 대한 버퍼를 주지 않아야 바쁘게 일을 한다고 생각한다. 여전히 버퍼는 스폰서나 경영자 본인들이 혼자서 관리하겠다는 생각이다. 두 번째로는 '파킨슨 법칙'이 있다. '일정을 여유 있게 주면, 여유 있는 일정에 맞추어 일을 끝낸다'는 법칙이다. 그래서 여유 있는 일정을 주지 않겠다는 것이다.

예를 들어, 쉬지 않고 3일이면 할 수 있는 업무가 있다고 하자. 팀원에게 "며칠이 필요한가요?" 물어보면 3일이라고 대답하는 팀원은 거의 없다. 대부분 4~5일 정도 걸린다고 한다. 본인들이 실수할 때 필요한 버퍼를 가지려 하기 때문이다. 그래서 5일이 부여되었는데, 다행히 아무런 문제가 없어서 3일에 완료했다고 하자. 그러면 완료했다고 보고를 할까? 아마도 2일 기다렸다가 보고를 하는 사람이 대부분일 것이다. 만일 2주의 기간을 준다면, 어떻게 될까? 2주의 기간 안에 업무를 진행해서 완료하고 보고를 한다. 일찍 완료되었다고 보고를 하면 계속 업무가 쏟아지다 보니, 여유 있는 일정을 가지고 안전하게 업무를 완료하기 때문이다.

그런 이유로 한때 팀원들에게 버퍼를 주지 않는 '주공정 연쇄법(Critical Chain)'이 유행이었다. 주공정 연쇄법은 팀원들에게 버퍼를 인정하지 않는 일정으로 압박을 가하고, 그 버퍼를 프로젝트 관리자가 직접 관리하면서 사용했다. 그런데 결국 일은 사람이 하기 때문에 무조건 압박을 가한다는 것이 비효율적이라는 것이 밝혀져 요즘은 일부 영역을 제외하고 사용하지 않는 추세다. 그럼에도 불구하고 관리자들이 이런 방법을 사용하여 팀원들에게 버퍼를 허용하지 않는다면, 긴급한 상황이라 이해하고 따르면 되지만 일정을 지킬 수 있는 확률은 현격하게 떨어질 것이다.

- **네트워크 다이어그램을 만들 때 주의할 내용**

1) Loop를 만들거나 화살표가 빠지면 안 된다 개발 프로젝트에서는 한 번에 개발이 되면 6개월인데, 정확하게 개발될지 모르기 때문에 개발이 될 경우와 개발이 되지 않을 경우를 나누어서 하면 안 된

다. 컴퓨터 프로그램을 만들 때 사용하는 방식과 같이 개발될 때와 안 되는 경우를 하나로 묶은 네트워크 다이어그램을 만들면 안 된다는 뜻이다. 이것은 컴퓨터가 인지할 수 없다. 이럴 경우 어떻게 일정을 잡아야 할지 프로젝트 개발자들은 난감해한다.

이런 경우에는 프로젝트의 난이도와 인적 자원을 고려하고, 그동안의 경험을 바탕으로 성공 확률이 70% 정도 되는 만큼 필요한 테스트 기간을 모두 합해 일정을 결정하는 것이 좋다. 당연히 늦을 수도 있고 빨라질 수도 있다. 입력 데이터가 올바르면 일정이 비슷하게 맞을 것이고, 입력 데이터가 틀리면 끝나는 일정도 차이가 많이 날 것이다(Garbage In Garbage Out). 빅 데이터가 그래서 중요하다.

또한, 네트워크 다이어그램에서는 프로젝트 시작과 종료를 제외하고 모든 작업들에 들어가는 화살표와 나가는 화살표가 꼭 있어야 한다. 그래야 시작과 끝이 정확하게 결정된다. 간혹 프로젝트를 시작해서 다른 작업과 아무런 연관 관계가 없는 간단한 업무가 있을 때, 어디로 화살표를 연결해야 할지 잊는 경우가 있다. 그런 경우는 프로젝트 종료로 연결하면 된다. 프로젝트 생애 주기 내내 진행하는 리스크 관리, 요구 사항 관리, 이해관계자 관리, 의사소통 관리 등과 같은 내용들은 프로젝트 시작과 함께 적은 후 프로젝트 종료로 길게 연결해주면 된다.

프로젝트 생애 주기 내내 진행하는 이러한 내용은 기간을 어떻게 잡을까? 당연히 프로젝트의 총 기간이다. 주로 프로젝트 관리자가 담당하므로 자원 가용도를 5% 정도로 설정하면 된다. 다행히도 요즘 나오는 컴퓨터 소프트웨어를 이용하면 간단히 만들 수 있고, 잘못된 부분도 쉽게 찾을 수 있다.

2) 강압적인 일정으로 만들면 부작용이 발생한다 프로젝트의 일정을 지킬 수 없는 촉박한 일정으로 만들면 리스크에 대한 대비가 없어 실패할 확률이 무척 높아진다. 그렇게 되면 팀원들은 반복적으로 일정을 수정해야 하는 상황이 발생하게 되어 동기부여도 안 되고 수동적으로 일을 하게 된다. 계획은 지키라고 만드는 것이기 때문에, 분명 어느 정도 버퍼는 인정해주어야 예상하지 못한 업무가 발생할 때 해결할 수 있다. 만일 버퍼가 없는 프로젝트 일정을 지키려고 노력하다가, 오히려 반복적으로 프로젝트 일정을 수정해야 한다면 시간을 더 낭비하는 부작용을 낳게 된다.

3) 각 작업 패키지의 일정을 모두 알 수 없다 각 작업 패키지의 담당자가 결정되어야 기간이 나올 수 있다고 했지만, 현업에서는 각 작업의 담당자가 아직 선정되지 않았을 수도 있고 중간에 팀원이 바뀔 수도 있다. 또한, 갑자기 퇴사하는 팀원 때문에 일할 담당자가 없어질 수도 있다. 이런 경우가 지속적으로 발생되면 일정을 정확히 만들 수 없지만, 점진적으로 구체화되기 때문에 한 번에 정확하게 완성할 필요는 없다. 필요하면 담당자를 바꿀 수도 있고, 작업의 순서를 바꾸는 것도 무방하다. 그만큼 변동성도 크기 때문에 전문적으로 일정을 효율성 있게 관리하는 프로젝트 관리자가 필요한 것이다.

그렇다면 어떻게 우리가 만들어놓은 연관 관계가 최선이라고 할 수 있을까? 담당 팀원이 바뀌면서 할 수 있는 업무가 할 수 없는 업무로 될 수도 있다. 또, 그 반대도 성립한다. 수정과 보완 속에서 일정은 최적화된다. 따라서 수정하면서 일정을 단축시킬 수 있는 방법을 지속적으로 찾는 것이 프로젝트 관리자의 역량 중 하나이고 프로젝트 팀이 추구해야 하는 방향이다.

그렇다면 어떻게 자원이 결정되지 않은 상태에서 작업 패키지의 일정을 결정할 수 있을까? 의외로 간단하다. 평균 팀원이 할 수 있는 기간에 업무의 난이도를 고려하여 결정하면 된다. 예를 들어, 평균 팀원이 5일에 할 수 있는 업무에 업무의 난이도를 1.2 정도로 생각하면 약 6일이 소요된다고 결정하는 것이다. 업무의 난이도는 유경험자나 전문가의 도움을 받아 수정하면 된다. 전체 일정 중에 그러한 업무가 많지 않기 때문에 걱정할 필요는 없으리라 생각한다.

3.5 다양한 계획 방법

신제품 개발 프로젝트가 성공적으로 끝난 후 일주일 동안 특별 휴가를 받은 남편이 가족들과 여행을 떠나기로 했다. 그런데 어떻게 계획을 세울지 막막하다. 우선, 부산에서 2일, 대구에서 1일, 대전에서 2일 동안 머물기로 하고 숙소를 예약한 뒤 맛집도 검색해두었다. 가보고 싶은 관광지도 찾아 시간대별로 일정을 잡은 계획표를 만들었다. 그런데 부산에서 일정을 보내다 보니 너무 좋아서 반나절을 더 보내기로 했다. 갑자기 다른 일정들이 다 틀어졌다. 어쩔 수 없이 대전에서 1.5일을 지내기로 계획을 수정한 후에 대구에 갔는데 반나절이 늦어지면서 예약한 식당에 가지 못하고, 구경하기로 한 곳도 이미 입장이 마감되어 그냥 대전으로 가기로 했다. 다시 원래 일정으로 돌아온 것이다. 이러다 보니 계획을 만드는 것이 부담스럽게 느껴지고, 시간 낭비를 한 것 같은 느낌이 들었다.

계획을 만들 때 사용하는 방법은 하고자 하는 업무에 따라 다르게 접근해야 한다는 것이다. 무조건 자세하게 만들어도 실행이 적절하게 되지 않는다면 시간만 낭비한 것이다. 그렇다면 우리가 원하는 적절한 계획이란 무엇인지 생각해보자.

크게 두 가지 방법이 있다. 첫 번째는 '폭포수 모델(Waterfall Model)' 방식으로 처음부터 끝까지 우리가 해야 할 업무를 예측할 수 있도록 자세하게 계획을 만드는 것이다. 그렇게 만들면 관리하기 편하다. 중간에 방향 감각을 잃지 않기 때문에 계획대로 진행하면 문제가 없다. 지금까지 설명한 방법이다. 우리는 이런 방법을 '계획 주도(Plan-Driven) 방식'이라고 한다. 이 방법으로 계획을 만들어 진행한 후 프로젝트 종료 시점에 최종 결과물을 고객에게 전달했더니, 고객은 자기들이 원하는 것이 아니라며 인수를 거부한다. 프로젝트 시작에서 명시한 인수 조건 모두를 완벽하게 만족시켰음에도 거부한다. 난감하다. 왜 이런 일이 발생할까?

적절하지 못한 의사소통으로 상호 요구 사항을 다르게 해석하는 경우가 있기 때문이다. 그래서 프로젝트 시작 단계에서 이를 문서화하지만 그럼에도 불구하고 완벽할 수가 없는 것이 현실이다. 중간에 예상하지 못한 일이 발생하거나 처음에 생각했던 것과 다르게 프로젝트가 흘러갈 수 있기 때문이다. 이런 문제점을 방지하기 위해서는 진행 과정을 모니터링하고, 중간 결과물들을 제공함으로써 고객이 원하는 방향으로 제대로 가고 있는지 반드시 확인해야 한다.

두 번째로 생각할 수 있는 방법이 '애자일 방식(Agile Method)'이다. 애자일 방식은 반복적(Iterative)이고 점증적(Incremental)인 주기로 진행하는 것이 특징인데, 프로젝트 중간에 나온 결과를 피드백해서 그다음 주기에 할 일을 결정하는 방법을 말한다. 이러한 방식을 '연동 계획(Rolling wave Plan)'*이라고도 한다.

'반복적인 주기'는 프로젝트를 진행할 때 1주 또는 2주 단위로 기간을 정하는 것이고, '점증적인 주기'는 미리 정해진 주기가 끝날 때마다 진행하기로 한 결과물을 고객에게 전달하고, 피드백을 받아 그다음 주기에 할 일을 같이 정해서 일하고, 결과물을 또 전달해주면서 최종 결과물을 완성하는 개발 방식을 의미한다. 따라서 나중에 할 일은 지금부터 자세하게 결정할 필요가 없다. 이런 프로젝트는 주로 해본 적이 없거나 결과를 쉽게 예상할 수 없는 프로젝트를 진행할 때 많이 사용한다.

---

* 연동 계획: 곧 착수할 작업은 하위 수준까지 세밀하게 계획하고 먼 미래의 작업은 상위 수준으로 계획하는 방식의 반복적 기법을 말한다.

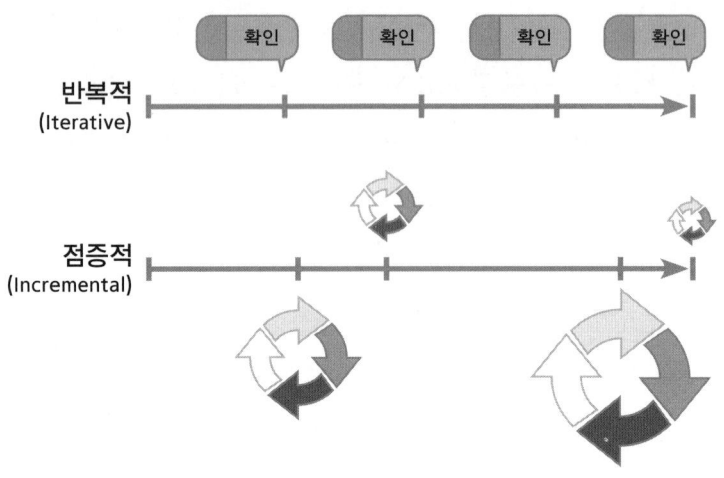

　애자일 방식은 반복적이면서 점증적이므로, 반복적인 주기별 산출물을 제공하는 방식을 말한다. 이러한 방식은 주기별로 얻은 결과를 고객이 원하는 결과와 비교한 후 차이가 나는 부분을 그다음 주기에 수정해서 최종적으로 고객이 원하는 결과를 전달하기 때문에 '가치 주도(Value-Driven) 방식'이라고 한다. 또는 주기별로 고객의 변경 요청을 최대한 반영할 수 있기 때문에 '변경 주도(Change-Driven) 방식'이라고도 한다.

　애자일 방식을 사용하게 되면 각 주기별 진행 상태를 통해 향후 몇 번의 주기가 끝나면 프로젝트가 종료될 수 있는지 예측 확률이 높아지는 장점이 있고, 작은 규모로 자주 인도하면서도 올바르게 프로젝트가 진행되는지 확인할 수 있어 좋다.

　어떤 방식이 좋은지는 프로젝트 별 상황에 따라 다르기 때문에 '좋다', '나쁘다'로 접근해서는 안 된다. 폭포수 모델의 장점은 처음부터 예측이 가능하기 때문에 원가 관리 측면에서 애자일 방식보다는 우위에 있다. 반면, 결과를 정확하게 예측하기가 어렵다면 중간 결과를 피드백 받아 고객과 협업을 통해 후속 공정을 진행하는 애자일 방식이 바람직할 것이다.

- **최적의 프로젝트 계획 방식은?**

  현업에서는 프로젝트에 어떤 방법을 적용하는 것이 바람직할까? 처음부터 끝까지 정확하게 예측 가능하다면 당연히 폭포수 모델이 최선의 선택이지만, 연구 개발에는 아닌 듯싶다. 하지만 일반적인 업무를 가만히 생각해보니 처음부터 끝까지 다 알 수도 없고, 그렇다고 해서 다 모르고 진행하는 경우도 거의 없다. 따라서 두 가지 계획 방법의 장점과 단점을 생각해서 같이 진행하는 하이브리드 형태가 현재는 가장 많이 사용된다. 즉, 정확히 예측 가능한 부분까지는 폭포수 모델로, 나온 결과물을 피드백 받아서 후속으로 진행해야 하는 영역이 있다면 반복적·점증적 또는 애자일 방식을 적용하는 것이다. 어떤 계획 방법을 사용했는지가 중요한 것이 아니라 어떻게 좋은 결과물을 얻었는지가 중요하기 때문에 두 가지 방법을 몸에 익혀 적재적소에 사용한다면 도움이 될 것이다.

  각 단계별로 일정을 고정해서 사용하는 방법도 있다. 이 방법을 주로 사용하는 회사는 규모가 커서 분업이 잘되어 있고 프로젝트 결과물에 대해 많은 정보가 쌓이다 보니 무조건 각 부서의 업무가 고정되어 진행된다. 설계를 하는 부서는 설계만 하고, 개발을 하는 부서는 개발만 완료하면 된다.

프로젝트 일정을 잡을 때 각 부서가 하는 업무에 대해 일정을 고정시켜서 전체 일정을 결정하는 방법인데, 문제는 한 부서만 실수를 해도 전체 일정이 지연되기 때문에 일정 지키기가 어렵고, 다른 부서들은 지연된 일정을 맞추기 위해 항상 바쁘게 움직여야 한다는 것이다. 열심히 노력했음에도 인정받지도 못하고, 프로젝트 난이도에 따라서 부여되는 일정 추가도 없다. 그러다 보니 각 부서별로 팀원들의 동기부여도 안 된다. 지금까지 그렇게 진행이 되었기 때문에 별다른 생각 없이 그대로 진행한다. 이런 경우는 프로젝트를 부서별로 따로 할 수는 없어도 어느 정도는 묶어서 관리하는 것이 좋다. 여러 가지 방법이 있지만 중요한 것은 나에게 맞는 관리 방법을 사용하기 위해 각 방법들의 장점과 단점을 파악하고 항상 이를 숙지하는 것이다.

- **Map day 소개**

1994년 인텔에서 제품 개발을 할 때 계획을 만드는 방법에 대한 논문[*]을 발표하였다. 그 내용을 간단히 소개하면 다음과 같다. 프로젝트 헌장부터 시작해서 네트워크 다이어그램을 만든 후 자원 평준화와 네트워크 다이어그램 분석, 리스크 대응 계획까지 추가하여 최종 일정 기준선을 만드는 과정이다. 이것은 프로젝트에 참여하는 모든 이해관계자들과 함께 현실적인 계획을 만드는 과정을 실제로

---

[*] Lou Kummerer, "Streamlined scheduling for multifunctional teams", PMI 25th Annual Seminar/Symposium, P. 740, Oct. 17~19, Vancouver, Canada, 1994

적용한 사례이다. 지금까지 계획을 만드는 과정과 일맥상통한다.

조직에서 커다란 프로젝트를 진행할 때 성공 확률을 높이기 위해 팀원들이 모두 함께 모여서 정보를 공유하고, 프로젝트 계획을 같이 만들고, 이런 과정을 통해 상호 이해관계를 높이기 위해 개발한 방식을 'Map day'라고 부르기로 하자. 미팅을 통해서 개별 업무들의 담당자를 선정하고 정확한 기간 산정, 연관 관계를 숙지한 다음 예상할 수 있는 문제점을 조기에 식별해서 거기에 따른 방지책을 수립하는 것이 목적이다. 진행 방식은 현실에 맞게 여러 팀이 참석하는 경우 가장 효과적으로 진행하기 위해 일부 수정 또는 보완하여 다음과 같이 구성하였다.

Map day 진행 절차

Map day 소개 (이메일로 송부)	- 프로젝트와 Map day 진행 절차 소개 - 참여 부서 중요 산출물 소개
Map 작성 (모두 모여 진행)	- 참여 부서별 Map 작성 - 담당자, 예상 기간 추가
Map 확인	- 부서별 의존 관계 확인 - 토론을 통해 필요하면 재조정하여 최종 Map 결정
주공정 경로 식별	- 주공정 경로 파악, 기간 단축 방법
리스크 식별과 분석	- 작성한 Map의 리스크 식별과 분석 - 담당자 선정 및 대응 계획 수립 후 Map에 추가
최종 일정 확인	- 주공정 경로를 통해 프로젝트 전체 일정을 확인 후 스폰서에게 송부
스폰서 승인	- 스폰서의 승인 얻기. 필요하다면 일정 단축을 더 진행하여 최종 승인을 얻어야 함
Map day 요약	- 최종 프로젝트 일정 공유 - 교훈 정리 후 해산

1) Map day 소개 : 프로젝트 관리자는 개략적인 프로젝트에 대한 정보(예: 승인받은 프로젝트 헌장)와 함께 Map day 미팅에 참석할 이해관계자에게 프로젝트 진행 중 완료해야 할 자신의 중요 산출물을 정리해서 미리 보내달라고 메일을 발송한다. 미팅 장소는 가능하면 넓은 장소를 선택해서 하루 전에 타임라인(Tmeline)을 포스트잇으로 만든다(예: 1주, 2주 또는 3/21, 3/28 등. 일주일 간격이 좋다).

2) Map 작성: 각 부서별 Map을 작성한다(각 부서별 담당자들은 부서별 중요 산출물을 개략적으로 Map에 추가하는데, 이때 가능하면 담당자도 선정하고 예상 기간도 추가하여 작성).

3) Map 확인 : 각 부서별 담당자는 산출물을 중심으로 순차적으로 발표하고, 발표가 끝나면 부서별 의존 관계를 확인하고 재조정을 거쳐 점진적으로 구체화시킨다(중간중간 10분씩 휴식, 의존 관계 재조정)

4) 주공정 경로 식별 : 전체 부서별 산출물들의 연관 관계가 정리되면 주공정 경로를 식별하고 기간을 단축할 수 있는지 확인한다.

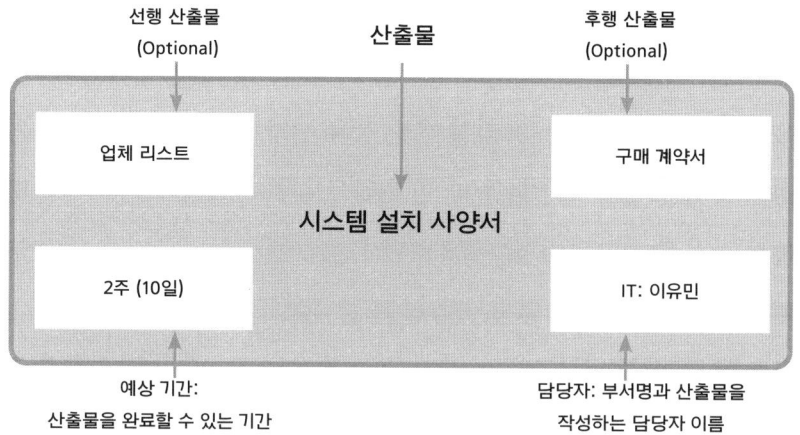

5) 리스크 식별과 분석 : 중요 산출물에 대한 리스크 식별과 분석을 통해 대응 계획을 구축한다. 각 부서별 대응 계획은 2)번으로 돌아가 추가하여 새로운 Map을 만들고, 연관 관계를 검사한 후 주공정 경로에 영향을 미치는지 확인한다. 가능하면 일정이 단축될 수 있도록 반복해서 확인하고 또 확인한다.

6) 최종 일정 확인 : 최종 주공정 경로를 얻으면 전체 프로젝트 일정을 계산할 수 있다. 프로젝트 관리자는 전체 연관 관계와 산출물이 완료되었는지 확인 후, 모두가 동의하면 최종 일정을 스폰서에게 바로 보내 승인을 얻는다.

7) 스폰서 승인 : 스폰서가 승인을 하면 다행이지만, 만일 승인하지 않는다면 다시 2)번으로 돌아가 산출물의 예상 기간을 단축하면서

프로세스대로 진행하면 된다. 따라서 스폰서에게 개략적인 일정을 미팅 전에 문의해도 무방하다. 간혹, 스폰서는 가능한 한 빠른 일정을 원하지만 진행하는 프로젝트가 처음 시작하는 것이라 정확하게 전체 일정을 예측하기 힘들 때 반복적으로 스폰서에게 문의해서 최종 일정을 승인받아야 할 때도 있다.

8) Map day 요약 : 스폰서의 승인을 받으면 Map day는 끝난다. 끝나기 전에 미팅의 결과를 공유하는 마무리가 필요하다. 프로젝트 관리자는 Map day의 최종 승인 일정(Schedule Baseline)을 웹에 올려 팀원들과 공유하고 투명하게 진행 상황을 볼 수 있도록 한다. 그리고 마지막으로 교훈을 정리한 후 해체한다.

　Map day의 가장 큰 장점은 글로벌 프로젝트처럼 큰 프로젝트 일정을 짧은 시간(약 2일 소요)에 모두 같이 만들 수 있어 부서 간 이해도를 높일 수 있다는 것이다. 프로젝트가 커질수록 부서별로 하는 업무도 세분화되어 자기 부서의 업무 외에는 대부분 깊이 있게 알기 힘들다. 상호 Map을 만들면서 질문을 통해 부서별로 하는 업무를 이해하게 되면 팀 빌딩도 원활하게 된다(글로벌 프로젝트의 경우는 자주 만나기가 어렵기 때문에 처음 만나서 이런 과정을 거치면, 친밀도가 높아져 실제 프로젝트를 진행할 때 의사소통 효과가 상당히 크다).

　두 번째는 팀원들이 같이 만든 일정대로 프로젝트를 진행하기 때문에, 주공정 경로를 공유하게 되고 프로젝트가 지연되지 않도록 모두가 노력을 같이 한다는 점이다. 어쩔 수 없이 지연되는 경우가 발생하면 함께 문제를 해결하려고 노력한다. 드디어 프로젝트 관리의 장점이 무엇인지 느낄 수 있다. 프로젝트 일정이 늦어지거나 의사소통이 원활하게 되지 않아 요구 사항을 정확히 파악하지 못하고 반복적인 업무 진행으로 프로젝트가 실패하는 경우를 생각해보자. 프로젝트 초기에 모든 이해관계자가 모여 2일간 진행하면서 사용하는 시간과 경비는 전체 프로젝트 일정이나 예산 대비 무시할 수 있는 수준이라 생각한다.

3.6 일정을 단축하는 101가지 방법

프로젝트를 진행할 때는 일정을 단축하기 위해 여러 가지 방법들을 사용한다. 제목이 '101가지 방법'이라고 해서 101개의 방법이 있다는 것은 아니다. 그만큼 많기 때문에, 일정 단축을 못 하겠다는 생각만 버리면 가능하다는 의미다. 특히 일정과 관련한 제약 조건이 있다면 모든 수단과 방법을 이용해 일정을 단축시켜야 한다. 이것은 크게 두 가지로 나눌 수 있다. '공정 압축법(Crashing)'과 '공정 중첩 단축법(Fast Tracking)'이다.

공정 압축법은 작업에 추가 자원을 투입하는 것이다. 한 사람이 할 것을 두 사람이 하면 두 배로 빠를 것이다. 그러나 자원이 투입되었기 때문에 추가 원가가 발생한다. 초기 원가보다 더 많은 금액이

들어가면 일단 공정 압축법이라고 생각하면 된다. 예를 들어, 일정을 단축시키기 위해 팀원들이 주말에 나오거나 야근을 하여 특근 수당이나 야근 수당을 지불해야 하는 경우도 포함된다. 또한, 급하게 테스트하기 위해 필요한 재료가 있는데 내일 당장 사용할 수 있도록 외국에서 비행기로 운반하기를 원한다면 급행료를 지불해야 하므로, 이 또한 공정 압축법에 해당한다.

그런데 이런 방법을 사용하면 당연히 원가 상승을 초래하고 이로 인한 리스크 또한 증가한다. 따라서 이 방법은 주공정 경로상에 있는 작업에 적용해야 효과가 있다. 아무 작업에나 일정을 단축시키기 위해 적용할 경우 효과가 떨어질 수도 있고, 잘못하면 주공정 경로가 바뀔 수도 있기 때문에 적용한 후, 네트워크 다이어그램을 다시 살피고, 다시 적용하는 반복적인 방법을 사용해야 한다. 조심하지 않으면 엉뚱한 업무에 불필요한 인적 자원을 투입하게 된다.

공정 중첩 단축법은 차례대로 수행되는 두 가지 이상의 작업을 동시에 수행하는 방법이다. 잘못하면 재작업을 해야 하므로 리스크는 증가된다. 패스트 트랙(Fast Track)을 검색해보면 '인천대교[*] 공사'에 대한 이야기가 나온다. 우리나라에서 가장 긴 다리인 인천대교는 2005년 7월에 착공해 4년여 만인 2009년 10월에 완공되었다.[**] 설계

---

[*] 인천대교: 인천국제공항이 있는 영종도와 송도 국제도시를 연결해 왕복 6차선, 전체 구간 21.4km, 다리 길이 18.4km(국내 최대 길이, 세계 TOP 5), 교량 높이 최고 74m(10만t급 이상의 대형 선박 통과 가능)로 총 사업비 2조 3829억 원이 소요되었다.

[**] https://news.naver.com/main/read.nhn?mode=LSD&mid=sec&sid1=103&oid=001&aid=0002914668

와 시공을 동시에 진행했기 때문에 가능했다(예전에는 설계 도면이 모두 완성되어야 시공사를 선정했다). 이 방법은 공정이 단축되는 만큼 분명 리스크는 증가할 것이다. 따라서 병행 작업 일정 수립과 각 작업들의 연관 관계 조정을 위해 원활한 의사소통을 포함한 철저한 관리 능력이 필수 조건이다.

일정 단축 방법을 찾아보면 생각보다 많이 있다. 보통 현업에서 많이 생각하고 있는 방법이 '선도(Lead)'다. 선도의 의미는 초등학교 운동회 때 계주를 하는 모습에서 찾아볼 수 있다. 바통을 이어받을 다음 주자는 자신의 출발선보다 뒤에서 달리기 시작하여 현재의 주자와 속도를 맞춘 후 바통을 받는다. 그렇게 해야 빠르다는 것을 우리는 안다.

현업의 업무도 그렇다. 개발하는 제품을 측정하기 위한 장비가 사용 전 6시간 정도의 모니터링을 필요로 한다면 개발하고 있는 제품이 나오기 6시간 전에 장비를 모니터링하면 된다(당연히 장비 예약은 그전에 미리 해야 한다). 이런 방법으로 조금의 시간 단축은 가능하다. 반대의 개념으로 간혹 할 일 없이 기다리고 있어야 하는 업무도 있다. '지연(Lag)'이라고 한다. 예를 들어, 변경 요청 이후 결과를 알 때까지 일주일의 시간이 필요하다면 그냥 그 시간 동안 기다리는 것이다. 선도를 진행하든, 지연을 축소시키든 뭔가 방법을 찾아서 일정 단축을 할 필요는 있다.

교육 중에 공정 압축법과 공정 중첩 단축법이 아닌 다른 방법을 이용해서 일정을 단축할 수 있는 아이디어를 모아 정리했더니, 가장 많이 나온 것이 '불필요한 회의'였다. 팀장급 중에는 하루의 대부분을 많은 회의에 참석하느라 정작 본인의 업무는 근무시간이 종료된 후 시작한다고 하는 사람도 있었다.

문제는 회의를 주관하는 사람이 본인의 필요에 의해 사람을 모으고 원하는 정보를 얻으려고 하기 때문에 불필요한 사람들도 강제로 오라고 하는 경우가 다반사라는 것이다. 문제는 회의 주관자가 그런 사실을 알지 못한다는 것이다. 본인의 의사소통 방식에 문제가 있기 때문에 그런 문제가 발생한다는 것조차 모르는 것이 더 큰 문제다.

추가로 많이 나온 것이 '불필요한 업무 제거'였다. 불필요한 업무라면 간단한 '출장 영수증 정산'부터 '발표 준비를 위한 PPT 자료 만들기'까지 다양할 수 있다. 현업에서 우리가 사용하는 많은 시간 중 업무에 몰입해서 진행하는 시간을 빼면 나머지 다른 시간에는 불필요하지만 어쩔 수 없이 하는 많은 일에 우리의 귀중한 시간을 쏟아붓는 것이 현실이다.

반면, 업무 스킬을 높여 일정을 단축할 수 있는 방법도 많다. 간단하게는 '엑셀의 함수 기능'과 같이 소프트웨어를 잘 다룰 수 있어서 시간을 단축하는 것도 생각할 수 있고 프로세스나 시스템, 절차 등을 효과적·효율적으로 관리하는 방식도 생각할 수 있다.

또한 정량화하기가 조금 어려운 소프트 스킬도 생각해보아야 한다. 예를 들어 의사소통 방식, 문제 해결 능력, 동기부여, 협상, 팀 빌딩, 리더십 등이 여기에 속한다. 우리나라의 경우는 주로 하드 스킬을 이용한 일정 단축 방법에 초점을 맞춰 다양한 기법이나 스킬을 찾아내는 반면, 예전에 베트남인들을 대상으로 한 교육에서는 의외로 많은 사람들이 소프트 스킬을 언급해서 깜짝 놀란 적이 있었다. 곰곰이 생각해보니 팀원들에게 동기를 부여해주고, 의사소통을 원활히 하는 것 역시 일정을 단축시키는 방법임이 틀림없는 사실인데 필자가 간과하고 있었다. 지금이라도 알았으니 다행이다. 이를 바탕으로 일정을 단축하는 방법을 하드 스킬과 소프트 스킬로 나누어 정리해보았으니, 하나씩 곱씹어보는 것으로 3부 '계획하기'를 마친다.

- 하드 스킬

1. 프로세스

개발 프로세스, 양산 프로세스, 프로젝트 관리 프로세스 등으로 나눌 수 있다.

- 프로세스 표준화(표준 양식, 매뉴얼 개발)
- 단계별 체크리스트 개발
- 대체 프로세스 개발
- 대기 시간 단축(동선 최적화, 병목 현상 제거 등)
- 샘플 수량 축소
- 프로세스 강화(모니터링 시간 감소)
- Gold Plating 방지(고객이 원하는 만큼의 품질만 보증)
- 의사결정 라인 최소화(시간 단축)
- 실시간 정보 공유(의사소통 시간 단축)

- 내부·외부 전문가 활용
- 개인적인 버퍼(Buffer) 축소
- 보상 체계 구축
- 프로세스 강화(모니터링 시간 감소)
- 검증 방법의 단순화
- 모니터링 포인트(없으면 만들고, 있으면 줄이기 등)
- 자동화 업무
- 중복 업무 제거
- 장비 모니터링 프로세스(소모품 교환 시기 설정)
- 리스크 관리 프로세스 개발(리스크 최소화)
- 교훈 정리 프로세스
- 주공정 경로 활용(물리적인 의미 파악)
- 문서 표준화
- 보고서 자동화
- 자원 배정(역할과 책임)
- 포트폴리오 강화(프로젝트 선정 방법, 스폰서 스킬 업이 절대 필요)
- 진행 상황 공유(투명성 강화: 칸반 보드, PMIS 활용)
- 요구 사항 관리 프로세스(요구 사항 수집 방법, 우선순위화, 변경 요청, 추적 관리 등)
- 후진 계산법 활용(일정을 줄여야 하는 업무 파악)
- 스케줄링 도구 사용(MSP, Primavera 6 등)
- 조직 구조 최적화, 유연성 확보

- 프로젝트 개발 주기 결정
- 사일로 현상 제거(부서 간 벽이 있으면 제거)

2. 업무 절차
- 불필요한 업무 제거(행정 절차 최소화 등)
- 단순 업무는 외주화
- 잦은 보고 줄이기
- 업무 자동화
- 회의 시간과 회의 수 줄이기
- 보고 라인 최소화, 보고 후 결재까지 필요한 시간 최소화

3. 시스템
- 프로젝트 관리 정보 시스템 구축(실시간 데이터 공유)
- 실패 사례 방지를 위한 시스템 구축
- 출장, 휴가 시스템 단순화
- 양산 모니터링 시스템 구축
- 양산 자재 수량 최적화
- 불량 원인 파악
- 내부 교육 시스템(품질 관리, 프로젝트 관리 기법 등)
- 외부 교육 시스템
- 사내 강사 육성 프로그램 개발

4. 개인 역량 향상

- 엑셀 함수 기능 익히기, PPT 활용, 타이핑 능력 등
- 시뮬레이션 기법(몬테카를로 분석 등)
- 최신 앱 사용하기(Zoom, Web-ex, Flow 등)
- 정보를 정확하게 전달, 필요한 정보만 전달하는 능력
- 설득력 있는 발표 능력 등
- 외국어 능력
- 팀원들 능력 파악하기
- 철저한 계획 만들기와 지키기
- DOE(실험 계획법)
- 품질 도구 기법(6시그마, 산점도, 파레토 등) 숙지

- **소프트 스킬**

  - 공유된 비전
  - 강인한 성공 의지
  - 정신력 강화
  - 창의적인 접근법
  - 논리적인 사고
  - 디자인 사고
  - 시스템 사고
  - 시간 관리 기법

- 명확하고 구체적인 지시
- 추진력(열정과 에너지)
- 의사소통 능력
- War Room(프로젝트 팀이 모두 모여 업무를 진행하는 방) 활용: 의사소통 시간 단축
- 경영진의 적극적인 지원
- 뛰어난 협상 능력
- 팀 빌딩 능력
- 동기부여
- 업무 집중 시간 설정
- 정직함
- 변화를 두려워하지 않는 열린 마음
- 리더십
- 유머, 기타 등등

> **생각해보기**
>
> - 비대면 방식으로 프로젝트 계획을 세우기 위한 'Map day'를 구상했다. 프로젝트 관리자로서 무엇을 준비해야 하는지 정리해보자.

Ch.4

리스크 관리

예전에 프로젝트 관리자로서 글로벌 프로젝트를 맡아서 진행하고 있을 때 독일의 보쉬(Bosch)라는 회사에서 감사(Audit)가 나왔다. 첫 번째 발표자로 전체 프로젝트에 대한 이야기를 하려고 했을 때, 시작하자마자 첫 번째 질문 내용이 어떻게 리스크 관리를 하고 있는지 보여달라는 것이었다. 나중에 나올 테니 기다려달라고 했더니, 곧바로 리스크 관리를 어떻게 했는지 설명부터 하라고 했다. 그래서 발표할 파일을 내리고 리스크 관리대장을 열어서 설명했다.

그 당시 식별한 리스크는 약 180여 개가 있었고 대응 계획을 마련한 것이 20~30개 정도로 기억이 된다. 리스크 관리 방법론을 설명한 후 프로젝트를 시작하면서부터 작성한 파일을 보여주자 질문이 시작되었다. 그는 식별된 리스크를 임의로 뽑아, 나에게 그것이 무엇을 의미하는지 설명하라고 했다. 나는 식별한 리스크를 읽고, 대응 계획 역시 설명해주었다. 그러기를 몇 차례 반복한 후 가만히 듣고 있던 독일의 꼼꼼한 총괄책임자(Auditor)가 잘했다고 하면서 분위기는 급반전했다. 엄숙한 분위기에서 시작할 때의 싸아~ 했던 분위기가 너무 좋아졌다.

총괄책임자의 설명은 한국에서 감사를 진행할 때 대부분의 회사들이 다른 것들은 잘하는데 리스크 관리는 형식적으로 한다는 것이었다. 리스크 관리를 제대로 하면 성공 확률이 올라가는데 이상하게 한국에서는 하지 않는다면서 한 가지를 추가하라고 요청했다. 대응 계획을 마련할 때 꼭 담당자(팀원이 아니어도 무방하다)를 정하고 리스크 관리대장에 핵심 이해관계자들의 사인을 받으라는 것이다. 그는 담당자의 적극적인 도움이 필요하다는 것을 강조하면서 그들의 이름을 넣어야 책임감을 느끼고 실현가능성이 높아진다고 했다. 들어보니 맞는 얘기라 바로 그렇게 바꾸었다. 좋은 것은 바로 수정하는 것이 최선이다.

4.1 리스크 관리가 어려운 이유

모든 사람들이 리스크 관리를 하는 것을 당연하다고 생각하면 여러 가지 아이디어들도 나오고, 그런 과정을 통해 프로젝트 성공 확률도 올라갈 수 있겠지만, 당연한 것을 당연하지 않은 것으로 여기다 보니 리스크 관리가 어려워진다. 여기에는 몇 가지 이유가 있다.

- **부정적인 생각이다**

　현업에서 프로젝트를 진행할 때, 누군가 리스크에 대해서 이야기하면 "일 시작도 하기 전에 부정적인 생각을 한다."고 치부하기 일쑤다. 재수 없는 사람처럼 취급한다. 나라에 기근이 들면 왕의 부덕함을 탓했던 것처럼, 지금도 합리적인 사고보다 감정적으로 접근하는 경향이 남아 있기 때문이다. 그래서 리스크 관리가 어렵다.

　리스크 관리와 부정적인 생각의 차이는 무엇인가? 예를 들어, "우리 실력으로는 그런 제품은 절대로 만들지 못합니다. 절대로 시작하면 안 됩니다." 이것은 분명 부정적인 생각이다. 해보지도 않고 우리 능력을 과소평가한 것이다. 반면, 우리 실력으로 그런 제품을 만들 때 부족한 부분이 무엇인지 확인하고, 부족한 부분에 대해서는 외부에서 기술을 사 오든, 핵심 기술을 가지고 있는 회사와 협업을 하든 뭔가 해결 방안을 찾아서 제품을 개발하는 것이 리스크 관리이다.

　요즘 세상에 혼자서 모든 것을 다 개발할 수는 없다. 이것이 정말 중요한데 우리는 그렇게 리스크 관리를 못 한다. 아니, 못 하는 것이 아니라 안 한다는 게 맞는 말 같다. 어쩌면 리스크 관리의 정확한 개념을 모르기 때문에 부정적인 생각으로 치부하는 것일 수도 있다. 어떤 상황이건 조직 내에서 할 수 없다는 분위기가 조성되면 리스크 관리를 하는 것은 불가능에 가깝다.

- **시간이 없다**

　다음으로는 "해야 할 일이 많아서 리스크 관리할 시간이 부족하다."는 이야기를 한다. 이 말은 틀렸다. 리스크 관리는 프로젝트 관리의 한 부분이므로, 해야 할 일이 많을수록 리스크 관리에 더 많은 시간을 투자해야 부족한 시간 문제를 해결할 수 있다. 무조건 열심히 하기보다는 미리 생각해서 발생할 수 있는 불량을 먼저 제거하는 것이 제대로 일하는 것임에도, 그냥 생각 없이 시키는 대로만 한다. 리스크 관리에 시간을 투자한다는 것을 인정해주지 않기 때문이기도 하지만 더 이상 생각하고 싶지 않은 듯하다. 마음만 급하다.

예를 들어, 팀원 중 한 명이 신제품 개발을 시작할 때 "리스크 관리 차원에서 벤치마킹이 선행되어야 할 것 같습니다."라고 안건을 내면, 팀장은 당장 인원도 부족하고 시간도 촉박한데 개발과 상관없는 업무라고 생각하면서 "좋은 아이디어입니다. 내일까지 조사해서 직접 발표해주세요."라고 한다. 팀장의 이러한 반응은 그 팀원으로 하여금 스스로를 분위기 파악 못 하는 '조직의 불량 감자'로 느끼게 만든다. 안 그래도 시간이 없어서 개발이 늦어지는데, 시간을 질질 끄는 사람으로 간주된다. 그러면 더 이상 발전은 없다. 팀장은 그 말 한마디로 다른 팀원들의 입도 한 번에 모두 틀어막았다.

'바쁠수록 돌아가라.'는 말이 있다. 너무 급하게 서두르다가 중요한 것을 놓칠 수 있기에 이런 속담이 나온 것이다. 진정한 성공은 작은 실수를 막을 수 있는 능력이 있어야 가능한 것이다. 아무런 장사 경험도 없는 사람이 회사를 그만두고 나와서 성급하게 퇴직금을 몽땅 털어 시작한 가게는 실패할 확률이 높다. 그래서 평상시에 리스크 관리를 반복적으로 연습하고 연습해서 몸에 배도록 해야 실패를 줄일 수 있다.

- **방법을 모른다**

마지막으로는 어떻게 진행해야 하는지 방법을 모르는 경우이다. 리스크 관리를 체계적으로 진행하는 방법에 대해 배우지 않았다면 어떻게 해야 효과적이고, 효율적인지 당연히 모를 수밖에 없다. 우리는 현실에서 알게 모르게 조금씩은 리스크 관리를 하고 있다. 비가 오면 차량 속도를 줄이고, 매년 건강 검진을 받고, 보험에 가입해서 예상하지 못한 위험에 대비도 한다. 회사에서도 올바른 결정을 내리기 위해 끊임없이 정보를 수집한다. 때로 상사가 큰소리를 칠 때 옳고 그름을 떠나 일단은 참는데, 이런 것도 일종의 리스크 관리 방안의 하나이다. 그럼에도 불구하고, 프로젝트 팀에서 체계적으로 리스크 관리를 하지 않는 것은 정확한 방법을 모르기 때문일 수도 있다. 그래서 프로젝트 관리 교육이 필요한 것이다(리스크 관리는 프로젝트 관리의 일부분이다).

리스크 관리는 프로젝트에 참여하는 모든 사람들과 같이 진행할 때 좋은 결과를 가져올 수 있다. 좋은 결과를 경험한 사람은 다음 프로젝트에도 무조건 이것을 적용한다. 일을 잘하는 사람들은 경험상 리스크 관리가 반드시 필요하다는 것을 알기 때문에 누가 시키지 않아도, 혼자서라도 리스크 관리를 한다. 하지만 모두 같이 진행하지 않으면 그 효과는 프로젝트 전체 측면에서 그다지 크지 않다. 일반적으로 리스크를 관리하는 방법은 프로젝트의 상황에 따라, 또는 실행하는 조직에 따라 조금씩 차이는 있겠지만, 큰 틀에서 보았을 때 '미리 조심하고 살펴서 나쁠 것은 없다.'로 이해하면 된다.

만일 리스크 관리 방법을 모른다면 배우면 된다. 그런 방법이 있는 지조차 몰랐다면 이번 기회에 그 방법을 배워보자. 조금만 노력하면 큰 효과를 얻을 수 있다.

4.2 리스크 관리는 과학이다

리스크 관리를 해야 하는 이유는 분명하다. 하지 않았을 때보다 분명 프로젝트 성공 확률이 높아지기 때문이다. 사고를 막기 위해서 예방이 무엇보다 중요하다는 것은 두말할 필요도 없다. 운에 맡기는 것이 아니라 과학이기 때문이다. 가장 큰 장점은 예상하지 못했던 일이 발생했을 때 느끼는 '충격'을 완화시켜준다는 것이다. 눈을 감고 맞는 것과 눈을 뜨고 맞는 것의 공포감 차이는 당해본 사람만이 안다. 그래서 더욱 체계적인 프로세스를 만들어 접근해야 된다.

- 리스크 관리 프로세스

《PMBOK(Project Management Body Of Knowledge)》와 《PRINCE(PRoject IN Controlled Environment) 2》에서는 프로젝트 리스크 관리를 어떻게 정의했는지 비교해보자. 《PMBOK》에서는 리스크 관리 프로세스의 목적을 "긍정적인 사건의 발생 확률과 영향력은 증가시키고, 부정적인 사건의 발생 확률과 영향력은 줄이는 것"으로 정의했다.

《PMBOK》 리스크 관리 프로세스

《PRINCE 2》에서는 리스크 관리 프로세스의 목적을 "불확실성을 식별, 평가, 통제하는 것이며 이를 통해 프로젝트의 성공가능성을 개선하는 것"이라고 정의했다.

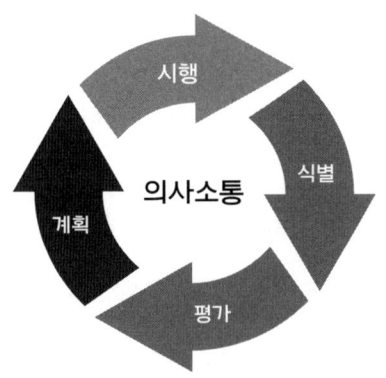

《PRINCE 2》 리스크 관리 프로세스

두 프로세스를 비교해보자. 가만히 살펴보면 비슷한 부분이 있다. 《PMBOK》에서는 리스크 관리를 조직에서 어떻게 시작할지 계획부터 만들어 진행하지만, 결국 무슨 리스크가 있는지 확인해서 (리스크 관리 식별) 분석하고(정성적: 우선순위 결정, 정량적: 프로젝트 목표에 영향을 얼마큼 미치는지 정량적으로 판단, 주로 시뮬레이션 등을 이용), 필요하면 대응 계획을 만들어 실행한다는 것이다. 또한, 이러한 내용들이 계획한 대로 잘 이행되는지 확인(리스크 감시)하는 것으로 설명하고 있다.《PRINCE 2》에서도 리스크를 식별하고 평가(분석의 의미다)해서, 어떻게 할지 계획(대응 계획)을 만들어 시행(대응 계획을 실행)한다는 것인데, 이러한 프로세스가 잘되기 위해서는 조직의 의사소통이 중요함을 강조하였다. 맞다. 의사소통 없이 되는 것은 없다.《PMBOK》에서는 의사소통 관리 영역이 따로 존재하기 때문에 따로 적어놓지 않은 것이다.

두 프로세스를 비교하면 비슷하다. 아마 현실에서도 비슷하게 적용가능할 것이다. 이제 프로젝트를 진행하면서 리스크 관리를 한 실례를 직접 관리대장을 작성하면서 자세히 살펴보자.

- **리스크 관리대장 작성 방법**

리스크 관리대장을 작성한다는 것은 프로젝트를 진행할 때 체계적으로 리스크 관리를 한다는 것을 의미한다. 이것은 필수적이다. 우리는 맨 처음 선정한 프로젝트('AI를 활용한 실패 재발 방지 시스템 구축')를 시작할 때, 제일 먼저 프로젝트 헌장을 작성한 후 이해관계자로부터 피드백을 받은 상태였다. 이를 바탕으로 팀원들과 이해관계자가 모여 'Map day'로 계획을 세울 때, 다음과 같은 방법으로 리스크 관리대장을 작성한다. 리스크 관리대장에는 리스크 관리 방법론을 비롯하여 식별된 리스크, 종료된 리스크 등 같이 확인해야 할 문서가 있기 때문에 하나의 '엑셀' 문서에 여러 개의 시트

(Sheet)를 사용하기로 하였다.

1) 리스크 관리 방법론   리스크 관리 방법론은 프로젝트를 진행하면서 '리스크 관리를 이런 식으로 하겠다.'는 약속을 정리한 문서이다(리스크 관리 계획 프로세스라고 생각해도 무방하다). 프로젝트의 모든 문서가 그렇듯이 가이드라인으로 적용되며, 유연하다. 따라서 그 문서 안에 어떤 내용이 포함되어야 하는지 진행하는 프로젝트에 따라 조금씩은 다를 수 있지만 크게 두 가지는 있어야 한다.

첫 번째로 전체적인 '리스크 관리 프로세스'이다. 프로젝트를 진행하면서 리스크를 식별하고, 분석하고, 대응 계획을 만들어 실행하는 일련의 프로세스를 말한다. 없다면 만들어야 하고, 있다면 따르는 것이 편하다. 열심히 혼자서 만들었는데 양식에 맞질 않아 재작업을 하는 경우를 막기 위함이다. 간단하게 위에서 설명한 《PMBOK》의 리스크 관리 프로세스를 그대로 사용할 예정이다.

두 번째로, 식별된 리스크의 '발생가능성과 영향력에 대한 정의'이다. 이는 리스크를 바라보는 이해관계자들의 시각이 어느 정도는 일치해야 한다. 만일 발생가능성이나 영향력에 대한 정의가 없다면 수치에 대한 신뢰도가 급격히 떨어진다. 예를 들어, "비가 상당히 많이 올 때 고속도로를 평상시와 똑같이 달린다면 사고가 발생할 가능성은 얼마나 될까요?"라고 물었을 때, 어떤 사람은 대응 계획으로 속도를 줄였다는 생각은 안 하고 1% 미만이라고 답하기도 하고(지금까지 비가 많이 왔을 때도 무사고 운전이었다는 의미이다), 어떤 사람은 50% 정도라고 답할 수도 있다. 팀원들 간의 영점 조준*이 필요하다.

다음 페이지에 나오는 테이블은 '발생가능성'과 '영향력' 분석을 위한 샘플이다. '발생가능성'의 경우는 리스크가 발생할 확률을 의미하는데 반드시 정량적으로 정의할 필요는 없다. 바라보는 팀원들이나 이해관계자들의 차이가 분명히 있기 때문이다. '영향력'은 리스크가 발생하면 프로젝트에 얼마큼의 영향력(일정, 예산 또는 범위 등)이 있는지 나타내는 척도이다. 최소한 이 두 가지는 있어야 하고, 그 외에 추가될 수 있는 것들로 리스크 보고 주기, 양식, 리스크 허용 한도 등이 있다.

리스크 보고 주기는 매주 정기적인 미팅 후 회의록을 작성해서 보낼 때 리스크의 상황을 회의록에 첨부하기로 정했고, 긴급 상황이 발생하면 즉각적으로 연락하는 것으로 결정했다. 리스크 허용 한도는 리스크가 발생했을 때 스폰서나 경영진이 허용할 수 있는 한도를 프로젝트 시작 단계에서 미리 정하는 것이다. 예를 들어, 스폰서가 '일정의 20% 이상 지연'과 '예산의 30% 초과'까지만 허용하겠다고 했다면, 프로젝트를 진행할 때 그 이상이 되는 리스크는 즉각적으로 보고를 하고, 그렇지 않다면 프로젝트 관리자 재량으로 진행하라는 의미이다.

---

* 영점 조준: 표준 사격장에서 정밀 사격을 통하여 소총 따위의 조준점과 탄착점이 일치하도록 가늠자와 가늠쇠를 조정하는 일

리스크 발생가능성		리스크 영향력	
9 or 10	매우 잘 발생할 것 같다.	9 or 10	프로젝트 기간- 전체 일정을 20% 이상 지연 프로젝트 예산- 전체 예산을 20% 이상 추가 사용
7 or 8	아마도 발생할 것 같다.	7 or 8	프로젝트 기간- 전체 일정을 10% 이상 지연 프로젝트 예산- 전체 예산을 20% 이상 추가 사용
5 or 6	발생 확률이 반 정도다.	5 or 6	프로젝트 기간- 전체 일정을 5% 이상 지연 프로젝트 예산- 전체 예산을 5% 이상 추가 사용
3 or 4	아마도 발생하지 않을 것 같다.	3 or 4	프로젝트 기간- 전체 일정에 거의 영향력이 없을 것 같음 프로젝트 예산- 전체 예산에 거의 영향력이 없을 것 같음
1 or 2	거의 발생하지 않을 것이다.	1 or 2	프로젝트 기간- 영향력이 거의 없음 프로젝트 예산- 전체 프로젝트 예산 증가 없음

'발생가능성'과 '영향력'만 정의를 했는데, 간혹 프로젝트 별로 여러 가지 요인을 추가할 수 있다. '긴급도', '모니터링 가능성', '외부 의존도' 등 다양한 요인들을 진행하는 프로젝트에 맞추어 추가하면 된다.

2) 리스크 식별 리스크를 식별하는 방법은 굉장히 많다. 식별하는 방법이 많은 것은 가능하면 많이 식별하기 위해서이다. 초기에 많이 식별해야 우리가 놓칠 수 있는 리스크를 최소로 막을 수 있다. 어떤 경우라도 100% 모두 준비할 수는 없다고 했지만, 가능하면 최대한

여러 가지 방법들을 사용해서 식별하는 것이 좋다. 그런데 브레인스토밍과 같이 효과가 좋다는 방법은 사용을 잘못하면 사용하지 않는 것보다 못하다는 것을 기억하자.

예를 들어, 치약 매출을 올리기 위한 방법을 브레인스토밍으로 진행했을 때, 갑자기 신입사원이 "솔질하기 귀찮으니 물로 헹구는 치약을 개발하죠."라고 했다. 그 얘기를 들은 대표이사가 "물로 헹구는 게 무슨 치약인가?"라고 하면 갑자기 분위기는 냉랭해진다. 그래서 브레인스토밍은 어렵다. 사실 우리가 사용하는 '가글 용액'은 그런 아이디어에서 출발했다. 처음 들을 때는 너무 황당한 것처럼 들리지만, 그런 내용을 현실화할 수 있는 능력이 필요하다. 브레인스토밍을 잘하기 위해서 만들어놓은 4가지 규칙이 있다.

- **자유분방**: 좋은 아이디어는 유연한 사고에서 나오기 때문에 시시하다고 생각하는 것도 자유롭게 발표할 수 있는 분위기를 만들어준다.
- **비판 엄금**: 비판을 하면 사고가 경직된다. 그런 상황이 되면 눈치를 보게 되기 때문이다. 따라서 좋든 나쁘든 다른 사람의 아이디어를 비판하지 않는다.
- **아이디어 편승**: 다른 사람의 아이디어에서 힌트를 얻어 발표할 수 있도록 한다. 창의적인 사고는 결합이나 분리에서 나올 수도 있다.
- **질보다 양**: '다다익선'이다. 많을수록 건질 수 있는 것이 많아진다.

이렇게 간단한 규칙이지만 현실에서는 지키기 힘들다. 브레인스토밍이 잘되려면 직급이 높은 사람도 같이 아이디어를 내야 하고, 미팅을 잘 이끌어갈 수 있는 경험 있는 사회자도 필요하다. 4가지 규칙이 잘 지켜져야 재미도 있으면서 식별도 잘된다. 브레인스토밍이 우리 문화에 익숙하지 않고, 특히 자유롭게 자기 생각을 말하는 데 두려움을 느끼는 사람이 많아(타인이 자신의 아이디어를 어떻게 생각하는지 두려워한다) 진행이 적절하게 안 되는 조직에서는 '브레인라이팅'을 사용한다.

브레인라이팅은 침묵을 지키면서 집단 지성의 장점을 얻기 위해 개발한 방법으로 일명 '6-3-5 법칙'이라고 불린다. 6명의 참가자가 아이디어를 3개씩 5분마다 계속 작성해서 벽에 붙이는 것이다. 한 시간이면 약 200개 정도가 나온다. 반드시 숫자대로 사람이 있어야 할 필요는 없다. 참석 인원들이 3개씩의 아이디어를 5분마다 포스트잇에 적어 벽에 붙이고, 다른 사람들의 아이디어를 확인한 후 다시 5분 동안 반복해서 작성하면 된다. 말로 하는 브레인스토밍 대신 직접 손으로 적기 때문에 다른 사람의 눈치를 볼 필요가 없다. 그래서 좋아한다.

이런 방법을 사용하여 프로젝트를 시작할 때 약 2시간 정도 투자하여 180~200개 정도의 리스크를 식별할 수 있었다. 식별을 쉽게 하려면 숙달된 전문가(유경험자, 외부 컨설턴트 등)의 도움을 받거나 PMO(Project Management Office)의 도움을 받는 것도 한 방법인데, 중요한 것은 식별된 리스크가 어떤 내용인지 정확하게 알 수 있도록 쓰는 것이다. 완벽한 문장으로 써야 되고 가능하면 어느 정도의 영향력을 갖는지 미리 분석하는 것이 좋다. 모든 이해관계자가 자기 부서의 업무가 아닌, 내용 모두를 완벽하게 다 이해하기는 어렵기 때문이다.

또한, 많은 사람들이 식별된 리스크에 질문을 포함하거나 대응 계획을 추가해서 적는 경우도 많은데, 그러지 않도록 주의를 기울여야 한다. 《PRINCE 2》에서는 리스크를 식별할 때 '위험 원인을 먼저 말하고 그 결과로 위험 이벤트가 발생해서 다음과 같은 효과에 영향을 받는다.'라고 적는다. 예를 들면, "코로나19가 전 세계로 퍼져(위험 원인), 사람들의 왕래가 줄어들면(위험 이벤트), 전 세계의 경제에 극심한 피해를 끼칠 수 있다(위험 효과)."라고 적을 수 있다.

이렇게 리스크를 식별할 경우, 모든 팀원들이 받아들이는 '발생가능성'과 '영향력'의 점수 차이는 상호 간에 상당히 컸다. 물론 점수가 상황별로 변할 수 있고 어느 정도는 주관적이라 유동적이긴 하지만 그래도 너무 크면 우선순위를 결정하기가 무척 어려운 상황이 올 수 있다.

또 다른 방법으로 '만일 ~하다면, 이런 영향력이 있을 것이다.'라고 쓸 수 있다. "만일 코로나19가 국내에 골고루 퍼져 사람들이 식당에 가는 횟수를 줄인다면, 전체 식당 매출은 50%까지 줄어들 수 있다."고 적어도 무방하다. 어떻게 50%라고 예상할 수 있나? 여기서 50%라고 규정하는 것은 리스크를 식별한 팀원이 경험한 것이나 예상하는 것을 그냥 적어주는 것으로, 식별한 담당자가 제일 많은 정보를 가지고 있기 때문에 미리 팀원들을 위해서 조금 먼저 더 생각해 정보를 제공하자는 의미다. 아주 정확할 필요는 없지만 한 번 더 신중하게 고려할 필요는 있다. 간혹 정량적으로 '영향력' 분석이 어려울 때도 있다. 예를 들어, "만일 AI(인공 지능) 전문 업체가 없다면, 프로젝트는 조기에 중단될 수도 있다."라고 적어도 무방하다.

3) 리스크 분석   리스크 분석에는 두 가지가 있다. 첫 번째로, 정성적 분석인데 식별된 리스크가 너무 많을 때 모든 리스크의 대응 계획을 만들어 실행하는 것이 비효율적이라고 판단하여 발생가능성과 영향력을 곱한 수치인 RPN(Risk Priority Number)을 이용하여 식별된 리스크의 우선순위를 결정하는 것이다. 이때 임계 수치를 정의하는데, 이 수치는 프로젝트 팀에서 임의로 결정하는 것으로, 식별된 리스크의 점수가 임계 수치를 초과하면 대응 계획을 만들고, 이하이면 모니터링만 하기 위해서 정하는 것이다.

식별된 리스크를 읽어보면 어떤 경우는 정말 일어나지 않을 내용도 있고, 발생해도 거의 영향력이 미미한 경우도 있을 것이다. 이럴 때 임계 수치는 당연히 낮으며, 그렇게 낮은 수치까지 고려해서 대응 계획을 만들 필요는 없다. 시간 낭비이며 비효율적이다. 따라서 임계 수치를 어느 수준 이상으로 관리하면 된다.

프로젝트 관리자가 팀원들과 같이 그 수치를 결정하는 것이 일반적인데, 식별된 리스크를 읽어보면 분명 일어날 것 같은 일과 일어나지 않을 것 같은 일의 개략적인 경계선이 보인다. 경험으로 알 수 있다. 만일 초보 프로젝트 관리자라 판단하기 어렵다면, 경험 있는 팀원이나 외부 전문 컨설턴트의 도움을 받는 것도 좋다. 일반적으로 그 경계선보다 조금 낮게 잡아서 관리하는 것이 효과가 좋다.

두 번째로, 정량적인 분석인데 일반적으로 현업의 보통 프로젝트에서는 거의 사용하지 않는다. 정말 큰 프로젝트(총 인원이 수백 명, 예산이 수천억 원 이상) 또는 재무와 관련된 새로운 펀드를 조성할 때 프로젝트의 목표에 미치는 영향을 수치로 분석하는 프로세스로, 프로젝트의 불확실성을 줄이기 위해 의사 결정을 뒷받침할 정보를 수집하려고 다양한 시뮬레이션 기법을 사용한다.

4) 임계 수치를 초과하는 식별된 리스크에 대해서만 대응 계획 만들기

대응 계획을 만드는 것은 리스크가 발생하면 프로젝트 목표에 미치는 영향력이 크기 때문에 가능하면 미연에 방지하기 위함이다. 위협적인 요인은 무조건 낮추어야 하는 것이 옳다. 그런데 대응 계획이 비효율적인 방법이라면 문제가 발생한다. 배보다 배꼽이 클 수는 없기 때문이다. 다양한 대응 계획이 있지만 긍정적인 대응 계획은 제외하기로 하고, 부정적인 대응 계획만 정리하면 다음과 같다.

- **회피:** 말 그대로 피하는 것이다. 프로젝트 진행 중에 목표를 달성하기 어려운 상황이면 목표를 낮추어 마무리하는 것이 '회피'다. 어떤 경우는 프로젝트를 중간에 중단하는 것도 회피의 한 종류이다.
- **전가:** 제3자에게 책임지고 해결하라는 것이다. 우리가 보험을

드는 것도 '전가'의 한 방식이고, 프로젝트에서 AI 전문 회사를 이용하여 문제를 해결하는 것도 전가의 한 방식이다.
- **완화:** 일반적으로 가장 많이 사용하는 '완화'는 리스크의 발생가능성을 낮추거나 영향력을 감소시킬 수 있는 방안을 찾는 것으로, AI 전문 업체를 선정할 때 2차 업체를 미리 선정하는 것도 완화의 한 방법이다.
- **수용:** 리스크가 있다는 것은 인정하지만 실제로 발생할 때까지 따로 조치를 취하지 않는 것이다. 특별히 다른 방법이 없기 때문이다.

물론 위에서 설명한 4가지 전략은 조금씩 더 구체적으로 들어갈 수도 있고, 찾아보면 다른 전략들도 있지만 일단 이 4가지 전략만을 사용하여 임계 수치가 높은 리스크에 대해서 대응 계획을 만들어보자. 하나의 식별된 리스크에 여러 가지의 대응 계획이 나올 수 있다는 점을 인정하면, 무조건 리스크가 발생하지 않도록 막는 것만이 최선이 아니라는 사실을 이해하게 될 것이다. 영향력을 수용할 수 있을 만큼 줄여도 되고, 발생가능성을 최소화하는 것도 가능하다. 막상 직접 만들어보면 쉽지 않다.

다음은 앞의 대응 계획을 참조해서 식별한 리스크와 발생가능성, 영향력, RPN(Risk Priority Number, 발생가능성×영향력), 대응 계획을 정리한 리스크 관리대장의 샘플이다. 임계 수치는 프로젝트 팀과 상의하여 '36'으로 결정하였다. 추가로 담당자와 예상 일정을 적어놓으면 된다. 그런데 담당자는 꼭 프로젝트 팀원일 필요는 없고, 식별된 리스크와 관련이 있는 이해관계자라면 누구든지 가능하다.

'AI를 활용한 실패 재발 방지 시스템 구축' 프로젝트의 리스크 관리대장

리스크 I/D	리스크	발생 가능성	영향력	RPN	대응 계획	담당자	예상 일정
단계 1_07	각 부서로부터 받은 데이터에 오류가 있다면, 개발된 시스템은 이용도가 떨어져 프로젝트는 실패할 것이다	7	9	63	**전가** 각 부서장에게 책임지고 5년치 실패 사례를 모아달라고 요청한다. **완화** 실패 사례의 정확한 의미와 수집 방법을 각 부서에 통보하여 실수가 없도록 한다. **수용** 주는 대로 데이터를 받아 처리한다.	홍길동	2021.3
단계 1_01	만일 AI 업체의 능력이 부족해서 적합한 모델링을 제시하지 못한다면, 전체 일정은 2개월이 지연될 것이다.	5	9	45	**완화** AI 업체를 선정할 때 지난 3년간 매출과 종업원 수, 능력 등을 파악하여 결정한다. **완화** 선정한 업체의 진행 상황을 주기적으로 모니터링한다. **완화** 2nd Vender 리스트를 확보해둔다. **전가** IT 부서에 의뢰해서 AI 업체를 통제할 수 있는 권한을 부여한다.	김만중	2021.9
단계 1_03	개발된 시스템의 사용이 복잡하다면, 수정하기 위해 3개월의 일정 지연과 30만 달러의 추가 비용이 발생할 것이다.	5	9	45	**완화** 정기적으로 AI 업체의 진행 상황을 모니터링하고 베타 버전으로 미리 테스트한다. **전가** AI 업체에게는 사용자 매뉴얼을 요청하고 IT 부서에는 사용자 교육을 요청한다.	백석	2021.10
단계 1_02	각 부서의 5년치 실패 사례를 모을 수 없다면, AI 업체가 제시하는 시스템은 무용지물이 될 것이고 프로젝트는 실패할 것이다.	3	9	27			
단계 1_04	개발된 시스템이 우리 회사의 IT 구조와 다르다면, 수정하기 위해 2개월의 일정 지연이 발생할 것이다.	3	9	27			
단계 1_05	개발된 시스템이 적절하게 실패 사례를 대변하지 못한다면, 프로젝트는 실패할 것이다.	3	9	27			
단계 1_06	만일 AI 업체가 부도가 난다면 프로젝트는 실패할 것이다.	1	9	9			

단, 미리 통보를 해줘야 한다. 필요하다면(담당자가 담당자이길 거부하는 경우) 스폰서의 도움을 받아 해결한다. 담당자의 할 일은 리스크의 발생 여부를 모니터링하고 가능하면 발생하지 않도록 대응 계획을 준비하는 것이다. 필요하면 예산이나 일정을 추가할 수 있다. 이런 경우, 프로젝트 관리자와 상의해서 결정하면 된다.

4.3 리스크 관리 감시 방법과 핵심 스킬 정리

프로젝트가 시작되어 진행 중이다. 일부 리스크는 대응 계획을 만들었는데 발생하지 않고 사라졌다. 물론 리스크가 발생해서 대응 계획대로 해결한 것도 있고, 어떤 경우는 대응 계획이 제대로 적용되지 않아 엉뚱한 상황이 될 수도 있다. 다양한 상황이 발생할 수 있다는 것이다.

- **리스크 관리 감시 방법**

리스크를 관리할 때 제일 중요한 것은 변해가는 상황을 지속적으로 모니터링하는 것이다. 특히 식별된 리스크에 대응 계획을 만들었을 경우, 어떻게 진행되는지 확인하는 절차가 필요하다. 상황별로 나누어 정리해보자.

1) 리스크가 아직 발생하지 않은 경우 발생 시점까지 그냥 리스

크 관리대장에 두고 지속적으로 모니터링한다. 상황에 따라 RPN을 재조정할 필요는 있고, 그 수치가 임계 수치(36)를 넘어가면 대응 계획을 만들어 관리한다. 어떤 경우라도 의도적으로 임계 수치나 RPN을 조정해서는 안 된다(대응 계획 만들기가 귀찮아서 RPN을 낮추려는 현상이 가끔 발생한다).

2) 리스크가 발생하지 않고 지나간 경우 식별된 리스크가 시간이 지나 아무 문제 없이 지나갔다면 더 이상 리스크 관리대장에 있을 필요가 없다. 그런 리스크는 '종료된 리스크' 시트(Sheet)로 이동시킨 후 진행 상황에 '미발생'으로 적어주면 된다.

3) 리스크가 발생한 경우 리스크 관리대장에서 '종료된 리스크' 시트로 이동시킨다. 종료된 리스크 시트에서는 '진행 상황'을 통해 '해결', '해결 중' 또는 '미해결' 등으로 나누어 관리한다. '해결'이 되었다면 해결 방법을 비고란에 적으면 되고, '해결 중'이라면 해결하는 방법과 예상 완료 시점을 비고란 적어준다. '미해결'이라면 현재의 프로젝트 팀에서 해결할 수 없는 문제일 수도 있고, 아직 해결 방법을 찾지 못한 경우일 수도 있다. 상황별로 나누어 비고란에 적어주면 된다.

4) 추가로 리스크를 식별하는 경우 '해결 중'일 경우 해결하는 방법이란 또 다른 대응 계획을 말한다. 이런 상황에서도 새로운 리스

크를 식별할 수 있다. 이런 경우에는 식별된 리스크 시트에 추가로 적어주고 리스크 관리 프로세스대로 진행하면 된다. 리스크 식별자는 각각의 리스크를 쉽게 추적·관리하려고 적어놓기 때문에 새롭게 파생되는 리스크는 어디서 왔는지 알 수 있도록 식별자를 구성해야 한다. 예를 들어, 단계1_03의 리스크에서 발생한 2차 리스크의 경우 '단계1_03_A'라고 쓰면 된다.

결국 프로젝트가 종료되면 리스크 관리대장 안에 있던 모든 식별된 리스크는 종료된 리스크 시트로 이동하고, 결과물로 '미해결'된 부분이 있다면 비고란에 그 이유를 적어주고 프로젝트를 종료한다. 그런데 프로젝트가 종료되었는데도 '해결 중'인 리스크가 나올 수 있다. 그럴 경우에는 비고란에 그 이유를 적어도 무방하다.

리스크 I/D	리스크	발생 가능성	영향력	RPN	대응 계획	담당자	예상 일정	진행 상황	비고
단계 1_04	개발된 시스템이 우리 회사의 IT 구조와 다르다면, 수정하기 위해 2개월의 일정 지연이 발생할 것이다.	3	9	27		차영서	2021.2	미발생	우리 회사의 IT 구조에 적용가능함 확인

결국 엑셀 파일 하나에 있어야 하는 시트는 '리스크 관리 방법론', '식별된 리스크'와 '종료된 리스크' 이 3가지이다. 프로젝트가 종료되면 리스크 관리대장에는 발생한 리스크들이 어떻게 해결되었는지 그 진행 상황(History)이 적혀 있기 때문에 PMO는 이 자료를 회

사의 조직 자산으로 등록한 후, 향후 유사 프로젝트를 진행하는 프로젝트 관리자에게 보내 도움을 받을 수 있도록 한다. 이것은 정말 도움이 되는 자료이다.

- **리스크 관리 핵심 스킬**

리스크 관리대장을 작성할 때 필요한 핵심 스킬로, 식별된 리스크의 '우선순위 정하는 방법'에 대해 자세히 설명하겠다. 식별된 리스크가 있다면 어떻게 '발생가능성'과 '영향력' 수치를 결정할까? 팀원들이 많은 경우 모두에게 의견을 물어 수치를 결정하기에는 시간이 너무 많이 걸릴 수 있다. 따라서 'Map day'를 하면서 조별로 사용한 방법을 제안한다. 단, 리스크를 식별할 때는 포스트잇 한 장에 한 개의 리스크만 적으라고 요청한다.

우선 조별로 한 명의 사회자(Facilitator)가 필요하다. 누가 진행해도 상관없지만 가능하면 경험 있는 팀원이 좋다. 사회자는 자신의 영향력 행사를 막기 위해 점수를 정리하는 역할만 하고, 애매모호할 때만 결정권을 가진다. 한 개의 조에 보통 5~6명 정도가 바람직하다. 규칙은 다음과 같다.

1) 먼저 사회자가 식별한 리스크를 하나씩 읽으면 팀원들은 돌아가면서 점수를 부른다. 점수를 부를 때는 '발생가능성'과 '영향력'에 대한 점수를 동시에 불러도 좋고, 따로따로 불러도 상관없다. 일단 시작하면 식별한 리스크를 정확하게 이해하지 못한 경우를 제외하

곧 말을 못 하게 한다. 말을 못 하게 하는 이유는 시간을 효율적으로 사용하기 위함이고, 말을 할 때 은연중에 다른 사람의 점수에 영향을 미칠 수도 있기 때문이다. 점수를 개별적으로 부르는 것보다 더 빠르게 진행하려면 팀원들이 점수표를 동시에 들어서 결정해도 무방하다.

2) 팀원들이 돌아가면서 점수를 부르면 포스트잇에 바로 점수를 적는다. 점수는 평균을 내는 것이 아니고 많은 사람들이 낸 점수를 선택한다. 예를 들어, 팀원이 5명일 경우 '3, 3, 3, 5, 7'이 나왔다면 '3'이다. 팀원이 4명일 경우, '3, 3, 7, 7'이 나왔다면 사회자가 '3' 또는 '7'을 선택해 적어준다. 만일 '1, 3, 5, 7, 9'가 나왔다고 하면, 점수 차이가 크기 때문에 분명 누군가는 식별된 리스크에 대해 잘못 이해하고 있을 수 있다. 평균을 내는 것이 아니다. 사회자는 정말 확실하게 모두 이해했는지 확인할 필요가 있다. 그래서 다시 한번 식별한 리스크를 정확히 이해했는지, 제일 낮은 점수와 높은 점수를 쓴 사람에게 물어보는 것이 현명하다. 모두 이해했다면, 다시 진행한다. 그러면 잘못 이해한 사람들은 점수를 바꾼다. 그래도 안 바뀌고 똑같이 한 개씩의 점수가 나왔다면 이때 사회자가 자신의 생각으로 점수를 결정하면 된다.

　　분명 하나의 리스크를 다르게 볼 수 있다. 그럴 수 있다고 인정하자. 나와 다르다고 틀린 것은 아니다. 간혹 목소리가 큰 팀원들이 있어, 자기주장을 강력하게 밀어붙이는 경우가 있다. 특히 경험이 있다고 하면, 모두들 그쪽으로 방향 전환을 하게 된다. 하지만 이렇게 흘러가는 것은 잘못된 것이다. 그런 경험이 있다면 '영향력'에 구체적인 수치를 제시했을 것이다. 그래서 일단 시작하면 말을 못 하게 막아야 한다.

 평균 점수를 사용하지 않는 이유는 우리가 구하려는 점수가 다소 주관적이기도 하지만, 상황에 따라 변할 수 있기 때문에 개략적인 크기를 구하려는 것이다. 팀원들이 제시하는 점수는 완벽하게 리스크를 대변하지 않는다. 자기가 정확하게 이해하지 못하는 리스크에 대해 개략적으로 접근하려는 경향이 있다. 그럴 때 중간 정도의 점수로 가는 경향이 짙다. 따라서 리스크의 영향력을 '크다', '보통이다', '작다' 정도로 평가할 수도 있고 비선형 방식(예: 로그 스케일 등)을 이용하는 경우도 가능하다. 중요한 것은 리스크가 크다고 생각하면 반드시 대응 계획을 만들어 발생하지 않도록 준비하는 것이고, 보통 이하라면 모니터링만 해도 무방함을 강조하는 것이다.

3) 모든 리스크의 '발생가능성'과 '영향력'에 대한 점수가 나왔다. 간단하게 둘을 곱해 RPN을 정리해서 높은 순으로 정렬하면 된다. 현업에서 엑셀을 이용할 때는 간단하게 높은 수치로 필터링하면 쉽다. 임계 수치보다 높은 RPN에 해당되는 리스크에 대해서만 대응 계획을 만들면 되고, 나머지는 모니터링만 하고 있으면 된다. 상황이 바뀌어 RPN이 임계 수치보다 높아지면, 그때 대응 계획을 만들면 된다.

교육 중 리스크 관리대장 작성 샘플

    리스크 관리를 잘하는 방법은 리스크를 프로젝트 관리의 한 부분으로 인정하고 관리하는 것이라고 했다. 그러기 위해서는 'Map day'에서 처음 리스크를 식별할 때 시간 투자를 해서 많이 식별하고, 분석해서 대응 계획까지 마련한다. 그다음부터는 프로젝트 정기 미팅을 할 때마다 첫 번째 의제로 현재 상황에서 팀원들과 리스크를 모니터링하면 된다. 약 5~10분 정도면 충분하다. 매주 새롭게 나타난 리스크도 있을 것이고, RPN이 바뀐 리스크도 있지만 그 시점에서 생각할 리스크는 그리 많지 않아, 그 정도 시간이면 가능하다.

    리스크는 프로젝트 생애 주기 내내 감시하는 것이기 때문에 반복적인 프로세스이다. 처음 하는 사람은 어려울 수도 있겠지만 리스크 관리 프로세스를 이용해서 성공 확률이 높아졌던 사람들은 하지 말라고 해도 진행한다. 도움이 되기 때문이다.

　마지막으로, 어니 젤린스키(Ernie J. Zeljnski)의 《모르고 사는 즐거움》이란 책에서 발췌한 내용으로 이 챕터를 마무리하고자 한다. 그의 주장대로라면 우리가 걱정할 일은 전체의 4%밖에 안 되고, 나머지는 쓸데없는 걱정이라고 한다. 티베트 속담에도 '걱정을 해서 걱정이 없어지면 걱정도 없겠네.'라는 말이 있다. 리스크 관리는 걱정만 하는 것이 아니고, 걱정할 일이 무엇인지 찾아서 해결 방안을 마련하는 것이다.

- 절대로 발생하지 않을 사건에 대한 걱정: 40%
- 이미 일어난 사건에 대한 걱정: 30%
- 별로 신경 쓸 일이 아닌 사소한 것에 대한 걱정: 22%
- 어떻게 해도 바꿀 수 없는 사건에 대한 걱정: 4%
- 나머지 4%만이 걱정해야 할 일들이다

생각해보기

- 비대면 상황에서 추가로 발생하는 리스크는 어떤 것들이 있을까? 현재 진행하는 프로젝트에서 추가할 리스크를 정리해보자.
- 현실에서 리스크 관리를 적용하려면 어떻게 해야 할지 생각해보자.

Ch.5

프로젝트 실행하기

프로젝트 계획이 완성되어야 실행을 하는 것으로 생각하지만 계획과 실행은 서로 맞물려 진행된다. 프로젝트를 시작할 때, 시간이 오래 걸리고 내부적으로 처리하기 어려운 업무들을 먼저 정리하고 시작하면 시간을 단축할 수 있기 때문이다. 예를 들어, 프로젝트 진행을 위해 꼭 필요하지만, 주문 후 입고까지 오랜 시간이 필요한 장비나 재료가 있다면 머뭇거릴 필요 없이 바로 선주문을 해야 한다. 그래서 유연성이 필요하다.

  그러면 프로젝트를 실행할 때 가장 중요한 요인은 무엇일까?

  첫째, 프로젝트 업무를 능숙하게 처리할 능력 있는 팀원이 필수적이다. 그러한 능력을 가지고 있는 팀원을 프로젝트 팀에 합류시키기 위해서는 담당 부서장의 승인이 필요한데, 그게 쉽지 않다. 대부분 일 잘하는 팀원을 다른 프로젝트로 보내지 않으려 하기 때문이다. 프로젝트의 성공이 각 부서장들과 아무런 상관관계가 없다고 생각하기 때문에 오히려 최악의 팀원을 보내줄 확률이 높다. 프로젝트 관리자와 부서장들 사이에 긴장감이 흐르기 시작할 때 원하는 팀원을 확보하는 구체적인 전략이 필요하다. 그래야 성공 확률을 높일 수 있다.

둘째, 팀원의 주도적인 자세가 필요하다. 계획대로 실행했지만 모든 것이 처음 계획대로 잘되질 않는 것이 현실이다. 실행하는 팀원들은 누가 계획을 만들었는지와 상관없이 그런 차이를 메워야 한다. 어쩔 수 없는 현실이지만 팀원들이 그런 자세를 갖도록 도움을 주는 것이 프로젝트 관리자의 업무이다. 동기부여를 해서 팀원들을 독려하고 모두가 한 방향을 볼 수 있도록 공유된 비전과 프로젝트 목표를 지속적으로 알려 팀원들이 방향 감각을 잃지 않도록 해야 한다. 게다가 필요할 때는 교육을 통해 미흡한 부분을 해결할 수 있도록 도와주어야 하고, 긴장감을 잃지 않도록 질책도 서슴없이 해야 한다. 성공적으로 프로젝트를 완성하는 것이 그래서 쉽지 않다.

마지막으로, 효율적으로 일할 수 있는 체계적인 프로젝트 환경이 조성되어야 한다. 많은 기업들이 비대면 방식으로 회의할 때 사용하는 여러 프로그램을 이용하여 업무의 효율을 증가시킨다. 또, 협업과 일정 관리를 쉽게 할 수 있는 상업적인 소프트웨어와 자체적으로 보안을 강화한 프로젝트 관리 정보 시스템(PMIS)을 이용하여 체계적으로 정보를 관리하려고 노력하고 있다. 바람직한 현상이다. 이러한 도움을 받으면 쉽게 시너지 효과를 얻을 수 있어 당연히 성공 확률이 높아진다. 특히 정보의 누수 현상을 막을 수 있고 신속한 정보 업데이트가 필요한 프로젝트에서는 그래야 할 필요성이 점점 더 커지고 있는 것이 현실이다.

5.1 능력 있는 팀원을 확보하는 전략

프로젝트를 실행하는 것은 '사람'이다. 결국 적합한 팀원을 프로젝트 초기에 확보하는 것이 성공의 열쇠다. 다양한 조직 구조에서 프로젝트 팀원을 확보하기 위해 프로젝트 관리자가 알고 있어야 하는 것은 어느 부서의 누가, 어떤 분야에서 최고인가다. 그것이 선행 조건이다. 그리고 물밑 작업을 시작한다. 항상 일 잘하는 사람은 넘쳐나는 업무로 정신이 없기 때문에, 필요 인력을 요청하면 부서에서는 엉뚱한 인력을 보내주기 일쑤다. 그런 이유로 프로젝트를 진행할 때 제일 먼저 고려할 부분이 핵심 인재를 확보하는 것이다.

문제는 핵심 인재가 프로젝트에 합류하고 싶지 않다고 하면 난감하다. 강제로 불러와도 본인이 원하지 않으면 동기부여가 되지 않아 프로젝트에 도움을 받기가 어렵다. 그래서 평소 인맥 관리가 중요하다. 먼저 핵심 인력에게 개별적으로 물어 시간 여유가 있는지 확인하고, 프로젝트에 합류하고 싶은 의사가 있는지도 물어보아야 한다. 만일 '가능하다'는 답을 들으면 항상 따라오는 이야기가 부서장의 허락을 받으라는 요청이다. 자신의 성과 관리를 통제하는 사람이기 때문이다. 어떻게 해야 각 부서별로 최고 능력을 갖춘 팀원을 프로젝트에 합류시킬 수 있는지 다각도로 살펴보고, 여러 조직 구조에서 팀원 선정에 필요한 전략들을 찾아야 한다.

- **스폰서의 절대적인 도움을 얻자**

 스폰서는 프로젝트를 책임지고 외부의 공격으로부터 지켜주는 사람이다. 프로젝트의 성공을 위해 그 역할과 책임감은 굉장히 크다. 프로젝트가 성공할 수 있도록 프로젝트 관리자를 선정해서 음으로 양으로 도움을 주는데, 특히 프로젝트 관리자의 능력 범위를 벗어난 업무들을 도와주어야 한다. 예를 들어, 프로젝트를 진행할 때 예상하지 못했던 재정적인 문제가 발생할 때와 타 부서로부터의 팀원 확보에 있어 절대적으로 필요하다. 프로젝트 관리자가 해결할 수 없는 문제이기 때문이다.

 일반적으로 팀원을 확보할 때 사용하는 방법은 프로젝트 헌장을 작성할 때 필요한 핵심 인력이 갖추어야 할 역량 또는 스킬을 명시한 후 스폰서에게 공식적인 도움을 요청하는 것이다. 핵심 인력의 이름까지 적을 필요는 없지만, 어느 부서에 어떤 능력과 스킬이 있는 팀원이 필요하다고 분명히 적어놓아야 한다. 특히 조직 구조의 측면에서 매트릭스 구조 또는 프로젝트 조직에서는 타 부서로부터 팀원을 지원받아야 하기 때문에 스폰서의 공식적인 도움이 절대적이다.

 우리가 샘플로 선정한 프로젝트를 시작할 때 차영서 PM은 이 프로젝트의 성공을 위해 꼭 필요한 인력으로 IT 부서에서 유일하게 인공 지능에 관한 논문으로 석사 학위를 받은 이유민 수석을 팀원으로 받으려고 한다. 개인적인 친분 관계도 있어 현재 업무의 강도를 물어보았더니, 이 수석은 그렇게 바쁘지 않다고 하면서 새로운 프로젝트에 합류하여 자신의 전공을 살리고 싶다는 의견을 피력했다.

차영서 PM은 개인적으로 IT 부서장에게 이유민 수석의 프로젝트 합류에 대해 문의한 결과, 다른 사람은 모두 가능하지만 이유민 수석만큼은 절대로 안 된다는 이야기를 들었다. 이 수석의 파견이 불가능한 이유를 묻자, IT 부서의 핵심 인재라 이 수석이 없으면 IT 부서가 돌아가지 않는다고 하면서 신입사원을 보내주겠다고 한다. 난감했다. 스폰서가 막강한 힘을 가졌다고 해도 이유민 수석을 지목해서 선발해달라고 할 수도 없다. 그가 없으면 프로젝트가 실패하는 것이 아니라 단지 성공 확률이 낮아지기 때문이다.

차영서 PM은 타 부서로부터 필요한 팀원은 모두 확보하였지만 IT 부서에서는 이유민 수석을 영입하고 싶어 스폰서에게 다음과 같은 부탁을 하였다. 처음으로 진행하는 단계 미팅*에서 프로젝트의 성공과 실패에 대해 각 부서별 기여도에 대해 자료를 준비해 발표할 예정이니 모든 참석자와 같이 검토해서 수정·보완하자고 요청하였다. 스폰서는 좋은 아이디어라고 하면서 흔쾌히 허락했다. 프로젝트의 성공은 프로젝트 관리자의 성공이 아니라 우리 모두의 성공이기 때문이다. 아래 내용은 처음으로 진행한 단계 미팅에서 실제 발생한 일을 일부 각색하여 샘플 프로젝트에 적용한 예다.

차영서 PM: 프로젝트의 성공은 크게 두 가지에 달려 있다고 생각합니다. 첫째, AI 전문 업체의 알고리즘 개발이 얼마큼 정확한

---

* 단계 미팅: 한 단계의 종료 시점에서 다음 단계로 진행할지, 수정 후 작업을 계속할지 또는 프로젝트나 프로그램을 종료할지에 대한 결정을 내리기 위한 미팅

지와 언제 우리 회사에 입고가 되어 사용할 수 있는지 여부입니다. 둘째, 각 부서별 실패 사례가 알고리즘 개발이 입고되기 한 달 전까지 모두 정리되어야 합니다. 그 외의 다른 업무는 큰 문제가 없을 것으로 생각합니다.

스폰서(이규호 상무): 프로젝트의 성공에 대한 부서별 기여도는 어느 정도인가요? 기여도에 따라 성공 시 보상을 하겠습니다.

차영서 PM: 투입한 인력의 기간과 전문성 등을 조사해보니, IT 부서가 30%, 다섯 개의 부서는 각 10%씩 그리고 제가 20%라고 생각합니다.

스폰서(이규호 상무): 각 부서장들은 어떻게 생각하세요? 아마 IT 부서의 도움이 절대적이라 풀타임으로 일하는 차영서 PM보다 더 많이 기여도를 정한 것 같네요. 나쁘지 않습니다. 부당하다고 생각하면 지금 말씀해주세요. 타당한 이유가 있다면 지금 조정해드리겠습니다. 대신 프로젝트가 실패하면 기여도만큼 각 부서에서 무조건 책임져야 합니다. 성공과 실패에 대해 책임과 권한을 부여해서, 다음 단계 미팅 때 차영서 PM이 발표하도록 하겠습니다. 어떻게 생각하세요?

일동: 좋습니다.

차영서 PM: 그러면 모두 동의한 것으로 생각하고 다음 달 초까지 전체 프로젝트 계획에 대해 말씀드리겠습니다.

미팅이 끝나고 자리에 돌아온 차영서 PM에게 각 부서장으로부터 전화가 쏟아지기 시작했다. 각 부서장은 차영서 PM에게, 자기 부서의 팀원에게 문제가 있다면 먼저 본인에게 알려달라는 요청을 했다. 성공보다는 실패에 대한 책임을 피하고 싶어했다. 추가로 팀원 능력의 적정성을 묻기도 했다. IT 부서장에게도 연락이 왔다. 그는 신입사원이 프로젝트에 도움을 줄 수 있는지 물었다. 차영서 PM이 아니라고 하자, 그럼 원하는 대로 이유민 수석을 보내줄 테니 나중에 실패하더라도 IT 부서에 책임을 전가하지 말라는 부탁을 했다. 드디어 원하는 이 수석을 팀원으로 받을 수 있었다. 스폰서의 역량을 활용한 전략의 승리였다.

- **상황에 맞는 전략을 찾자**

 간혹 부서장 중 일부가 원하는 팀원을 보내주었다가 중간에 팀원을 복귀시키는 경우도 발생한다. 자신의 업무가 더 중요하다고 생각하기 때문이다. 이럴 때도 스폰서의 도움을 받을 수는 있지만, 매번 문제가 발생할 때마다 찾아가면 좋아할 스폰서는 없다. 가능하면 프로젝트 관리자가 해결을 해야 하고 정말 어쩔 수 없을 때만 찾아가는 것이 바람직하다. 이런 경우를 대비해서 언제나 팀원의 기여도를 단계 미팅 때 프로젝트의 진척도와 같이 발표하는 것도 하나의 방법이다.

 이런 방법이 하나의 그라운드 룰로 만들어져 있다면 쉽게 팀원을 중간에 복귀시키지는 않을 것이다. 이것도 하나의 전략이 될 수 있다. 팀원을 파견 보낼 때 프로젝트 관리자는 팀원의 가용도와 일정을 미리 이야기해야 한다. 예를 들어, 3개월 동안 팀원 역량의 50% 가 필요하다면 그 팀원은 정해진 3개월 동안, 일주일에 2.5일을 프로젝트를 위해서 일을 해야 한다. 그런데 프로젝트가 지연되면 하는 일 없이 1~2개월이 지나가고, 팀원의 업무가 끝나지 않았는데도 약속한 3개월이란 시간이 지나가 팀원은 복귀해야 한다.

물론 프로젝트 관리자의 잘못이다. 팀원의 조기 복귀 문제를 해결하기 위해서는 먼저 담당 부서장에게 사정 이야기를 하고 도움을 청하는 것이 바람직하지만, 모든 것이 프로젝트 관리자의 생각대로 움직여지지 않는다. 달리 방법이 없다. 이럴 때를 대비해서 팀원의 필요 기간을 유연하게 적용할 수 있도록 해야 한다. 전체 프로젝트 일정을 공유하고 어느 시점부터 3개월이라고 명시한 후, 꼭 필요한 시점 2주 전에 다시 통보를 하는 방식이 적절했던 것 같다. 중요한 것은 부서장과의 관계이고, 부서장의 마음을 얻기 위해서는 팀원의 기여도에 대해 공식석상에서 높이 평가를 해주는 것도 하나의 방법이 될 수 있다.

현업에서 발생한 또 다른 예를 살펴보자. 팀원 한 명이 갑자기 미팅에 나오지 않는다. 부서장에게 묻기 전에 팀원에게 연락을 취했더니 바쁘다고 하면서 더 이상 참여하지 않겠다고 한다. 부서장에게 연락을 취했더니 팀원이 사표를 제출한 상태인데, 다른 팀원을 보내줄 여력이 없다고 하면서 무척 난감해한다. 없는 팀원을 달라고 할 수도 없고, 갑자기 경력 사원을 쉽게 뽑을 수도 없으니 정말 곤란한 상황이었다.

스폰서에게 이야기하기 전에 팀원이 해야 할 일을 조사해보니 1~2개월만 일하면 큰 문제 없이 해결될 거라 새로운 팀원을 뽑을 시간적 여유도 없다. 어쩔 수 없이 팀원을 조용히 만나 갑자기 사표를 낸 이유에 대해 물었더니 유학을 갈 예정이라고 한다. 아직 유학을 가려면 몇 달 정도 시간이 남아 있지만, 준비할 것이 많다고 생각해서 조금 일찍 사표를 냈다고 한다. 무슨 이야기를 해도 통하지 않을 것 같았는데, 퇴사 전까지 프로젝트에서 얻은 내용을 바탕으로 논문과 해외 특허를 작성하면 향후 본인의 이력 관리에도 도움이 될 것이라고 했다. 유학 가서 지도 교수 선정에도 도움을 받을 수 있다고 설득한 후 구체적인 논문 작성과 특허 작성에 대한 방법을 제시했더니, 귀가 솔깃한 듯 고민한 후 업무를 마무리 짓고 퇴사하겠다고 한다. 누구에게나 자기가 절실히 원하는 것이 있다. 그게 논문이나 특허가 될 수도 있고 승진이 될 수도 있으며, 어떤 팀원은 말없이 믿어주는 따뜻한 눈빛으로 족할 수도 있다. 팀원에 따라 상황에 맞는 전략을 찾아서 적용하려면 평소 팀원들을 주의 깊게 살펴보아야 한다.

- **가상 팀에서 팀원 확보 방법**

프로젝트를 진행할 때 팀원을 확보하는 것이 당연한 것처럼 생각되겠지만, 때로는 당연한 것이 당연하지 않아서 곤란한 경우가 생긴다. 스폰서가 아무리 막강한 힘을 발휘한다고 해도, 프로젝트 진행에 적합한 팀원이 없다면, 없는 팀원을 공급받을 수는 없다. 어떤 경우에는 팀원이 없어서 새로 뽑아야 하는 경우가 생길 수도 있고, 있던 팀원이 퇴사를 해서 업무 공백이 발생할 수도 있다. 특히 가상 팀에서 팀원을 확보하는 것은 프로젝트 진행에 적합 여부를 확인할 방법이 없어 어렵다. 또한 글로벌 프로젝트 팀에 합류한 팀원이 의사소통에 문제가 있거나 프로젝트 실행에 전혀 도움을 주지 못한다면 답답하다.

이런 문제점들은 발생하기 전에 미연에 막아야 한다. 따라서 가상 팀원을 요청할 때에는 역할과 책임을 분명히 해야 하고, 프로젝트의 시작과 함께 팀원이 끝까지 일할 수 있도록 그의 상사에게 도움을 요청해야 한다. 상사의 도움 없이 팀원을 통제할 방법이 없기 때문이다. 어떤 경우는 상사가 팀원과 의사소통하는 모든 메일을 본인에게 보내달라는 경우도 있다. 이런 방법도 도움은 된다. 그러나 무엇보다 중요한 것은 팀원의 자발적인 참여이다.

문화적으로 조금씩 다를 수 있지만, 제일 좋았던 방법은 가상 팀의 모든 팀원들이 프로젝트 착수 미팅에서 한자리에 모여 서로 자신을 소개하고 같이 계획을 만들면서 팀 빌딩을 하는 것이 효과가 컸다. 3부에서 이야기했던 'Map day'가 이런 경우 강력한 도움이 된다. 이런 미팅을 통해 모든 팀원들은 자신이 언제 무엇을 해야 하는지 정확하게 알 수 있고, 다른 팀원들의 업무에 대해서 배울 수 있으며, 본인의 부족한 부분에 대해서는 프로젝트 관리자의 도움을 얻어 교육의 기회도 얻을 수 있으니 바람직하다. 미리 준비해서 나쁠 것은 하나도 없으므로 강력 추천한다. 특히 관계를 중요하게 생각하는 문화에서는 이런 방법이 잘 통한다.

5.2 실행력 향상 기법

계획대로 실행하면 된다고 간단하게 생각하는 경향이 있지만 막상 실행하면 예상하지 못한 일도 발생하고, 심한 경우 계획 자체가 잘못되어 다시 처음으로 돌아가 계획부터 만들어 실행하는 경우도 종종 발생한다. 어쩔 수 없는 프로젝트 현실이다. 프로젝트가 가지고 있는 불확실성을 최소로 하기 위해 프로젝트 초기에 철저하게 계획을 잘 만드는 것이 최선이다.

그렇다면 똑같은 조건에서 제일 좋은 실행 방법은 무엇일까? 물론 역량 있는 팀원들이 필요하지만 그것보다 더 중요한 것은 여러 부서에서 참여하는 각 팀원들의 역량을 하나로 묶는 것이다. 그래서 프로젝트 초기에 진행하는 팀 빌딩이 중요하다. 아무리 역량이 뛰어난 팀원들로 구성되어도 서로 박자가 맞지 않는다면 좋은 결과를 기대할 수 없다는 것이 '아폴로 신드롬'에서 이미 증명되었기 때문이다. Tuckman 모델[*]로 널리 알려진 팀 개발 5단계는 맨 처음 4단계로 시작했지만 향후 5단계로 발전하면서 여러 부서에서 참가하는 팀원들이 어떻게 변해가는지를 일목요연하게 설명하고 있다. 간단히 정리하면 다음과 같다.

---

[*] Tuckman, Bruce W (1965). "Developmental sequence in small groups". Psychological Bulletin. 63 (6): 384-399

- **형성기(Forming)**: 팀원이 모이는 1단계에서는 팀원들이 서로 경계하듯 조심스럽게 대한다. 상대방에 대해 정확히 모르기 때문에 조금은 접근하기가 쉽지 않다. 이럴 때 리더에 대한 의존도가 높으므로 팀원들의 니즈를 잘 파악해야 한다.
- **혼돈기(Storming)**: 시간이 조금 지나면 여러 가지 안건들에 대한 시각 차이가 나타나면서 조금씩 갈등과 분열이 생길 수 있다. 리더의 운영 방식에 대해 불만을 나타내기도 한다. 이런 경우 팀원들 간에 충돌이 생기면 일처리도 지연되고, 생산성도 낮아지기 때문에 제일 어려운 시기임에 틀림없다. 리더는 기본 규칙(Ground Rule)을 만들어 어느 정도 교통정리를 할 수 있어야 한다.
- **규범기(Norming)**: 서로 다투는 과정을 거치면서 조금씩 신뢰관계가 쌓여 결속력이 강화되는 단계다. 서로 존중하기도 하고 더 나은 대안을 찾으려고 노력한다. 혼돈기를 슬기롭게 보낸 경우 이렇게 된다는 뜻이다. 팀원들에게 의사 결정을 위임해도 큰 문제가 없이 잘 해결될 수 있다.
- **성취기(Performing)**: 팀원들 간 서로의 장점을 확인해서 시너지 효과를 얻을 수 있는 정도가 되었다. 서로가 좋은 방향으로 가려고 노력하기 때문에 의사소통이 자유롭게 일어나며 상호 신뢰도가 높은 상태이다. 당연히 프로젝트가 잘되는 단계이다.
- **해체기(Adjourning)**: 프로젝트가 끝나고 팀을 해체하는 단계로 좋은 감정을 가지고 떠나면 각 부서로 돌아간 후에도 하나

의 작은 모임으로 계속 이어질 수 있고 부서 간 의사소통의 교량 역할을 할 수 있다.

프로젝트를 진행할 때마다 느끼는 것이지만 그의 팀 개발 5단계 모델은 오랜 시간이 지나도 잘 맞는다.

- **팀 빌딩을 위한 활동**

팀 빌딩을 위해 많은 사람들이 첫 번째로 생각하는 것은 회식이다. 그러나 어떤 경우에는 회식 그 자체가 스트레스로 다가오는 수도 있다. 팀 빌딩은 다양한 방법으로 이루어지는 것이지, 먹고 마시면서 흥겹게 시간을 같이 보낸다고 해도 저마다 다르게 생각할 수도 있다. 팀 빌딩을 강화하는 간단한 게임이 있다. 이 게임은 미국 디자인 회사인 IDEO의 피터 스킬먼(Peter Skillman)이 고안한 것인데, TED에서 톰 우젝(Tom Wujec)이라는 교육 컨설턴트가 교육 중 실험한 내용을 발표하면서 널리 알려지게 되었다.[*]

이 마시멜로 챌린지 게임을 위한 준비물은 스무 가닥의 스파게티 면과 접착 테이프, 실 그리고 마시멜로 한 개이다. 주어진 시간은 18분으로 맨 마지막에 자체적으로 온전히 서 있을 때 바닥에서부터 마시멜로까지의 높이를 측정해서 제일 높은 높이를 만든 팀이 승리하는 게임이다. 여러 조직에서 많은 사람들이 편을 이루어 만드는

---

[*] https://www.ted.com/talks/tom_wujec_build_a_tower_build_a_team

과정을 통해 다양한 결과를 보여주기 때문에, 우리 현업의 프로젝트와 유사한 점이 많아 마음에 와 닿는다. 어떤 팀은 처음부터 계획을 잘 만들고 실행을 하는가 하면(폭포수 모델), 어떤 팀은 즉흥적으로 이렇게 해보고 안 되면 다시 다른 방법(애자일 방식)을 찾아서 실행한다.

결과는 똑똑한 변호사 그룹보다 아무런 감정 개입도 없이 서로 좋은 방향으로 진행한 유치원 학생들이 더 높은 탑을 만들었다. 너무 높은 탑을 쌓으려고 급하게 올리다 보면 결국 마시멜로를 맨 마지막에 올려 지탱하기가 어렵지만, 유치원생들은 해보고 위험하다고 판단하면 안정적으로 탑이 설 수 있도록 계속 구조를 바꾸면서 탑의 높이를 올렸다.

이런 과정을 통해 팀원들은 상대방의 성격을 파악할 수 있고, 한 사람의 강력한 주장으로 나쁜 결과를 초래하게 될 때 발생하는 문제점을 쉽게 느낄 수 있기 때문에, 좀 더 신중함을 배울 수 있다. 이 게임을 활용하여 탑 쌓기 게임이 다양한 형태로 변형되어 진행된다. 예를 들어, 스파게티 면 대신 나무로 만든 막대기를 이용하기도 하고, 제약 조건을 적용하여 게임의 형태로 발전시킬 수도 있다. 또한 우리가 사무실에서 사용하는 종이 20장과 접착 테이프를 이용해 정해진 시간에 가장 높은 탑을 쌓은 뒤 그 위에 마시멜로를 대신할 무거운 물건을 올려놓고 버티는 게임도 만들어 사용하고 있다.

어떤 게임이든지, 게임의 시작과 함께 팀별 진행을 유심히 살펴보면 성적이 우수한 팀을 개략적으로 예측할 수 있다. 성적이 우수한 팀은 시작할 때 방향 설정을 한다. 폭포수 모델로 처음부터 계획을 만들어 분업을 해서 결과물을 만들지, 아니면 만들면서 결과물을 참조해 후속 공정을 시작하는 애자일 접근 방식을 사용할지 결정한다. 반면에, 성적이 안 좋은 팀들의 특성을 살펴보면 두서없이 따로 노는 경향이 짙다. 한두 사람은 탑을 높이 쌓으려고 하고, 나머지는 귀찮은 듯 관심 없이 그냥 보기만 한다. 결국 승리하는 팀은 어떤 방향으로 가든지 한 방향으로 움직이게 하는 힘이 있었다.

팀 빌딩의 목표는 팀원 간 지식을 교류하고 사기를 높여 상호 간 신뢰감을 향상시키는 것이다. 결국 프로젝트에서 일을 하는 것은 사람이기 때문에 꼭 필요하다. 팀 빌딩이 좋아야 역동적이고 응집력이 높은 팀 문화를 유지할 수 있다. 따라서 리더는 프로젝트가 시작될 때부터 팀 빌딩을 시작해서 팀원 모두에게 서로 필요하다는 확신을 심어주는 것이 중요하다. 이를 위해 가장 중요한 것은 팀원 간 갈등이 발생했을 때 효과적으로 관리하기 위한 의사소통 방법이다.

- **고성과 팀을 만들어라**

팀 빌딩을 해서 고성과 팀이 되면 좋겠지만 사실 그 효과는 일시적이다. 그렇다고 계속 팀 빌딩만 할 수도 없다. 일반적으로 고성과 팀은 여러 가지 특성이 있고, 서로 유기적으로 연결될 때 최대의 효과를 발휘한다.

첫 번째 가장 큰 특성은 리더의 역량이다. 리더의 여러 가지 역량 중에서도 특히 의사소통 능력이 절대적이다. 리더는 가능하면 말을 줄이고 팀원들에게 이야기할 기회를 주어 의사소통에 힘을 써야 한다. 경청의 중요성이 모든 책에 언급되어 있지만 현업에서 보면 그렇게 경청을 잘하는 리더는 별로 없다. 업무가 급하다고 생각하기 때문에 생각할 틈도 없이 팀원들을 몰아간다. 그러다 보니 팀원 간의 역량 차이가 있을 경우, 편애하는 경향도 나타난다. 이런 부분을 해결해야만 팀원 모두의 역량을 하나로 묶을 수 있다. 쉽지 않은 일임을 모두가 알고 있다.

예전에 프로젝트 팀에서 있었던 상황을 통해 무엇이 잘못되었는지 살펴보자. 프로젝트 팀의 한 팀원은 일찍 퇴근하지만 쉬는 시간 없이 자기 할 일을 묵묵히 한다. 책임감도 있어서 데드라인에 어긋나거나 일을 잘못하는 경우도 없다. 리더는 문제가 생길 때마다 그 팀원에게 일을 맡긴다. 간혹 업무의 역할에 따라 일을 배분해야 하는데도 불구하고, 중요하다고 생각되는 업무는 일 잘하는 그 팀원에게만 준다. 다른 팀원들에게는 시간만 많이 쓰는 업무를 나누어 준다. 의도적으로 리더는 일 잘하는 팀원을 계속 칭찬한다. 그랬더니 모든 팀원들이 일 잘하는 팀원을 따돌리기 시작한다. 의사소통에서 배제시키는 상황이 발생한 것이다. 업무가 중복되어 진행되고 조금이라도 업무의 경계를 넘어서면 팀원들 간에 가차없는 충돌이 발생한다. 결국 일 잘하는 팀원은 프로젝트 팀을 떠나고 프로젝트는 너무 많이 지연되면서 실패를 한다. 리더가 한쪽으로 편향된 시각을 가지고 있다면, 프로젝트 팀은 원활하게 돌아가지 않는다. 그래서 리더가 되는 것이 어려운 일이다.

두 번째 특성은 팀원들의 동기부여이다. 여러 가지 동기부여 이론이 나왔지만 프로젝트 팀에서 제일 필요한 것은 상호 간의 존중이다. 특히 우리나라처럼 관계가 학연, 지연 등으로 복잡하게 연결이 되어 있거나 서로 다른 직급이나 나이 때문에 새로운 만남을 부담스럽게 생각하는 사람도 의외로 많았다. 프로젝트의 특성상 일시적으로 서로 다른 부서에서 참석한 팀원들이 서로 불편하지 않도록 하려면, 나이나 직급과 상관없이 서로 존칭을 사용하고 예의에 어긋나지 않는 언행을 하도록 해야 한다.

　사소한 말 한마디로 팀원의 마음이 떠난다면 프로젝트의 결과물도 좋을 수가 없다. 그럼에도 불구하고 팀원들과 어쩔 수 없는 갈등이 발생했을 때, 리더로서 진심 어린 사과를 할 수 있다면 프로젝트 팀은 더욱 성숙해질 수 있다. 간혹 말로 하기 어려운 경우에는 글이나 이메일을 이용하여 전달하는 것도 하나의 방법이 될 수 있다. 중요한 것은 그 후에 행동의 변화가 따라야 한다는 것이다. 말만 하고 행동이 변하지 않는다면 그런 사과의 진실성에 대해 믿는 사람은 없을 것이다.

　마지막으로, 프로젝트 팀의 규정을 만들 필요가 있다. 서로 다른 의견을 주장할 때 결정하는 방법이나 업무 중 충돌이 발생했을 때 긍정적으로 해결하는 절차 등을 프로젝트가 시작할 때 만들어야 한다. 분명 원하지 않는 상황은 항상 온다. 다행히 그때까지 모두의 관계가 좋다면 긍정적으로 해결될 수 있지만, 그렇지 못한 경우에는 결정하는 시간이 오래 걸리기도 하고, 그 과정에서 보이지 않는 미묘한 악감정이 생길 수도 있다.

예를 들어, 중요한 결정을 할 경우에 과반수의 동의를 얻는 것으로 정할 수도 있고 해결이 안 되면 스폰서나 경영진에게 보고한 후 결정을 기다리는 방법도 있다. 어떤 방법을 사용하든 상관없다. 그런 방법이나 절차가 프로젝트 초기에 팀의 합의하에 이루어지면 문서화해서 공유하면 된다. 팀 규정을 만들 때에는 모든 팀원이 참여해서 같이 결정해야 하고, 규정은 가능하면 많지 않아야 한다. 어떤 경우라도 10개를 넘기지 않은 것이 좋다. 또한 규정 자체가 누가 보더라도 이해할 수 있을 만큼 명확하고 구체적인 내용이어야 하고, 일단 정해지면 예외 없이 엄격하게 적용해야 한다. 한 번이라도 예외를 두면 팀 규정은 효력을 잃는다.

예전에 팀 회의 시간에 늦게 들어오면 벌금을 내기로 합의를 한 적이 있다. 무조건 5분 이내는 3000원, 그 이상이면 5000원이었다. 아무런 이유 없이 말하지도 않고 안 오면 벌금이 1만원이었다. 이렇게 해서 모은 벌금은 회식할 때 같이 사용하기로 합의를 했는데, 어느 날 팀원 한 명이 10분 정도 늦어서 벌금을 내라고 했더니 오는 길에 연구소장님을 만났는데 프로젝트 상황을 묻기에 어쩔 수 없이 설명을 하다가 늦었다고 하면서 공적인 업무라 벌금을 낼 수가 없다고 했다.

이런 유사한 상황은 얼마든지 발생할 수 있다. 이런 상황에서 모든 팀원들의 눈은 리더의 입을 향한다. 당신이 리더라면 어떻게 해야 할까? 무조건 벌금을 받아내야 한다. 그럼에도 불구하고 팀원이

낼 수 없다고 하면 본인의 돈으로라도 대신 내주면 된다. 그게 팀 규정이다. 공적인 일로 치부하고 넘어가면 다른 사람들도 변명으로 일관하고, 다른 규정 역시 그렇게 비정상적으로 흘러간다. 비효율적인 팀으로 전락하는 것이다.

팀 규정과 관련한 회의 문화에서, 특히 가상 회의를 할 때 지켜야 하는 회의 에티켓도 만들어 모두에게 공지하고 이를 지킨다면 바람직하다. 서로의 시간을 최대한 아끼자는 상대의 배려이기 때문이다. 현업에서 사용했던 몇 가지 기본적인 에티켓으로, 회의 전 미리 주제(Agenda)를 공유하고 회의할 때 나오는 해야 할 일(Action items)은 담당자와 일정을 회의록으로 작성하여 탁상공론으로 치우치지 않도록 했다. 그리고 회의 종료 시간에는 5분 정도 시간을 내어 회의록을 같이 검토했다. 이렇게 되면 회의를 1시간 내로 무조건 끝낼 수 있었고, 결정해야 하는 사항은 미리 만들어진 절차에 따라 진행할 수 있어 더 이상 논란이 발생하지 않았다.

- **비효과적인 팀의 징후**

프로젝트 팀이 정상적으로 진행되지 않고 어려움을 느끼게 되면 비효과적으로 운영되기 쉽다. 그런 상황이 되면 관리하기도 어렵지만 프로젝트의 실패 확률이 높아지기 때문에 초기에 해결책을 마련해야 한다. 제일 큰 문제는 프로젝트 목표가 갑자기 불명확해지거나 팀원들이 받아들이지 못하는 상황이라면, 일부의 팀원들이 부정적인 이해관계자가 된다는 것이다. 아마도 팀 미팅에 참여를 하지 않으려고 하거나, 늦게 들어와서 아무 말도 안 하는 부정적인 행동을 할 것이다.

또한, 할 일도 없는데 팀원들의 잔업 시간이 증가하거나 의사 결정된 내용에 대해 실행을 하지 않는다면 분명 문제가 있다는 뜻이다. 프로젝트 목표와 괴리가 발생하기 때문이다. 그러면 미팅도 비생산적으로 바뀌게 되고, 당장 급하게 해결해야 할 갈등을 외면하기 일쑤다. 프로젝트는 당연히 실패한다. 리더로서 이런 상황을 막으려면 먼저 본인 스스로가 상황을 이해해야 한다. 본인도 이해하지 못하는 상황을 팀원들에게 강요한다면 어떤 경우라도 해결이 안 된다.

예전에 프로젝트를 중간에 그만둘 수도 있다는 소문이 돌았다. 곧 새로운 회사와 합병한다는 소문이 외부로부터 들려왔다. 프로젝트 팀은 결과물인 '시스템 개선'이 새로운 회사와 합병한다면 아무 의미가 없을 수 있기 때문에 계속 프로젝트를 진행해야 할지 누구도 장담할 수 없는 상황이 되었다. 리더도 그 얘기를 들었지만 경영진에게 물어보기도 힘든 상황이라 고민하고 있었다. 당신이 리더라면 어떻게 해야 할까?

이런 유사한 상황은 현업에서 많이 발생한다. 팀원들의 질문은 쏟아지는데 마땅한 답은 줄 수 없고, 그렇다고 무조건 일을 시키기도 어렵다. 그렇게 되면 프로젝트 팀은 비효과적으로 간다. 이런 상황이 될 때 리더로서 정확하게 말해야 한다. "아직 합병이 된 것도 아니고, 만일 우리가 만든 개선된 시스템이 효과적이라면 합병하는 회사의 시스템도 우리 것으로 바꿀 수 있다."고 말이다. 먼저 스스로를 설득하고 이해한다면 가능하리라 본다. 결국 효과적인 프로젝트 팀을 운영한다는 것은 모든 팀원들을 하나로 묶어야 하는 일이다.

5.3 실행력 강화 전략

프로젝트가 예상보다 길어지면 팀원들의 실행력은 떨어지기 시작한다. 보통 1년이 넘어가는 프로젝트를 진행하면 각 부서에서 선발된 팀원들 역시 힘들어한다. 적당한 선에서 일하고 부서 복귀를 희망한다. 담당 부서장으로부터 지속적인 압박도 받는 눈치이다. 이런 상황이 길어지면 한두 명의 팀원이 이탈하게 되고, 마치 둑이 터지듯이 더 이상 팀원들 관리가 어렵다. 그래서 가능하면 빨리 프로젝트를 종료해야 한다.

실행력을 강화하기 위해 할 수 있는 것은 크게 두 가지로 나눌 수 있다. 첫 번째는 팀원들이 열심히 프로젝트에 집중할 수 있도록 하는 것이다. 두 번째는 팀원들이 일을 쉽게 할 수 있도록 업무 절차나 프로세스를 만드는 것이다. 물론 두 가지 방안이 모두 병행되는 것이 최적이다.

- **성과 관리의 한계**

생각보다 성과 관리는 매우 중요하다. 프로젝트 팀원들은 일시적으로 모여 프로젝트를 진행하기 때문에 대부분 조직에서 팀원들의 성과 관리에 대해 책임질 수 있는 프로젝트 관리자는 드물다. 서로 다른 팀에서 온 팀원들이 좋은 성과를 얻어 가지 못한다면 다음부터 같이 일하고 싶어하는 팀원을 찾기가 힘들다. 일반적으로 성과 관리는 팀원들의 부서장이 관리한다. 그래서 가능하면 프로젝트가 길어지지 않도록 해야 한다. 경험상 1년 정도면 적당한 것 같았다. 그 이상 길어지면 관리하기도 힘들고 팀원들의 집중도도 감소한다.

만일 프로젝트가 길다면 여러 개로 나누어 진행하는 것도 바람직하다. 1년이 지나서 팀원들도 교체하고 다시 새롭게 프로젝트를 재정비한 후 진행하면 된다. 그렇다면 프로젝트에 참여해서 고생한 팀원들에게 적절한 평가와 보상을 받을 수 있도록 해야 하는데 어떤 것들이 좋을까? 제일 좋았던 방법으로 스폰서의 도움을 받아 참여한 팀원들의 도움을 부서별로 나누어 배분하는 것도 하나의 방법이 될 것이고, 팀원들에 대한 보상으로 프로젝트 진행 중 필요한 교육을 보내주는 것도 좋은 방법이 될 수 있다. 때로 편안한 근무 분위기를 제공하는 것으로 만족하는 팀원도 있을 수 있다. 팀원의 성향을 잘 파악해서 본인이 원하는 것을 해주는 것이 중요하다.

글로벌 프로젝트를 진행할 때 해외로 출장 가는 것을 좋아하는 팀원도 있었고 출장을 가는 것을 원하지 않는 경우도 있었다. 중간에 교육을 보내달라고 자발적으로 요청하는 팀원도 있었지만, 무조건 빨리 끝내고 부서로 복귀하고 싶어하는 팀원도 있었다. 팀원에 따라 요구 사항이 다른 만큼 팀원들의 성향을 파악하는 것이 중요하다.

많은 조직에서 프로젝트 관리자들이 고민하는 것 중 하나가 프로젝트 팀원들을 관리하기가 쉽지 않다는 불평이었다. 하지만 팀원에게 문제가 있는 것이 아니라 본인의 리더십에 문제가 있다는 것을 알아야 한다.

- **변화에 민첩한 프로젝트 관리 방법**

1990년대 중반 IT 프로젝트에서는 '가벼운 개발 방법론'이라고 불리던 개발 방법이 있었다. 이 방법은 급변하는 오늘날의 프로젝트 환경에서 기존에 우리가 사용하던 폭포수 모델의 적용이 더 이상 효과가 없다고 판단될 때 나타나기 시작했다. '일단 해보고 안 되면 다시 한다.'는 생각으로 진행했던 이 방법은 2001년 이 분야의 전문가 17명이 한자리에 모여 '소프트웨어 개발 선언문'을 발표하면서 '애자일'이라는 단어를 본격적으로 사용하기 시작하였다. 일반적으로 애자일 방법(Methods), 행동(Behaviors), 개념(Concepts), 기법(Techniques) 등 다양하게 부르지만 어떤 경우라도 '애자일 방법론'이라고 하지는 않는다. 여러 가지 방법들을 하나로 묶은 것이 아니기 때문이다. 애자일의 사전적 의미가 '민첩한'이므로 빠르게 일하는 것을 말하는 것이 아니라, 상황에 따라 민첩하게 행동한다는 의미로 받아들여야 한다.

예를 들어, 고속도로를 람보르기니 스포츠카를 이용해 시속 300km로 달리는 것은 빠르게 달리는 것이고, 오토바이를 타고 골목길을 달릴 때 순간 나타나는 장애물을 잘 피하는 것이 민첩하다는 말의 의미다. 애자일 방법과 관련해서는 현재 60여 가지가 나와 있다. 가장 많이 사용하는 방법은 SCRUM인데, 간단한 프로세스가 이미 만들어져 있어 누구나 쉽게 따라 하면 되므로 실행하기가 어렵지 않은 것이 장점이다.

애자일의 기본 개념은 린(Lean)으로부터 왔다고 알려져 있다. 1994년 DSDM(Dynamic Systems Development Method) 학회에서 소개된 DSDM 접근 방식이 맥락을 같이한다.

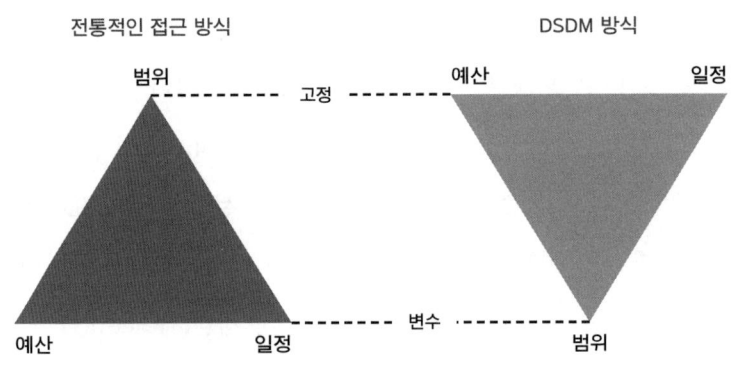

DSDM 접근 방식: 1994년 1st DSDM Manual에서 소개

전통적인 접근 방식으로 프로젝트에서 진행해야 하는 범위를 결정하면 고정된 상태로 진행해야 하는데 항상 예상하지 못한 일들이 발생하고, 고객의 변경 요청도 지속적으로 들어온다. 따라서 언제나 프로젝트는 지연되고, 예산을 초과하는 경우가 빈번하게 발생한다. 이를 막기 위해 DSDM 접근 방식은 일정과 예산을 고정 상태로 유지하면서 해야 할 업무의 양을 결정하는 기간 고정(Timeboxing) 기법을 고려한 접근 방식이다. 프로젝트를 진행할 때 자주 발생하는

고객의 변경 요청이나 예상하지 못한 일들이 발생할 경우, 업무의 중요도를 기준으로 정해놓은 우선순위 목록('프로덕트 백로그'라 함) 중 추가된 업무만큼 우선순위가 낮은 업무를 하지 않는 것이다.

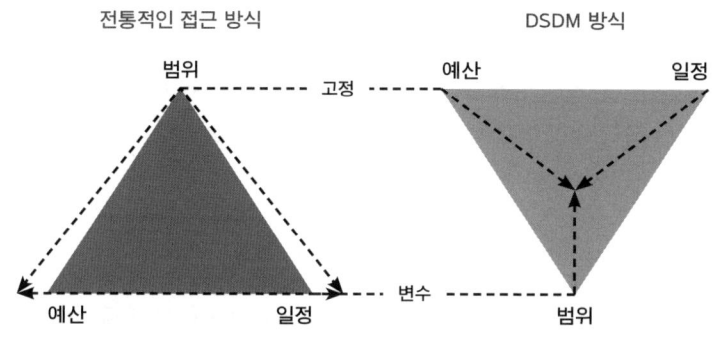

DSDM 접근 방식: 1994년 1st DSDM Manual에서 소개

이러한 방식을 택한 이유는 막상 프로젝트가 종료된 시점에서 살펴보니 프로젝트 초기에 중요하다고 생각하고 있었던 여러 기능들 중 약 50%에 해당하는 기능들을 거의 사용하지 않는 것으로 밝혀졌기 때문이다. 결국 고객이 원하는 것을 해주기 위해 맨 처음 생각했던 중요한 기능이 필요 없다고 생각하면 과감하게 하지 말자는 이야기다. 그것이 애자일이 추구하는 기본 방향이다.

그렇다면 애자일 방법의 가장 두드러지는 특징은 무엇일까? 그것은 자기 조직화(Self-Organizing)와 투명성(Transparency)이다. '자기 조직화'는 팀이 업무를 시작할 때 수동적으로 시켜서 하는 것이 아니라, 스스로 해야 할 일을 결정해서 팀원들끼리 협업을 통해 진행하는 것을 의미한다. 프로젝트 관리자가 일을 시키면 업무를 진행하는 기존 방식과 다르기 때문에 현업에서 쉽게 받아들일 수 없는 것이 문제다. 팀원들끼리 협업으로 진행하라고 해도, 간혹 의견이 서로 다르면 불협화음이 발생하여 해결이 안 된다. 아직 그런 방법이 팀원 모두에게 익숙하지 않아 사용하기가 쉽지 않다.

'투명성'은 진행 상황을 모두에게 알리고 정보를 공유하자는 뜻이다. 이러한 목적으로 칸반 보드가 사용되는데 칸반 보드는 성과에 악영향을 미치는 이슈를 정확하게 파악할 수 있어 팀원들 모두가 빠르게 해결할 수 있으며 꾸준한 업무 흐름을 유지하기 위해 사용한다.

칸반 보드를 통해 시간이 지나도 해결이 안 된 문제를 해결해야 하는데, 점점 프로젝트가 복잡해지면서 팀원들의 업무 역시 전문화되어 상호 배타적으로 진행되므로 애자일의 기본 정신인 협업이 쉽

칸반 보드 샘플
*괄호 안의 숫자는 정해진 주기 안에 할 수 있는 업무의 양을 말함

게 되지 않는다. 이런 점 때문에 아직 도입하기 어려운 방법이라 말하기도 한다.

애자일 방법이 좋은 점도 있는데 아직 한국 기업에서는 애자일을 도입하기 어려운 원인이 무엇인가에 대한 조사가 이루어졌다.[*] 조직 문화가 제일 큰 원인이었다. 조직 문화는 조직이 일을 하는 방식을 의미하는데, 수직적인 조직 문화에 익숙한 우리가 수평적인 문화를 구축하는 것이 쉽지 않기 때문이다. 보안 문제 역시 피할 수 없는 요인이다. 수평적인 조직 문화에서 추구하는 것이 상호 믿음과 존중인데, 회사 규정으로 보안을 강조하다 보니 쉽게 해결이 되기가 어려워 보인다.

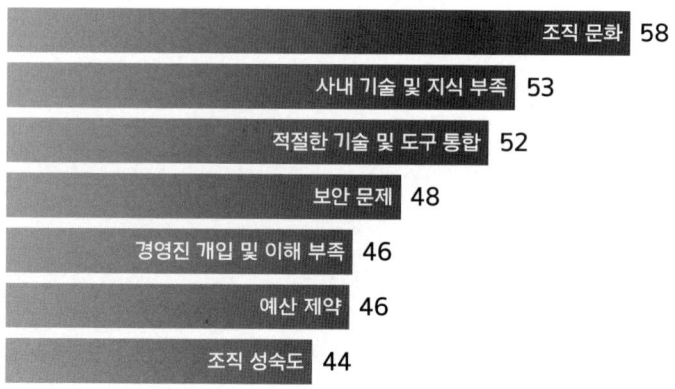

※조사 대상: 전 세계 비즈니스, IT 고위 임원 1770명
(한국 등 아태 지역 799명 포함), 자료: 한국CA테크놀로지스

---

[*] https://news.joins.com/article/21819371

그래서 많은 사람들이 'Doing Agile'이 아니라 'Being Agile'이 되어야 한다고 주장을 한다. 애자일을 조직에 적용하기 위해 여러 가지 애자일 방법이나 단순히 조직 구조를 바꾸기보다는 애자일에 내재되어 있는 사고방식(Mindset)을 먼저 갖추어야 한다는 것이다. 그런데 그것이 쉽지가 않다. 어떻게 해야 그렇게 될 수 있을까? 아마도 개인적으로 애자일에 대해 학습하고 애자일 사고방식을 익혀야 할 것이다. 이를 바탕으로 애자일 방법들을 프로젝트에 적용해서 사용하고, 작은 성공이라도 얻을 수 있으면 본격적으로 조직의 변화를 이끌어내기 위해 전파해야 한다. 그러면 성공할 확률이 높아진다.

Ch.6

의사소통 관리

대부분 프로젝트는 팀으로 일을 한다. 물론 혼자서 할 수 있는 작은 프로젝트도 있겠지만 그런 프로젝트는 논외의 대상으로 하자. PMI(Project Management Institute)의 연구 결과를 살피면 대부분의 프로젝트 실패가 예산·일정·성과와 연관되어 있지만, 그 중심에는 언제나 의사소통이 있다고 한다. 결국 의사소통을 하여 해결할 수 있는 문제를 부적절하게 처리해서 실패를 초래한다는 것이다. 프로젝트를 진행하면서 발생하는 의사소통은 팀원들을 포함한 모든 이해관계자들과 양방향으로 오간 문서, 보고서, 발표 자료, 대화 등 모든 형태를 포함한다. 이런 모든 의사소통 방법을 조금도 실수하지 않고 잘한다는 것은 단순하게 공유해야 하는 정보를 전달하기만 하면 되는 것이 아니고, 상대방의 적극적인 참여를 끌어내는 것도 일정 부분 포함한다. 그래서 무척 어렵다.

프로젝트 목표를 모든 이해관계자와 공유하는데 서로 잘못 이해하고 있다면 누구의 잘못인가? 한두 사람의 팀원만 잘못 이해하고 있어도 접근하는 방식이 다르기 때문에 일정 지연이나 예산 초과, 품질 저하 등으로 이어지게 되고 프로젝트는 실패한다.

실무에서 리스크 관리를 할 때 식별된 리스크의 담당자(프로젝트의 정식 팀원은 아니었다)가 초기에 작성한 리스크 관리대장의 식별된 리스크에 대해서 왜 자기를 담당자로 넣었는지 모르겠다면서 불평을 한 적이 있었다. 프로젝트 관리자는 그 순간을 쉽게 넘기려고 "크게 신경 안 써도 상관없다."고 하며 얼렁뚱땅 지나갔다. 담당자는 자신이 리스크 담당자라는 사실을 까맣게 잊어버리고 있었고, 프로젝트 관리자도 미처 생각하지 못한 채 시간이 지나 갑자기 리스크가 발생하였다. 그로 인해 3개월의 일정이 지연되었고 프로젝트는 어이없게 실패를 하였다. 스폰서와 경영진은 실패의 원인을 조사하다 프로젝트 관리자와 담당자 간의 의사소통이 문제였음을 알게 되었다. 큰 문제도 아니었고 조금만 생각하면 쉽게 막을 수 있었던 내용이다. 이러한 상황은 항상 발생할 수 있다.

2013년 PMI에서 발간한 심층(In-depth) 보고서[*]에 따르면 프로젝트에 사용한 US$ 1bilion(10억 달러: 한화 1조 1000억 원 정도)마다 평균적으로 리스크 관리를 위해 지불하는 금액이 US$ 135M(한화 1500억 원 정도)인데, 그중에서 비효과적인 의사소통으로 인해 발생하는 지불 금액이 56%를 차지한다고 한다. 믿기지 않지만 사실이다.

의사소통의 중요성은 모두가 알고 있는데 어떻게 해야 원활한 의

---

[*] PMI Part of 'Purse of the Profession In-depth report: The high cost of low performance: The essential role of communications, May, 2013

사소통을 할 수 있는지 방법을 찾기가 쉽지는 않다. 현업에서 의사소통을 방해하는 요인들을 조사한 후 문화적, 행태적, 환경적 방해 요인으로 분류하고, 그러한 방해 요인 중 무엇이 문제였는지 정확히 파악해서 좋은 방안을 준비한다면 분명 의사소통 능력은 좋아질 것으로 생각된다.

우선, '문화적 방해 요인'이란 글로벌 프로젝트 환경에서 필수적으로 생각해야 하는, 문화적 민감도를 이해하는 것을 말하며 다음과 같은 요인들을 찾아볼 수 있다. 언어적·종교적·지정학적 위치, 협상 전략, 성별, 감사의 표시 방법, 직급에 따른 관계, 상호 받아들일 수 있는 선물 등 각 나라별로 인정할 수 있는 차이에 대한 이해를 말한다.

'행태적 방해 요인'이란 프로젝트 관리자, 팀 멤버, 이해관계자들의 행태가 의사소통에 미치는 영향력을 말한다. 예를 들면, 상대보다 낫다는 우월감, 모든 정보를 알고 있다는 안일한 생각, 상대에 대한 무관심, 비아냥거리는 억양의 말투, 개인적인 편견과 개성 또는 스타일로 인해 빚어지는 충돌, 개인적인 이익을 위해 취하는 행동 등을 말한다.

마지막으로 '환경적 방해 요인'은 프로젝트를 진행하는 조직에서 사용하는 플랫폼 형태(PC vs. MAC), 사용하는 컴퓨터 프로그램 종류와 버전(Word vs. 한글 프로그램), 글로벌 프로젝트에서 다른 시간대(Time Zone), 이해관계자가 느끼는 감정적인 요소(예: 퇴직 압력, 인력 축소) 등을 말한다.

여러 부서에서 프로젝트를 진행할 때 발생하는 의사소통 방해 요인을 조사해봤더니 아래와 같은 내용들이 나왔다. 이를 앞에서 설명한 3가지 방해 요인으로 구별하면 다음과 같다.

- 눈높이의 차이(기술력, 가치관 등): 행태적
- 상대방에 대한 이해(가치관, 세대 차이) 부족: 행태적, 문화적
- 의사소통 방식이 단조로움: 행태적
- 경청 안 하고 자기 얘기만 함: 행태적
- 소통 시간 자체 부족: 환경적
- 정보가 너무 많음(중요한 얘기는 못 함): 환경적, 행태적
- 자기 자신에 대한 과신: 행태적
- 부서간 이기주의: 행태적
- 꼰대질(?): 행태적
- 업무를 잘 몰라서: 행태적, 환경적
- 개인적으로 잘 모름: 행태적
- 생활 환경 차이: 환경적
- 성격 차이, 성별 차이: 문화적
- 각 개인의 고정 관념: 문화적, 행태적
- 의사 표명, 전달 방법 등 대화 스킬 부족: 문화적, 행태적
- 상대에 대한 이해 부족(역지사지): 행태적
- 회사의 수직 구조: 문화적, 환경적
- 토론 문화가 약함: 문화적, 행태적
- 상호 간의 교집합(관심사, 원하는 것)이 다름: 행태적

- 처음부터 싫음(권위적 상하, 정해진 답, 상호 존중 부재): 문화적, 행태적
- 말이 많음(듣고 싶지 않음): 행태적
- 자기 일이 너무 바쁨: 행태적

정말 다양하다. 대부분 틀린 말은 아니다. '현업의 소리'이기 때문이다. 이러한 방해 요인을 해결하기 위해서는 모든 방해 요인에서 '우리가 부족하다.'는 인식이 선행되어야 한다. 부족함을 느끼지 못하면 어떤 경우도 해결은 불가능하다. '우리가 부족하다.'는 생각이 들면 문제를 해결하기 위한 최적의 방안을 찾게 되고, 실천하기 시작하면 조금씩 좋아진다. 이를 위해서는 전문가의 도움을 받는 것이 가장 빠르다. 어떤 경우라도 한 번에 쉽게 해결은 안 된다. 방법을 찾아 반복해서 연습하면 좋은 효과를 얻을 수 있다. 역시 연습만큼 중요한 것은 없다.

6.1 문화적 방해 요인

오늘날 급변하는 글로벌 프로젝트 환경에서 문화적인 민감도를 이해하지 못하면 사소한 문제로 인해 큰 혼란이 야기될 수 있다. 특히 동양과 서양의 문화적 차이는 글로벌 프로젝트의 진행 과정에서 고려해야 할 중요한 요인이 되고 있다. 이에 몇 가지 방법을 제시하겠다.

우선 나라별로 조금씩 차이가 있지만 프로젝트의 진행 과정에서 직급별 차이로 인해 발생하는 문제와 그 해결책을 게임을 통해 찾아본다. 두 번째로, 글로벌 프로젝트 미팅에서 사용되는 공통 언어의 의미와 비언어적 의사소통 방법(몸짓, 손짓 등)이 갖는 상이한 의미에 대해 생각해본다. 마지막으로, 우리나라에서만 느끼는 '나이에 따른 차이'에 대해 케이스 스터디를 가지고 토론한 결과를 정리해보겠다.

- **직급에 따른 영향력('3-6-9' Simulation)**

프로젝트를 진행할 때 발생하는 여러 가지 의사소통 문제 중에서 가장 어려운 것은 상사의 의중을 정확히 파악하지 못한 상태에서, 지시 사항을 분명히 이해하지 못하고 대충 짐작으로 그냥 열심히 일하는 것이다. 현업에서 너무나 자주 발생하는 전형적인 비효과적 의사소통 방법이다. 외국의 문화는 직급과 상관없이 서로 이야기하고 의사소통이 잘된다고들 하지만, 속을 들여다보면 상사의 일방적인 요구 사항을 무조건적으로 따르는 양상이 우리보다 결코 못하지 않은 것 같다. 상사가 화를 낼 때 토를 달다가 그 자리에서 해고당하는 사람도 있다.

우선 게임을 통해 무엇이 문제인지 확인하자. 이 게임은 참고 자료[*]에 나온 내용을, 이해를 돕기 위해 현실 감각에 맞추어 일부 수정·보완하였고 이름을 '3-6-9 Simulation Game'이라고 정했다.

---

[*] 베리 플리커 지음, 고현숙·서기영 옮김, 《우리 팀만 모르는 프로젝트 성공의 법칙》, 예문, 2003

'3-6-9'를 사용한 이유는 한 번 진행할 때 3분이 소요되고 세 차례 진행하기 때문에 만들어진 이름이다. 각 차례가 끝나면 1~2분 동안 진행률을 확인하는 것으로 20분 안에 모두 완료할 수 있지만, 전달되는 효과는 상당하다.

- **3-6-9 Simulation Game 진행 방법**

이 게임의 목표는 팀원들에게 나누어준 카드에서 팀원들 스스로 '공통된 도형이 무엇인지 찾는 것'이다. 다음과 같이 카드를 만들어서 무작위로 팀원들에게 나누어준다. 이 카드는 1팀이 6인으로 플레이할 수 있도록 만들어졌지만 F를 제외하면 5인 플레이도 가능하다. 4명 이하이면 너무 쉽게 예측가능하기 때문에 게임에서 얻을 수 있는 효과가 떨어진다. 일단 6개의 카드를 아래와 같이 만들었다.

규칙과 진행 방법은 다음과 같다(6인용으로 설명한다. 5명이면 의사소

당신은 A이다
1. 당신은 모든 사람과 쪽지를 교환할 수 있다.
2. 아래에 다섯 개의 도형이 있다.
3. 다른 사람들에게 그것을 보여주면 안 된다.

당신은 B이다
1. 당신은 오직 A와 쪽지를 교환할 수 있다.
2. 아래에 다섯 개의 도형이 있다.
3. 다른 사람들에게 그것을 보여주면 안 된다.

당신은 C이다
1. 당신의 목표는 공통의 아이콘을 찾는 것이다.
2. 당신은 오직 A와 쪽지를 교환할 수 있다.
3. 아래에 다섯 개의 도형이 있다.
4. 다른 사람들에게 그것을 보여주면 안 된다.

통 채널 수가 하나 감소하므로 F를 제외하고 실행하면 된다). 한 팀은 6명이고, 여러 팀이 같이 해도 무방하다. 너무 많으면 게임 진행을 관리하기가 힘들기 때문에 5팀 정도가 최대 팀이라고 생각하면 좋다. 게임 전에 참여하는 팀원들에게 정확하게 알려줄 사항은 다음과 같다.

1) 게임의 목표: 왜 이런 게임을 하는지는 게임 후에 알려준다고 말한다. 단지 각자에게 나누어준 카드에 자신의 할 일이 적혀 있다고만 말한다.

2) 의사소통 채널: 아래 그림처럼 본인의 라벨과 경로를 기억하라고 한 후, 모든 팀원들은 오직 A하고만 의사소통을 할 수 있다고 강조한다. A가 누구인지는 게임 시작과 동시에, A카드를 가지고 있는 본인이 손을 들어 팀원들에게 알려주기로 한다.

3) 일단 게임을 시작하면 모든 참여자들은 말을 할 수 없고, 손짓이나 몸짓을 이용하여 신호를 보내서도 안 되며 더 이상 질문을 할

수도 없다고 설명한다. 진행자도 더 이상 설명하지 않겠다고 한다. 참여자들은 오로지 포스트잇만을 이용하여 자체적으로 의사소통을 할 수 있다고만 알려주면 된다. 설명은 이게 끝이고 그다음부터는 시간을 측정한다.

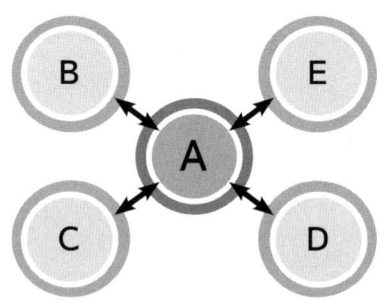

 게임은 한 번에 3분씩 세 차례 진행이 되기 때문에 스톱워치를 이용하여 시간을 측정한다. 항상 3분이 지나면 모두 카드를 덮으라고 한 후 진행률을 체크하여 모두가 볼 수 있는 곳에 적어둔다. 칠판이 무난하고, 칠판이 없으면 일단 종이에 진행률을 적어둔다. 카드를 팀별로 나누어준 후, 동시에 오픈하라고 하면서 게임은 시작한다.

 4) 진행자는 조용히 A가 누구인지 손을 들라고 한다. 각 팀에 한 명씩 있는 A는 조용히 손을 들어 다른 사람들에게 본인이 A임을 알린다. 그리고 더 이상 아무 말도 안 한다. 3분간 조용히 카드를 보면서 진행한다.

 5) 첫 번째 라운드는 모두 당황한다. 참석자 중에서 가끔 질문을 하는 경우도 있지만 답하면 안 된다. 그냥 참으라고 한다. 3분이 지

났다. 모두 카드를 덮으라고 한 후 개인별로 얼마만큼 진척이 되었다고 생각하는지 개략적으로 물어보고, 간단하게 칠판에 진척률만 적어둔다. 무엇을 하는지도 모르겠다고 하는 사람들이 있으면 진척률은 0%로 적는다. 참석자들은 처음 3분을 가장 힘들어한다.

6) 다시 카드를 오픈하고 하던 일을 계속하라고 한다. 뭔가 조금씩 해야 할 일을 찾기 시작한다. 두 번째 3분 동안 진행한 후 똑같이 진척률을 적어둔다. 분명 처음 3분보다 진척률이 좋아진다. 하지만 여전히 같은 경우도 많다. 간혹 진척률이 감소하는 경우도 발생한다. 시간이 지나 진척률이 감소했다는 것은 뭔가 오해를 했다는 걸 말해주는 결과이다. 충분히 그럴 수 있다. 일반적으로 두 번째에서는 누군가의 포스트잇을 보고 무언가 조금씩 적기 시작하고 의사소통을 하려고 노력한다.

7) 마지막으로 세 번째 3분을 진행한 후 진척률을 적는다.

게임은 끝이 났다. 답답했다고 불평하는 사람도 많지만, 일부는 확신에 차서 100%라고 한다. 똑같은 조건이어도 다르게 해석하기 때문에 나타나는 현상이다. 그러나 많은 사람들이 무엇을 하는지 몰라 그냥 기다릴 수도 있다.

이제 칠판에 적어둔 진척률을 살펴보자. 첫 번째나 두 번째에 진척률이 100%('목표를 달성했다.'라고 확신하는 사람들)라고 말한 사람들에게 정답이 무엇인지 물어본다. 그들은 정답이 "공통된 도형을 찾는 것"이라고 할 것이다. "그 공통된 도형이 무엇인가요?"라고 되물으면 그때서야 '자신의 실수'에 깜짝 놀란다. 예상이 빗나간 것이다. 짐작으로 그렇게 추정하고 100%라고 이야기하는 경우가 대부분이기 때문이다. '그 공통된 도형이 무엇인지를 알아내는 것'이 이 게임의 목적이었다. 잘못 이해한 것이다. 게임을 해보지 않은 사람이라면 첫 번째나 두 번째에 정답을 찾기는 무척 어렵다. 찾을 시간이 부족하기 때문이다. 항상 시간이 부족하다고 느끼는 실제 프로젝트와 거의 흡사하다. 동의하는가?(물론 아닐 수도 있다.)

참여자들에게 당사자들의 의사소통 경로를 다시 보여주면서 질문을 한다. "이 게임을 하나의 프로젝트라고 생각하면 A는 누구인가요?" 모든 사람들과 의사소통을 유일하게 할 수 있는 사람이다. 모두들 '프로젝트 관리자'라고 답한다. 맞다. 그러고 나서 모두 자신의 카드를 펴고 내용을 공유하라고 한다. A와 C를 제외한 다른 참여자들의 카드는 도형만 서로 다를 뿐 같은 내용이고, C를 가지고 있는 참여자의 카드에만 프로젝트의 목표가 분명히 적혀 있다는 것을 알게 된다.

이때 게임의 의미를 파악한 사람들이 나타난다. 여기저기서 C를 향해 불평을 쏟아낸다. 혼자서 정보를 공유하지 않았다는 얘기다. C는 당연히 모든 사람들이 자신의 카드에 적혀 있는 것처럼 프로젝트의 목표를 알고 있다고 믿었다. 그래서 따로 알려주지 않는 경우가 대부분이다. 불평이 길어지면 오히려 C는 A에게 이렇게 이야기한다. "무엇을 하는지 정확히 알지 못하면 물었어야 하지 않나요?"라고 말이다. 틀린 말은 아니다. 간혹 A에게 정확한 프로젝트 목표와 도형을 알려주는 경우도 있는데, 의외로 허투루 듣는 경우가 대부분이다. 다시 질문을 한다. 그렇다면 "C를 제외한 다른 참가자들은 누구인가요?" 이구동성으로 '프로젝트 팀원'이라고 대답한다. 그러면 "C는 누구인가요?"라고 묻는다. 대답이 다양하다. '스폰서', '경영진' 또는 '프로젝트를 진행하게 한 고객' 등등. 그중에 한 사람이 분명하다. '고객이 원하는 목표를 정확히 알고 있는 담당자'이기 때문이다. 현업에서는 프로젝트의 시작을 요청한 '스폰서'가 될 확률이 높다.

그런데 A가 프로젝트 관리자로서 자신의 카드를 보고 무엇을 하는지 알 수 없는 상황임에도 불구하고, 팀원들에게 프로젝트의 목표를 모르겠다고 말하는 경우는 거의 보지 못했다. 물어보는 일도 거의 없고 누군가의 피드백을 기다리거나 추측으로 뭔가 하려고 한다. 팀원들 모두를 관리하는 입장에서 모른다고 하는 것은 마치 '자기 자신의 무능을 알리는 것과 같아서'라고 생각하기 때문이다. 현업에서의 프로젝트 관리자와 비슷하지 않은가? 현업에서도 정확하게 무엇을, 왜 하는지도 모르고 프로젝트 관리자가 자기 나름대로 추측을 하면서 진행을 하는 경우를 많이 보았다.

그렇기 때문에 게임에서는, 각 팀별로 같은 카드를 나누어주었지만 서로 다른 내용이 전달된다. 상사의 개략적인 지시 사항을 듣고 꼬치꼬치 물어서 정확하게 무엇을 하는지 알고 진행하는 프로젝트 관리자는 없다. 그 이유는 내 질문을 듣고 상대가 나를 어떻게 생각할지 걱정스럽기 때문이다. '여태 그런 것도 모르면서 일했냐?' 하고 생각할 것 같아서다. 자기의 무지를 들킨 것 같은 느낌이 든다. 단지 그 이유다. 그래서 질문을 하지 않는다. 질문하면 큰소리를 치는 상사에게 가까이 가고 싶어하지 않는 사람들도 의외로 많았다. 상호 간에 넘을 수 없는 높은 벽이 있다는 얘기다. 정말 큰 문제다.

C가 A에게 도형만 그려준 사례도 많았다. 공통된 도형을 찾기 위해 내 것은 보냈다고 생각을 한다. 아니면 A에게 다른 팀원들의 도형을 모아서 자기에게 보내달라고 하는 경우도 보았다. 자기가 직접 해결하고 싶은 것이 이유이다. 이유는 다양해도 정답을 찾기에는 문제가 있어 보인다. 특히 시간이 촉박한(프로젝트의 일정은 항상 부족하므로, 이 게임에서도 3분으로 세 번만 하기로 결정했다) 프로젝트에서 '급할수록 돌아가라.'는 속담이 적용되어야 하는데 쉽지 않다. 이런 일들이 비일비재하게 발생하므로 그러한 속담이 만들어진 것 같다.

팀원들은 어떤 행태를 보이나? 첫 번째 3분은 생각을 한다. A에게 무엇을 하는지 질문을 하는 경우도 있고 개인적으로 유추해서 도형을 그려서 보내주는 경우도 있다. 간혹 쓸데없는 업무 외의 내용을 적어서 보내는 경우도 보았다. 나중에 왜 그런 내용을 보냈는지 물어보면 "가만히 있기에 뭔가 뻘쭘하기 때문에 그렇게 썼다."고 한다. 비슷한가? 현업에서 할 일이 없을 때 가만히 있으면 불안해서 뭔가 하는 척하는 팀원들을 본 적이 있는가? 가만히 있는 것이 도움을 주는 경우도 있다는 것을 받아들이자. 멍청한 상사가 열심히 일하면 이직을 고민해야 될 시간이다.

이제 무엇을 배울 수 있었는지 간단하게 정리하자. 일단 프로젝트 목표가 공통적으로 모두에게 각인되어 있지 않다면 프로젝트는 실패한다는 것을 배웠다. 급하다고 일방적으로 시키고, 무조건 시키는 대로 할 때 항상 발생하는 현상이다. 왜 시키는지 물어보는 것을 두려워해도 안 되고, 팀원들이 되물어볼 때 정확하게 알려주는 것도 잊어서는 안 된다. 특히 바쁠수록 의사소통을 통해 정확하게 우리 모두가 바라보는 방향을 하나로 일치시켜야 좋은 효과가 나타나는 것을 정확히 인지할 수 있었다.

의사소통 실패의 책임은 모두에게 있는 것이지 정보를 알려주지 않았거나, 물어보지 않은 사람에게만 있는 것은 아니다. 또한, 바쁠 때 발생하는 병목 현상으로 정확한 의사소통이 안 되는 경우도 있다. 잘 모를 때는 가만히 기다릴 줄 알아야 하는데 모두가 따로따로 놀면서 오히려 문제 해결의 속도를 느리게 하는 경우도 의외로 많다. 의사소통을 할 때 감정적인 면이 부각되어 기분이 나빠 도형을 안 주거나, 이상하게 주는 경우도 보았다. 결국 프로젝트는 사람이 하는 깃이므로 프로젝트를 진행하면서 의사소통을 할 때 가능하면 그런 부분이 개입되지 않도록 노력해야 한다. 그것이 제일 중요한 프로젝트 관리자의 역량이다.

- **공통 언어 사용 방법**

글로벌 프로젝트를 진행하면 비대면 방식의 회의나 미팅이 많아진다. 여러 가지 의사소통 문제 중에서 가장 어려운 것은 사용하는 언어가 다른 경우이다. 특히 글로벌 프로젝트에서는 영어가 기본인데, 미국인만큼 영어가 안 되다 보니 실력은 없으면서 그렇게 보이고 싶지 않는 우리만의 '영어에 대한 공포'가 있다. 우리의 경우는 영어를 못하는 것이 마치 큰 문제가 있는 것처럼 생각하다 보니, 내가 현업에 있을 때 미국의 PMO에게 자주 들은 이야기가 "한국 사람들은 왜 정확히 이해를 못 했는데도 알아들은 것처럼 행동하냐?"였다. 그러다 보니 중요한 얘기는 꼭 다시 되물어서 확인한다고 한다. 수치스러운 얘기다. 우리는 대충 알아듣고 유추한다. 그리고 미팅이 끝나면 한국 사람끼리 복기를 한다. 영어를 못하는 것이 문제가 아니라, 못하면서 잘하는 것처럼 보이려는 것이 문제다. 다른 사람들의 눈을 너무 의식해서, 아니면 두 번씩 말하게 하는 것이 미안해서 대부분 그렇게 한다. 어떻게 정확한 의사소통을 기대하고 같이 일을 할 수 있을까?

영어로 발표할 때도 간단하게 내용만 발표할 생각을 하기 전에 뭔가 있어 보이는 문장을 사용해서 영어 실력을 과시(?)하려는 경향이 있다. 상대가 원하는 것은 발표에 담긴 핵심 내용이지 우리의 영어 실력이 아니다.

영어로 이메일을 보낼 때도 오해를 사지 않도록 간단 명료하게 보내는 것이 좋다. 예전에 미국의 PMO가 한국에서 받은 이메일을 나에게 재전송했다. 무슨 의미인지 알 수가 없다는 것이다. 읽어보았더니 나도 무슨 이야기인지 몰라서 담당자에게 연락을 취했다. 그는 한영사전을 이용해서 영작을 했다고 하는데, 사용 용도가 다른 영어 단어를 선택해서 문장을 만드는 바람에 내용이 뒤죽박죽되었다.

전달하고자 하는 것은 간단한 내용인데 문장 표현에 과도하게 신경 쓰다가 오히려 핵심 내용을 놓친 것이다. 길게 쓰려고 할 필요없다. 간결하게 전달하고자 하는 것에 집중하면 된다.

누구나 실수는 한다. 가만히 생각해보니 나 역시 맨 처음 영어로 이메일을 쓸 때 지나치게 영문법에 맞추어 쓰려고 노력하고 내용보다는 다른 쪽에 신경을 써서 불필요한 시간을 낭비한 경우가 많았다. 미국인들이 원하는 것은 조금 틀려도 무방한 영문법이고, 핵심 내용만 간단하게 적은 길지 않은 이메일이다. 특히 비대면으로 진행하는 가상 팀(Virtual Team)으로 구성된 글로벌 프로젝트가 많아지는 현실에서 이러한 내용은 매우 중요하다.

공통된 언어는 단순히 영어의 문제만은 아니다. 우리는 언어로만 의사소통을 하는 것이 아니라 시각적·청각적 요소를 포함한 언어 이외의 수단으로도 의사소통을 한다. UCLA의 심리학 교수인 메라비언(Albert Mehrabian)은 그의 저서 《침묵의 메시지》에서 비언어적인 표시로 의사소통을 하는 것이 55%라고 이야기했다. 시각적인 이미지 전달을 말하는 것이다. 물론 그 수치는 시간이 지나면서 유동적으로 조금씩 변할 수 있겠지만, 의사소통을 위한 전달에 큰 영향을 준다는 사실은 믿어 의심치 않는다.

영화를 보면 쉽게 이해할 수 있다. 대본만으로는 느낄 수 없는 감정들이 배우의 몸짓과 손짓을 통해 관객에게 전달된다. 눈빛 연기의 중요성이 바로 그런 것이다. 비대면 방식으로 진행되는 프로젝트에서는 시각적인 이미지로 유추하기 힘드므로, 청각적인 이미지 전달

(38%)과 단어의 의미(7%)로 의사소통을 해야 하는 어려움에 직면한다. 결국 의사소통은 더 어려워진다. 그렇기 때문에 전달해야 하는 내용을 간단명료하게 적어서 모두 공유해야 한다.

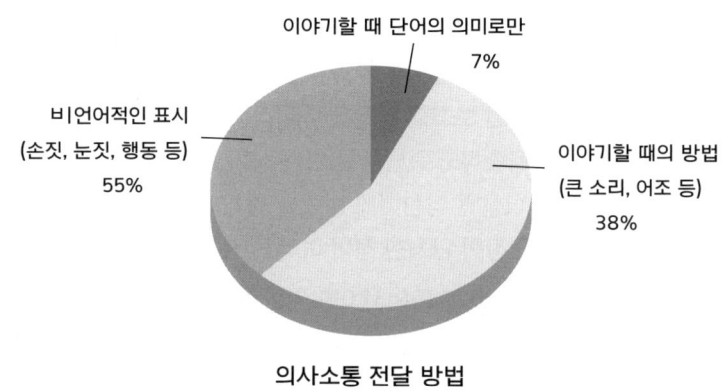

의사소통 전달 방법

- **나이 어린 상사**

조직 생활에서 나이 문제로 의사소통이 어려운 경우가 있는데, 이는 아마도 우리나라가 유일할 것이다. 특히 학교 선후배로 얽혀 있는 경우, 나이가 어린 직장 상사 아래에서 일을 하는 것을 부담스러워하고, 직장 상사 역시 자기보다 나이가 많은 부하 직원은 꺼리는 경향이 있다. 그런 이유로 우리나라에서는 나이가 들어 이직을 하는 것이 쉽지 않다. 케이스 스터디를 통해 당신이 팀장이라면 어떻게 해야 할지 생각해보자.

[케이스 스터디: 나이 많은 부하 직원]

- 현재 진행 중인 프로젝트에서 개발하는 'AI를 활용한 실패 재발 방지 시스템 구축'을 회사의 IT와 연결하는 책임을 가지고 있는 당신은 5명의 팀원과 같이 일하는 IT 부서장이다. 그런데 팀원 중 당신보다 세 살이 많은 정 책임과 갈등이 많다. 아무리 나이 대접을 해주고 깍듯하게 대해도 팀원과 회의 중일 때 노골적으로 반대 의사를 표시하거나, 주간 보고를 작성해서 달라고 해도 대충 알아서 적으라고 하는 등 지속적으로 반항을 하는 상황이다. 특히 개발에 문제가 생겼을 때 팀장인 당신에게 보고를 하지 않고 상무님에게 먼저 보고를 해서 입장이 난처한 적이 여러 번 있었다.
- 이 문제를 해결하기 위해 둘이서 이야기를 해보았지만 본인은 아무런 개인적 감정도 없다고 하면서 본인 스타일이 창의적이기 때문에 본인에게 맞춰주는 것이 진정한 리더가 할 일이라고 하며 다른 팀으로 갈 생각도 안 하니, 다른 팀원들 관리도 어려운 상황이다.

당신이 팀장이라면 어떻게 하겠는가? 많은 사람들로부터 다양한 답이 나왔지만 관리가 안 되면 다른 곳으로 무조건 보내야 된다는 답이 제일 많았다. 그 외의 답은 아래와 같았다.

- 상무님에게 보고하고 다른 팀으로 전배한다(강제성).
- 반대 의사 제안 시, 대안책도 함께 마련하도록 한다.
- 업무를 우선순위로 정리하여 하고자 하는 업무를 할당하고 책임과 권한을 부여한다. 이후 평가 결과를 통해 의사소통과 보고 체계에 대해 피드백한다.

- 그 사람만의 특별한 업무를 주고 직접 보고하도록 공식화한다.
- 업무를 재조정하여 독창적으로 혼자 할 수 있는 일을 배정한다.
- 교육을 통해 일하는 방식을 바꾸고, 안 되면 보고 후 책임과 역할을 재조정한다.
- 3개월 동안 관계 증진을 위해 노력한다. 안 되면 업무 배제 후 다른 팀원들을 더 챙긴다.
- 업무 진행, 업무 보고, 회의 등과 관련해서 규칙을 정하고 팀원 모두 그 규칙대로 업무를 진행하도록 한다. 상무님에게 팀 규칙에 대한 승인을 받는다.
- 업무 룰을 만들어 어길 시 인사 평가로 해결한다(하위 고과).
- 난제에 대한 책임과 권한을 동시에 부여하고 결과에 따라 처리한다.
- 다른 팀원들과 상의하여 팀원들을 내 편으로 만들고 회유 정책을 하거나 왕따를 시킨다.

강제로 다른 팀에 보내야 한다는 의견이 가장 많았지만 이는 옳지 않다. 상대가 나이가 많든, 능력이 부족하든 그 외 다른 어떤 경우라도 관리가 안 된다는 이유로 타 부서로 전출한다는 것은 팀장으로서 리더십이 부족한 것이다. 그렇게 관리하면 나중에 남아 있을 부하 직원은 거의 없어진다. 가장 좋은 답은 '설득해서 내 편으로 만드는 것'이다. 나이를 따지면 사적으로 형 대접을 해주는 것도 좋다. 일을 못하면 하는 방법을 가르쳐주면 된다. 그런데 설득하기가 무척 어렵다. 대부분 나이가 많은 부하 직원의 경우에 능력과 상관없이 자신이 조직을 관리하지 못하는 데 대한 불만이 자리 잡고 있다. 뭔가 부당한 대접을 받고 있다는 생각을 버릴 수 없는 것이다. 이런 상황이라면 설득 자체가 어렵다.

그렇다고 다시 자리를 바꿔줄 수도 없는 상태다. 바꾸게 되면 나이 어린 상사는 또 어쩌란 말인가? 정말 어려운 문제다. 그럼에도 불구하고 관리를 잘하는 사람도 있다. 나이가 많음을 경험이 많은 것으로 인정하고, 무작정 믿어주는 것이다. 그리고 나이 많은 부하 직원보다 더 열심히 일하면서 그에게 계속 승진할 수 있는 기회를 주는 것이다. 미안해서라도 더 이상 훼방을 놓지 않을 정도로 도움을 준다면 바뀔 수도 있을 것이다. 단, 진정성이 포함되어 있지 않다면 어떤 경우라도 회복되기는 어렵다. 상대가 불편하게 나오는 이유는 내가 그를 불편하게 했기 때문이며, 나의 리더십 부재로 인한 결과로 생각하고 다시 한번 더 생각해서 나부터 고치면 가능하다. 그런 생각을 하고 실천하면 분명 고쳐질 수 있다. 언제나 마음의 빗장은 안에서부터 열어야 한다.

6.2 행태적 방해 요인

프로젝트에 참여하는 프로젝트 관리자와 모든 이해관계자들의 행태적인 특징으로 인해 의사소통에 방해를 받는 경우가 가장 많다. 이러한 방해 요인들의 가장 두드러지는 특징은 주로 자신이 최고라는 생각으로부터 나온다. 일종의 우월감이나 확실성 등이 여기에 속한다. 이런 상황에서는 다른 이해관계자를 일방적으로 통제하려는 생각과 그를 악용해서 개인적인 이익을 추구하기 때문에 프로젝트의 방향성에 혼란을 야기시킨다. 상대방 역시 그런 상황을 판단하면 어쩔 수 없이 충돌하게 되고, 더 이상 정상적인 프로젝트 진행은 기대하기 어렵다. 이러한 다양한 행태적 방해 요인들은 의사소통 스킬을 향상시켜 최소화할 수 있다.

- **편견과 편향은 버리기 어렵다**

'편견'은 특정 집단에 대해서 치우친 의견이나 견해를 가지는 태도로 주로 부정적인 감정이다. '편향'은 한쪽으로 치우진 성질을 뜻한다. 맨 처음 입사를 해서 현업으로 배치를 받을 때, 부서장의 편견 때문에 불이익을 받을 수도 있다. 부서장이 무조건 최고의 학벌을 가졌거나 특정 지역 출신인 사람을 높이 평가한다고 가정해보자. 명문대를 졸업한 것도 아니고 출신 지역도 지방인 어느 신입사원이 일을 잘하지 못하는 경우, 이러한 편견은 확증 편향으로 굳어진다. "역시 내 생각이 맞네." 만일 이 친구가 좋은 결과를 내도 어쩌다 운이 좋은 것으로 생각한다. 결국 신입사원은 버티지 못하고 퇴사한다. 그런 상황이 되면 그런 친구들은 끈기도 없다고 생각하면서, 역시 또 '자신의 생각이 맞다.'고 믿는다. 자신의 편향된 생각은 점점 더 굳건해진다.

'필패 신드롬(Set-up-to-fail-syndrome)'이라는 개념은 프랑스의 장 프랑수아 만조니(Jean-Francois Manzoni)와 장 루이 바르수(Jean-Louis Barsoux)가 제시하였다. 이 개념은 본래 유능했던 직원이 무능력하다는 의심을 받게 되면 업무 능력이 저하되고 결국 무능력하게 변한다는 심리적 증후군을 말한다. 자신이 보고 싶은 것만 보고, 믿고 싶은 것만 믿으려 하는 확증 편향(Confirmatory Bias) 때문에 발생한다.

프로젝트를 진행할 때 여러 부서의 팀원들로 구성된 팀을 맡은 프로젝트 관리자가 이런 경향이 있다면 정상적으로 프로젝트가 진행되기 어렵다. 알게 모르게 그런 불이익을 당하는 팀원들은 주도적으로 일을 하지 않기 때문이다. 이런 문제는 부서 간의 문제로도 발전한다. 한 번이라도 다른 부서와 낯 붉히는 일이 있었다면 그 부서와의 협업은 쉽게 이루어지지 않는다. 심하면 '무조건 저 부서와는 협업을 하지 않겠다.'고 생각하는 경우도 발생할 수 있다. 경영진은 우리 모두의 일이니 협업을 하라고 말을 하지만, 이러한 편향적인 생각은 누구에게나 있기 때문에 쉽게 해결이 안 된다. 프로젝트 관리자가 제일 경계해야 하는 부분이다.

그렇다면 이런 이유로 발생한 의사소통 문제는 어떻게 해결을 할까? 한 번에 고칠 수는 없다. 지금보다 조금씩 좋아지도록 노력을 해야 한다. 상대방이 잘하면 나도 잘할 수 있지만, 상대방이 잘못하고 있으니 나도 잘해줄 수가 없다고 대부분 말한다. 이는 역으로 내가 먼저 잘하면 상대방도 바뀔 수 있다는 것을 의미하는 건 아닐까? 어떤 경우에는 상대가 나를 어떻게 생각하는지 모르기 때문에 나 역시 먼저 다가서기 어렵다고 한다. 상대가 나를 어떻게 생각하고 있는지 알 수 있는 방법이 있다. '내가 상대방을 바라보는 만큼 상대방도 나를 평가한다.'고 생각하면 거의 맞다. '대접받고 싶은 만큼 상대방을 대접하라.'는 말이 그래서 나온 듯싶다. 깊이 새겨서 프로젝트에 적용하면 좋을 것 같다.

- **통제와 개성 충돌**

프로젝트를 진행할 때 발생하는 여러 가지 의사소통 문제 중에서 가장 어려운 것은 관리자가 강제로 팀원들을 통제하려 할 때 발생한다. 그러다 보면 개성이 강한 부하 직원과 부딪치게 되고 결국 상호 간의 믿음이 깨지면서 서로 어긋나게 된다. 팀으로 구성되어 진행되는 프로젝트의 경우, 특히 모든 팀원들을 자기 마음대로 조정하려는 그릇된 생각을 버려야 한다. 일단 부하 직원과 불협화음이 일어났다면 무조건 나의 리더십 문제라고 생각하자.

프로젝트는 협업으로 이루어져야 한다. 그런데 '카리스마'라는 애매모호한 무기로 모두를 제압하려는 마음이 프로젝트를 엉뚱한 방향으로 이끈다. 이럴 때 많은 프로젝트 관리자가 팀원들의 역량을 평가하는 '인사 고과 권한'의 필요성을 강조한다. 하지만 프로젝트 관리자가 인사 고과 권한을 가지고 타 부서에서 참여하는 팀원들을 평가하는 경우는 찾아보기 힘들다. 그런 권한으로 팀원을 관리하려는 생각을 가지고 있다면 무조건 잘못된 생각이다. 관리자는 팀원들의 도움을 받아 프로젝트를 진행하는 것이 맞다. 그들의 도움을 얻지 못한다면 그것은 분명 관리자의 무능력 때문인 것이다. 지금부터 현업에서 일어났던 이야기를 조금 각색한 케이스 스터디를 통해 당신은 어떻게 할지 생각해보자. 미팅 중과 미팅 후로 나누어 정리하였다.

[케이스 스터디: 예상하지 못한 공격]

- 새로 나온 공기 청정기 ax 7000이 좋은 반응을 보이고 있었다. 그동안 여러 회사에서 새로 출시되는 여러 가지 공기 청정기로 인해 회사 매출이 감소하는 상황에서 당신은 사물 인터넷이라고 하는 IoT(Internet Of Things) 공기 청정기를 개발하라는 박 상무의 특명을 받고 프로젝트를 시작한 상태이다.

- 프로젝트 관리자인 당신은 입사 15년 차로 각 부서에서 5명의 핵심 인원을 받아 팀을 구성하였고 회사 제품에 IoT 기술을 접목시키는 외부 업체로 K사를 선정하여 외부에서 데이터를 주고받을 수 있는 시스템을 완벽하게 갖출 수 있을 것이라고 확신하였다.

- 프로젝트는 정상적으로 시작되고 현재 당신은 프로젝트 팀원들과 같이 계획 단계를 완료한 시점에서 실행 단계로 넘어가기 전, 관련 이해관계자들을 모두 모아 발표하고 있다. 이때 갑자기 지금까지 아무런 이야기도 하지 않던 팀원 중 한 명인 품질 부서 윤 과장이 말을 꺼냈다. 그는 비즈니스 케이스도 확인하지 않고 무조건 사물 인터넷을 적용할 경우 프로젝트가 성공해도 아무도 그 제품을 사지 않을 것이고, 기술적으로도 문제가 많다고 하면서 뜬금없이 미팅에서 큰소리를 치고 있다.

- 이 소리를 들은 박 상무는 비즈니스 케이스를 조사했는지 물어보았고, 당신은 시간도 부족했고 상무님이 직접 시켰기 때문에 그냥

> 진행했다고 대답했다. 물론 기술적인 문제는 앞으로 풀어나갈 생각이라고 답변했다. 갑자기 왜 윤 과장이 아무런 데이터도 없이 그런 발언을 했는지 이해할 수 없었고, 사람들 앞에서 망신을 당한 것 같아 기분이 무척 나빴다.

 우선 윤 과장과 같은 친구들은 우리 주변에 가끔 있다. 그들의 사고가 독특하다는 것을 인정하자. 많은 사람들이 "미팅에서 그렇게 얘기하는 사람이 어디 있어?"라고 반문하겠지만 분명 현실에 있다. 만약 이런 상황을 경험한다면 어떻게 대응할지 물어보았다. 많은 사람들이 미팅 중에는 박 상무가 있어서 제대로 말을 못 하겠지만 미팅 후에 따로 불러 질문의 의도를 파악하겠다고 했다. 간혹 질문의 의도를 그 자리에서 물어보겠다는 사람도 있었다. 질문의 의도가 불분명하다면 괘씸죄를 적용해서 품질 부서장에게 이야기한 후 부서 복귀 명령을 내린다고 했다.

 질문의 의도를 파악하기는 쉽지 않다. 왜 미팅에서 갑자기 그런 발언을 했냐고 물으면, 윤 과장의 대답은 "그때 즉각적으로 생각이 나서 그랬습니다."라고 할 것이다. "혹시 나에게 기분 나쁜 것이 있었나요?"라고 물어도 당연히 "없습니다."라고 할 것이다. "나중에 물어도 되는 것을 꼭 그렇게 그 자리에서 물어보는 것이 옳았나요?"라고 물으면 "마음대로 질문도 못 하게 하면 왜 미팅에 모두 참여시키는지 모르겠네요."라고 답할 것이다. 틀린 말은 아니다.

 교육 중에 나온 답은 아래와 같다.

1) 미팅에서
- 무조건 윤 과장의 날카로움을 칭찬하면서 쿨하게 빨리 인정한다.
- 윤 과장에게 "박상무 님이 그런 조사도 안 하고 시켰겠어요?"라고 '전가' 방식을 사용한다. 박 상무가 "안 했는데."라고 하면, 그럼 아무렇지도 않게 "그래요?(약간 놀란 듯이) 그러면, 다음 주까지 제가 하겠습니다."라고 하면 된다.
- 윤 과장에게 현재 진행 중이라고 한 후, 다음 미팅까지 벤치마킹을 완료해서 발표하면 된다.

2) 미팅 후에
- 일단 지하실이나 옥상으로 끌고 간다(협박은 안 좋은 방법이다).
- 개인적으로 의도를 물어본다(잘못된 방법이다. 의도를 알아낼 수 없다. 절대로 개인적인 감정은 아니라고 하면 할 말이 없다).
- 좋은 아이디어라고 치켜세운 후 직접 조사해서 다음 주까지 정리해서 가지고 오라고 한다(그렇게 되면 정말 좋은 아이디어를 낼 사람은 없다. 많은 사람들이 이 방법을 택했다).
- 같이 일하는 사람에게 전염(?)되므로, 무조건 부서 복귀를 시킨다(이는 부서 복귀를 원하는 경우, 이상한 발언을 하는 안 좋은 선례를 남기게 된다).

어떤 경우라도 당황스럽다고 가만히 있으면 박 상무로부터 "너희들끼리 얘기 안 하니?"라고 역공당할 수 있다. 더 곤란한 상황이 펼

쳐질 수 있다. 있는 그대로 진실되게 이야기하면 된다. 생각을 못 했으면 좋은 아이디어라고 치켜세운 후 다음 주까지 조사해서 발표하면 그만이다. 미팅 후에는 윤 과장에게 아무 말도 하지 말고(말해야 알아듣지 못하기 때문이다), 팀 미팅에서 새로운 그라운드 룰을 만들 필요가 있다. "혼란을 막기 위해, 갑자기 생각나는 질문이 있다면 미팅 전이나 후에 같이 논의하는 것으로 합시다."라고 하면 된다. 향후 더 이상 그런 질문은 미팅에서 하지 않을 것이다.

프로젝트 팀에는 다양한 개성들이 존재한다. 개인적으로 나서는 것을 좋아하는 사람도 있고, 조용히 뒤에서 도움을 주는 사람도 있다. 그런 사람들의 조합된 힘으로 프로젝트는 시작되어 끝이 난다. 프로젝트 관리자로서 팀원 각자의 개성을 파악하고 관리하는 방법도 마련해야 한다.

누구나 자기에게 도움을 주는 사람과 대화를 하고 싶어한다. 자신에게 이익이 되고, 그것이 업무와 연결이 되면 누구나 적극적인 자세를 보인다. 진심을 가지고 귀를 열어 의사소통을 한다면 프로젝트에서 발생하는 많은 부분을 해결할 수 있다. 특히 밀레니얼 세대로 태어난 친구들은 워라밸을 중요시하고 개인의 창의성을 인정받고 싶어한다. 기존의 팀장들이 생각하고 있는, 부서를 위해서 희생하는 그런 일은 없다. "라떼는 말이야."라는 말은 하지 말자. 도움이 전혀 안 된다. 그들의 생각을 당연한 것으로 인정하는 순간, 지금까지 보지 못했던 부분이 보이기 시작한다. 따라서 프로젝트 관리자는 소프트 스킬을 익혀서 정치 9단이 되어야 한다.

6.3 환경적 방해 요인

다른 방해 요인들과 달리 프로젝트를 진행할 때 개인의 능력으로 해결하기 어려운 부분이 환경적 방해 요인이다. 가장 큰 환경적 방해 요인은 긱 나라별, 조식별로 사용하는 컴퓨터 프로그램이 서로 다른 경우로서 이럴 땐 무조건 하나로 통일시켜야 한다. 효율성을 위해서 그렇게 해야 한다. 글로벌 프로젝트 환경에서 지정학적 위치 때문에 발생하는 시차(Time Zone)로 프로젝트 팀원들 간의 의사소통이 원활할 수 없는 경우도 있다. 또, 회사의 핵심 기술과 관련된 보안 문제를 중요하게 생각하는 조직은 최첨단 보안 장비를 갖추고, 개별적으로 자신과 상관없는 조직의 중요 데이터는 접근을 원천봉쇄하기도 한다. 첨단 기업의 기술 유출은 어제 오늘의 문제가 아니다. 이런 문제들을 해결하기 위한 방법은 쉽지 않지만, 그 영향력을 최소화시킬 필요는 있다.

- **정확하고 신속한 정보의 흐름(속전속결)**

차의 성능이 아무리 좋아도 길이 나쁘면 속도를 낼 수 없다. 프로젝트를 아무리 열심히 해도 한두 사람이 정보를 독차지한다면 똑같은 실수를 반복할 수 있고, 집단 지성의 장점을 적절하게 살릴 수도 없다. 예전에 모 기업에서 전체 정보를 공유하기 위한 시스템을 구축한 사례를 보았다. 그런데 직원들은 사용하지 않는다. 이유를 살펴보니 구축한 시스템이 너무 늦게 업데이트되어 적절하게 사용할 수가 없다고 한다. 빨리 업데이트를 하면 되지 않느냐고 물었더니 각 부서에서 올라오는 정보가 너무나 많아, 자체 인력만으로 실시간 업데이트가 불가능하다고 한다.

또한, 중요한 정보는 '보안'이라는 이유로 올리지도 못한다고 한다. 그러면 시스템을 만들 이유가 없다. 그럼에도 불구하고 외부 감사용으로 잘 활용한다고 한다. '눈 가리고 아웅'이다. 한국 회사의 민낯이다. 대충 훑어보아도 돈이 많이 들어간 느낌이 든다. 이러한 시스템을 'EPMS(Enterprise Portfolio Management System)'라고 하는데 웹 형태의 'PMIS(Project Management Information System)'를 말한다. 그런데 현실적으로 무의미하다. 안타깝다.

시스템을 어떻게 만들어서 관리를 해야 하는지 살펴보자. 우선 시스템을 만든 목적은 실시간 정보 공유를 통해서 의사소통에 들어가는 시간을 최소로 하기 위함이다. 그렇다면 효율적으로 관리하기 위해 정보를 실시간으로 올리고 볼 수 있어야 하는데, 이는 프로젝트 팀에서 직접 관리를 해야 가능하다. 제일 좋은 방법은 프로젝트 관리자에게 책임과 권한을 동시에 부여해서, 맡고 있는 프로젝트는 직접 관리하라고 요청하면 된다. 프로젝트 관리자가 아닌 사람은 파일을 수정할 수 없고, 단지 정보를 정해진 폴더에 저장하거나 '읽기'만 가능하게 하면 문제없다. PMO는 프로젝트를 등록하거나 끝날 때만 확인하면 된다. 그게 전부다. 대부분 선진사에서는 이렇게 한다. 그런데 국내의 대부분 회사가 그렇게 하지 않는 이유는 무엇일까? 해보지도 않고 '보안'이라는 이유로 무조건 막기 때문에 못 하는 것이다.

- **파일 네이밍(File Naming)**

　족발로 유명한 동네를 찾아갔다. '원조 족발집', '진짜 원조 족발집' 등 서로 자신이 원조라고 주장하는 간판이 즐비하게 늘어서 있어 어디가 진짜 원조인지 도무지 알 수가 없었다. 우리 프로젝트에서도 이런 현상이 자주 발생한다. 프로젝트헌장_홍길동, 프로젝트헌장_032320, 프로젝트헌장_최종본, 프로젝트헌장_final version 등. 나중에는 프로젝트 팀원들이 서로 다른 문서에 업데이트를 하고, 자기가 수정한 것이 왜 반영이 안 되었는지 따진다. 날짜로 혹은 version #으로, 그것도 아니면 담당자별로 수정을 하는데 왜 최종본이 무엇인지 알 수가 없을까? 신호등이 망가지면 교통 흐름이 나빠지듯이 현업에서도 원활한 의사소통을 위해 명확하게 규정된 방식이 필요하다. 특히 어떤 파일이 최종본인지 알 수 있도록 파일의 이름을 결정하는 것은 효율적인 관리 방법의 하나이다.

　프로젝트를 진행하면서 발생하는 정보의 양은 상당히 크다. 정보의 양이 방대해지면 너무나 많은 폴더와 파일들 때문에 어디에 무엇이 있는지 확인하는 것도 쉽지 않다. 만일 폴더의 구조가 모두 같고 찾으려는 파일 이름에 같은 내용이 담겨 있다면, 그러한 내용을 프로젝트 팀원들이 모두 알고 있어서 실제 업무에 적용한다면 정말 효율적인 관리가 될 것이다. 물론, 전제 조건은 프로젝트 팀원들이 모든 정보를 공유하는 것이다. 중요 정보를 제외한 일반적인 자료를 공유하고, 프로젝트를 진행하면서 얻은 암묵적 지식까지 공유가 가능하다면 조직의 학습 능력은 최고가 될 것이고, 조직의 역량은 높아져 프로젝트 성공 확률을 높이는 데 기여할 것이다.

정보 공유를 위해 선진사에서 사용하는 모범 사례(Best Practice)를 살펴보자. 우선 프로젝트를 관리하기 쉽게 필요한 단계로 나눈다. 단계를 나누는 것은 프로젝트 별로 다를 수 있지만 일단 나누면 그대로 사용해야 한다. 각 단계별로 프로젝트 팀이 꼭 완료해야 할 업무는 체크리스트를 만들어 관리하기로 한다. 예를 들어 '착수-기획-실행-종료'의 단계로 나누었다고 가정하자. 프로젝트 별로 각 단계에 꼭 완료해야 하는 파일을 정의한 후, 체크리스트로 만들어 관리하면 단계별 체크리스트가 만들어지고, 그 파일 안에는 링크를 걸어서 중요한 파일들을 찾기 쉽도록 연결해놓았다. 따라서 필요한 파일을 찾기 위해서는 각 단계별 체크리스트만 보면 접근할 수 있다. 물론 중요 파일 외에 다른 파일은 정해진 폴더 아래에 저장하면 된다.

파일 이름(File Naming)은 규칙에 의해 모든 프로젝트의 단계별 체크리스트에 일률적으로 적용된다. 모든 프로젝트에 똑같이 적용되기 때문에 누구든지 유사한 프로젝트 폴더에 접근이 가능하다면 쉽게 정보를 공유할 수 있다. 어떤 파일은 여러 명이 여러 번 업데이트를 해서 최종본이 만들어졌을 수도 있다. 이력 관리를 위해 사용하는 형상 관리는 절대적으로 필요하다. 그래서 언제나 최종본 파일에만 링크를 걸고 파일명은 하나로 통일한다(예: 프로젝트 헌장). 최종본을 만들기 위해 반복적으로 업데이트했던 파일들의 히스토리(History)는 그 폴더 아래 모두 저장하고 필요 시 찾아본다.

폴더 샘플과 파일 네이밍 샘플

디렉토리	요구되는 파일
착수단계	착수단계-체크리스트
	비즈니스 케이스
	프로젝트 헌장
	초기 일정
	초기 예산
	프로젝트 별 착수단계에서 요구하는 특별 산출물
계획단계	계획단계-체크리스트
	최종 일정
	최종 예산
	범위 기술서
	리스크 관리대장
	프로젝트 별 착수단계에서 요구하는 특별 산출물
단계 필요 시 추가	단계별 요구되는 파일 추가
회의록	주간보고
	예산 보고서
	일정 보고서
	변경 요청 관리대장
	지난 문서는 날짜로 관리: 예) 주간보고_063021
보고서	1차 보고서
	시스템 설치 완료 보고서
	모든 보고서는 제목, 발표자, 날짜로 관리: 예)1차 베타버전 보고서_홍길동_0623-21
기타	프로젝트 팀 별로 원하는 대로 만들 수 있는 프로젝트 폴더

회사에서는 여러 프로젝트가 동시에 진행되기 때문에 프로젝트 타이틀은 누구나 보고 쉽게 예측가능하도록 만드는 것이 바람직하다(프로젝트 헌장 작성 시 이미 설명했다). 따라서 시스템 안의 프로젝트 명을 누르면 프로젝트의 현재 상황이 보일 수 있도록(현재 계획 대비 빠른지, 느린지 등) 시각화된 자료가 있으면 좋겠다. 일반적으로 간트 차트 형태가 많이 사용되고, 그 프로젝트 아래의 폴더로 접근하면 여러 폴더가 보인다. 폴더명은 '착수단계'부터 시작해서 여러 개의 폴더가 있다. 이 폴더들은 고정이다. 모든 프로젝트에 공통적으로 사용한다는 뜻이고 변형이 불가능하다. 각 프로젝트에는 회의록을 저장해두는 폴더와 프로젝트 팀원들이 얻은 미가공 데이터(Raw Data)를 저장할 수 있는 폴더도 만들어, 프로젝트를 진행하며 얻은 모든 파일을 저장한다.

'착수단계' 폴더 안에는 체크리스트가 존재하고, 프로젝트 관리자는 체크리스트에 완료된 파일을 링크를 걸어 관리한다. 회의록의 경우는 항상 최신 파일은 '주간보고', '월간보고'이다. 과거의 주간보고는 '주간보고_063021'처럼 뒤에 진행한 날짜를 적어 관리하면 이해관계자들도 쉽게 폴더에 접근해서 과거의 주간보고를 다운로드받아 볼 수 있다. 정보 공유가 참 쉽다.

- 마음으로 살피자(보안의 문제점)

프로젝트 관리자와 팀원들을 위해서 실시간으로 데이터를 업데이트하도록 EPMS 시스템을 사용하지 않는 이유를 물었더니 '관리가 안 될 것 같아서', '보안과 관련된 중요 정보가 노출될 것 같아서' 등 많은 핑계를 댄다. 일부는 맞고 일부는 틀리다. 그러나 그러한 시스템을 만들어 잘 활용하는 회사들이 있으므로, 관리가 쉽지 않을 것으로 판단하여 사용하지 않는 것은 잘못이다. 확인을 해보니 관리가 안 되는 이유가 맨 처음 시스템을 만들 때 경영진의 요구 사항을 반영하여 개발되어 시스템 전체를 수정하기가 어렵기 때문이라고 한다. 초기에 이해관계자의 요구 사항을 잘못 판단한 것이다. 경영진이 알고 싶은 것은 전체적으로 프로젝트에 얼마의 자원이 투입되었는지 또는 전체 프로젝트의 진척도 등이다. 그러다 보니 현업에서 실시간으로 올라오는 데이터는 뒷전으로 밀려 늦게 업데이트되고, 현업의 팀원들이 원하는 데이터가 늦게 올라오니 사용할 필요가 없는 시스템이 되었다.

　보안과 관련해서는 다른 방법으로 접근하는 것을 추천한다. 우선, 보안은 회사의 지적 자산이 바깥으로 유출되지 않도록 하는 것인데, 보안을 잘한다고 해서 해결이 가능할까? 그건 아닌 것 같다. 외국에서는 대부분 회사의 모든 정보를 아무런 허락도 받지 않고 외부로 가지고 나갈 수 있다. 그러나 그 누구도 가지고 나가는 사람은 없다. 중요한 정보를 외부로 유출해서 회사에 많은 손실을 끼쳤다는 뉴스를 들어본 적이 있나? 반면, 우리는 철두철미하게 보안을 했음에도 불구하고, 가끔씩 메인 뉴스에 등장한다. 개발한 제품의 정보를 가지고 외국으로 나가다가 잡히는 사람들…. 유출이 되면 수조 원의 손실을 초래했을 거라는 뉴스 등등. 출입을 통제하면서 막았음에도 불구하고 그들은 가지고 나갔고, 외국에서는 얼마든지 가지고 나갈 수 있음에도 그런 뉴스를 들은 적이 없다.

  이유는 간단하다. '생각의 차이'다. 제품 개발을 해서 얻은 것은 회사의 자산임을 잊지 말자. 제품 개발을 하면서 얻었던 암묵적인 지식만 가지고 가는 것이다. 정보 유출은 절도 행위다. 그렇다고 중요한 핵심 데이터를 무분별하게 웹 상에 올려놓자는 이야기는 아니다. 그런 핵심 데이터가 얼마나 될까? 그런 데이터만 골라 일부 사람들만 접속해서 볼 수 있는 권한을 부여한다. 나머지는 오픈해도 큰 차이가 없는 것이 대부분이다.

6.4 의사소통 스킬 향상 기법

  지금까지 의사소통을 방해하는 문화적, 행태적, 환경적 방해 요인에 대해서 살펴보았다. 이러한 방해 요인들을 제거하면 프로젝트를 진행할 때 의사소통이 잘될 수 있을까? 당연히 좋아진다. 그런데 방해 요인을 제거하기가 정말 어렵다. 문화적·환경적 방해 요인은 교육을 통해서, 일정 시간이 지나면 해결가능하다. 그러나 행태적 방해 요인은 개인이나 부서의 의존성이 크기 때문에 쉽지 않다. 앞에서 언급했듯이 스스로가 정확히 인지하지 못하면 '나는 잘한다.'고 생각하기 때문에 고치기가 어렵다. 자신의 부족함을 인정하면서 더 발전하기 위해 노력하는 방법을 찾아 반복적으로 연습하면 좋아진다. 연습도 안 하고 잘하겠다는 생각은 버리자.

- **최적의 의사소통 매체를 선택하자**

프로젝트를 진행하면서 어떻게 의사소통을 하는지 생각해보자. 대부분 회의가 끝나면 회의록을 보내준다. 회의록을 보내줘도 항상 나중에 다시 회의록을 요청하는 사람은 있게 마련이다. 폴더와 파일명이 결정되어 있는 시스템 안에 모든 정보가 있다면 회의록에 링크를 걸어 보내서 향후 같은 문제가 발생할 경우 스스로 파일을 찾을 수 있도록 해야 프로젝트 관리자의 시간이 절약된다. 즉 유인식(Pull In) 방법으로 정보를 공유하는 것이다. 필요한 정보는 개별적으로 프로젝트 폴더에서 찾아보는 것이다.

물론 핵심 이해관계자들과 의사소통을 할 때는 직접 찾아가는 대면 방법이 최선이다. 대화를 하면서 상대방이 무엇을 원하는지 정확히 알기 위함이다. 앞에서 시각적인 이미지를 통해 상대방의 생각을 알 수가 있다고 강조했다. 중요한 결정을 앞두고 어떻게 생각하는지 잘 모를 때, 머뭇거리지 말고 직접 찾아가는 것이 최선이다.

요즘 많은 회사들이 다양한 이유로 재택 근무를 하고 있어 온라인으로 미팅을 하는 상황이 많아졌다. 온라인으로 미팅을 할 때 조심해야 하는 부분은 미팅의 규정을 만들어 회의 시간을 헛되이 낭비하지 않도록 해야 한다. 회의 시간에 지방 방송이 나오지 않도록 해야 하고, 간혹 뻔한 이야기를 길게 하는 팀원의 경우는 기분이 상하지 않도록 끊어야 하며, 아무런 이야기도 하지 않는 팀원에게 발언권을 주면서 생각을 끄집어내야 한다. 이런 방법이 어려운 것은 눈에 보이지 않기 때문에 어떤 상황인지 파악하기가 힘들다는 것인데, 경험으로 해결해야 하는 부분이다.

- **화내지 않고 토론하는 방법**

 토론에 앞서 일반적인 미팅에서 발표는 어떻게 하는지 살펴보자. 글로벌 프로젝트를 직접 진행하면서 느꼈던 부분은 외국의 이해관계자들은 프로젝트의 성공 확률을 높이기 위해 프로젝트 관리자가 발표할 때 도움을 주는 느낌이었는데, 같은 내용을 국내에서 발표할 때 우리의 이해관계자들은 조금 다른 느낌이었다. 미팅 시간을 자신의 지식을 자랑하는 시간으로 생각하는 경향이 있었다. 어떤 경우라도 자신의 능력을 뽐내려고 하거나 강압적인 분위기를 조성하려 해서는 안 된다.

 한 사람의 발언이 전체 회의 분위기를 결정한다면, 미팅을 통해서 얻을 수 있는 집단 지성의 장점은 사라지게 된다. 미팅 중에 누군가의 한마디로 분위기가 싸~ 한 적은 없는가? 그 한마디가 강압적인 이야기든, 뜬금없는 얘기든 상관없다. 그런 한마디로 전체 분위기가 가라앉는다면 '잘못된 만남'이다. 그래서 '갑분싸'라는 신조어가 생겼다. 차라리 미팅보다는 이메일로 할 얘기만 정리해서 보내는 것이 시간을 절약하는 방법이 될 수도 있다. 그러한 일들이 빈번하게 발생하는 이유는 토론하는 방법에 대해 모르기 때문이다.

 토론은 혼자보다는 다수의 경험과 지식을 공유하기 위해 상호 간

의견을 교환해서 최적의 아이디어를 도출하는 것이 목적이다. 그렇다면 편안하게 발언을 할 수 있도록 해주고, 개인적인 감정을 배제한 채 하나의 공유된 비전을 향해 모두가 의견을 모으는 것이 중요하다. 그래서 필요한 것이 사회자(Facilitator)이다.

프로젝트를 진행할 때는 당연히 프로젝트 관리자가 그 역할을 하는데 전체적인 토론이 매끄럽게 이루어지도록 중립적인 위치에서 의견을 수렴해야 한다. 한쪽으로 치우친 발언을 막아야 하고 토론에 참여하는 인원들의 개인적인 관계를 정확히 파악하고 있어야 한다. 기분 좋은 토론에 참여했다는 느낌을 모든 사람에게 줄 수 있다면 최선이다. 그러기 위해서는 토론의 그라운드 룰을 만들어 미리 공지하는 것이 필요하다. 말꼬리 잡고 늘어지기, 중간에 말 끊기, 예전 잘못 끄집어내기 등이 나타나면 토론은 난장판이 된다. 그런 상황에서 프로젝트 관리자가 할 수 있는 것은 그라운드 룰을 이용해 흥분된 분위기를 가라앉히는 것이다.

예를 들어, 해보지 않은 업무에 대해 방향 설정을 해야 될 때가 왔다. 어느 방향이 옳은지 아무도 모른다. 두 개의 편으로 나뉘어 장단점을 서로 이야기하는데 개인적인 감정이 섞이려고 한다. 이럴 때 항상 등장하는 것이 "책임질 수 있습니까?"라는 말이다. 상대방에게 책임을 전가시키려는 것으로 제일 안 좋은 말이다. 이런 말들이 오가면 토론은 실패한 것이다. 당신이 프로젝트 관리자라면 이런 상황이 오기 전에 무언가 조치를 취해야 하는데 이럴 때 필요한 것이 그라운드 룰이다. 무조건 다음 주로 미루지 마라. 다음 주에도 똑같은 상황이 발생한다. 자원이 풍부하면 두 방향을 모두 취해보는 것도 나쁘지 않겠지만, 그렇지 않으면 '다수결로 정하기'라는 그라운드 룰을 이용하는 방법도 있다. 애매모호함은 시간이 지나도 거의 바뀌지 않는다. 역시 준비하고 연습하는 것만큼 중요한 것은 없다.

- **욱하는 성질을 막자**

여러 사람이 참여하는 미팅에서 말실수가 많은 사람들의 특징은 말이 많거나 급한 성격으로 자신의 감정을 조절하지 못하는 경우다. 말이 많은 경우에는 사회자가 적당하게 제지를 하면 해결할 수 있지만 '욱하는 성향'은 쉽게 안 고쳐진다. 상대방에 대해 안 좋은 감정을 가지고 있다면 특히 더 심하다. 말이 공격적이 된다. 이런 부분은 교육을 통해서 학습을 해도 어렵다. 욱하는 성질을 죽이기 위해 자신이 화를 낼 때마다 전기충격기로 자해(?)를 하거나 3000배를 해야 고쳐진다는 어떤 스님의 말씀이 있다. 들어보니 그럴싸하다. 그 정도로 고치기 어렵다. 많은 책들을 살펴보니 그런 상황에서 객관적으로 자신을 봐야 고칠 수 있다고 하는데, 막상 화가 날 때는 객관적으로 자신을 볼 수 없기 때문에 차라리 전기충격기 요법이 마음에 와 닿는다. 그만큼 무의식 속에서 느낄 정도가 되어야 고쳐진다는 것이다.

추가로 제안하는 것은 '상대방 이야기 끝까지 듣기'이다. 아무리 화가 나도 미리 이런 방법을 생각하고 접근하면 많은 도움을 받을 수 있다. 스스로 토론 전에 다짐하라. 우리가 상대방의 이야기를 중간에 끊는 이유는 얘기의 시작으로 끝을 유추하기 때문이다. 특히 부하 직원이나 자녀와의 대화에서 그런 현상이 많이 나온다. 일단 끝까지 그냥 들어야 한다. 상대방의 이야기를 무작정 잘 들어주는 것만으로도 대부분의 문제는 쉽게 풀린다.

- **지속적으로 배우자**

  의사소통과 관련하여 '경청'이라는 단어는 항상 나온다. 말로는 부하 직원들의 이야기를 경청한다고 하지만 실제로 듣는 경우는 별로 없다. 차라리 듣는 척하는 상사보다는 그냥 막 시키는 상사가 더 좋다는 생각이 들기도 한다. 정말로 듣고 있는지, 듣는 척하는지는 상대방도 금방 안다.

  여기 좋은 연습 방법이 있다. 일단 내가 만만하게 생각하는 부하 직원과 가장 믿는 직원을 선택하라. 그리고 만만한 부하 직원과 대화를 나눌 때, 내가 믿는 직원에게 우리의 이야기를 곁에서 듣고 느낀 점을 피드백해달라고 부탁하는 것이다. 만만한 부하 직원이 이야기할 때 절대로 말을 끊지 않겠다고 생각하고 대화를 하라. 그리고 나중에 옆에서 모니터링을 하고 있는 믿는 직원에게 살짝 물어보라. 솔직한 피드백을 받으면 된다. 열심히 듣는다고 해도 사실 내가 안 들었다면 피드백은 좋아질 수 없다. 알게 모르게 몸짓이나 말하는 톤에 따라 느낌이 전달되기 때문이다. 피드백을 받고 부족한 부분에 대해서 인정하고 연습해서 수정하면 된다. 그러면 정말 조금씩 좋아진다.

누구나 상대방과 기분 좋게 대화했던 경험이 있을 것이다. 그럴 때 상대방의 태도에 대해서 생각해보자. 분명 많은 대화를 하지 않아도 무척 느낌이 좋았을 때가 있다. 리더십의 기본은 의사소통 능력이다. 진심이 통해야 한다. 그냥 믿어 의심치 않는 눈빛으로 바라만 보아도 쉽게 해결이 될 수 있는 문제가 있다.

의사소통을 잘하기 위한 방법은 시중에 나온 여러 가지 책에서도 쉽게 찾아볼 수 있다. 마음만 있다면 온라인으로 우리가 들을 수 있는 무료 교육 프로그램도 많다. 몇 년 전 TED에서 발표한 내용 중 개인적으로 들었을 때 가장 현실적인 내용이 있어 소개하려고 한다. 전문적인 인터뷰를 잘하기로 유명한 헤들리(Celeste Headlee)는 2015년 '의사소통을 잘하기 위한 10가지 원칙'을 만들어 발표했다.* 간단하게 요약하면 아래와 같다.

- 한 번에 여러 가지 일을 하지 말자.
- 설교하지 말자.
- 자유롭게 대답할 수 있는 질문을 하자.
- 대화의 흐름을 따르자.
- 모르면 모른다고 하자.

---

* https://www.ted.com/talks/celeste_headlee_10_ways_to_have_a_better_conversation

- 여러분의 경험으로 이야기하지 말자.
- 했던 말 또 하지 말자.
- 세부적인 정보에 집착하지 말자.
- 그냥 듣자.
- 짧게 말하자.

이 중에서도 '설교하지 말자.', '경험으로 이야기하지 말자.', '했던 말 또 하지 말자.'는 내 경우에도 반복적으로 실수했던 내용 같아 들으면 들을수록 느낌이 새롭다. 특히 부하 직원이나 자녀들에게 설교하듯이, 내 경험을 담아 반복적으로 잔소리를 했던 자신을 돌아보게끔 한다. 자녀들에게 "공부해라."라고 반복적으로 이야기를 하고 윽박지른다고 해서 공부 못하는 아이가 잘하게 될 수는 없다(잘하는 아이들은 가만히 둬도 잘한다). 공부만을 강요하기보다 가족이라는 테두리가 자녀들에게 안식처와 같은 장소로 여겨지도록 하는 것이 더 효과적이다.

네덜란드의 화가 렘브란트의 작품 〈돌아온 탕자〉는 방탕한 생활을 하다가 돌아온 둘째 아들을 따뜻하게 맞이하는 아버지를 그리고 있다. 결국 부모는 자식들의 영원한 안식처가 되어야 한다. 그런데 설교하듯이 했던 말 또 하고, 또 하면 결국 피하고 싶은 존재가 된다. 그러면 실패다. 똑같은 상황은 부하 직원에게도 적용된다. 잔소리를 하기보다는 일하는 방법을 가르쳐주고 기다려주는 것이다. 잘한다고 믿으면 잘한다. 그러면 분명 관계가 좋아지고 더 잘하게 된다. 잔소리가 얼마나 안 좋은 것인지, '잔소리가 20분이 넘으면 죄인도 구원받길 포기한다.'고 했다. 제일 효과 좋은 잔소리는 '말보다 행동으로 보이는 것'이다.

얼마 전 퇴사 경험이 있는 직장인들을 상대로 차마 밝힐 수 없었던 퇴사 사유를 조사하였더니 직장 내 '갑질' 등 상사·동료와의 갈등이 불명예스럽게 1위였다.[*] 이를 밝히지 않은 이유는 '달라지는 것이 없을 것 같아서'가 첫 번째였다. 충분히 이해한다.

우리나라의 경우 퇴사를 한다는 말을 꺼낸다는 것은 이직할 곳이 정해졌다는 의미로 생각해야 한다. 아무리 화가 난다고 해도 대책 없이 집어치우고 집에 그냥 가는 사람은 별로 없다. 그러다 보니 퇴사를 할 때 상사나 동료와의 갈등 때문이라는 말을 하기가 어렵다. 말을 하게 되면 또 시끄럽게 될 것이 분명하고, 최악의 상황에서는 다른 부서로 옮겨준다거나 업무를 바꾸어준다고 하며 유혹의 손길을 뻗는다. 그런데 이미 갈 곳을 결정했기 때문에 자신의 시간이 낭비된다고 생각한다. 그래서 평범하게 '일신상의 사유'라고 적는다. 갈등의 근본 원인은 의사소통 문제가 대부분이다. 그래서 여러 사람과 같이 잘 지내는 것이 어렵다. 오죽했으면 '공익광고협의회 듣기 광고'에서도 "말이 통하는 사회, 듣기에서 시작됩니다."라고 했을까?

---

[*] https://news.v.daum.net/v/20200413102842244

Ch. 7

프로젝트 마무리하기
(떠난 자리가 아름다워야 한다)

프로젝트의 종료 시점에는 모두 바빠서 정신이 없다. 끝난 줄 알았던 업무가 갑자기 잘못되었다고 하기도 하고 전혀 예상하지 못했던 업무를 해야 하는 상황도 발생한다. 프로젝트로부터 무엇을 얻었고, 무엇을 잃었는가? 얻은 것은 프로젝트 결과물과 경험이다. 잃은 것은 잘못된 판단으로 인한 좋지 않은 결과, 즉 일정 지연, 예산 초과, 품질 저하 등이다. 그중 가장 안 좋은 것은 팀원 간에 발생한 불협화음이다.

종료 시점이 다가오면 프로젝트 관리자는 결과물을 정리해야 한다. 결과물은 주로 문서 형태로 나타나는데 프로젝트 팀원들이 작성을 하기 때문에 원래 부서로 복귀하기 전에 받아서 정리해야 한다. 프로젝트를 마무리할 시간이 부족하거나 팀원이 부서로 복귀하면서 문서의 품질이 떨어질 수도 있고, 때로는 프로젝트 관리자가 작성해야 하는 상황이 발생할 수도 있다.

외부 조직과 계약을 통해 프로젝트가 진행되었다면 계약 완료를 통해 상호 간에 주고받을 것(프로젝트 결과물이나 서비스, 지불할 금액)을 정산한다. 프로젝트가 끝나면 해결할 사람이 없을 수 있기 때문이다. 이제 프로젝트를 진행하는 과정에서 잘된 점과 잘못된 점을 정리한 문서 작성을 끝으로 프로젝트 종료 회의까지 정상적으로 마치면 남은 것은 샴페인 파티 준비뿐이다.

7.1 기록이 자산이다

프로젝트는 여러 부서에서 참여하는 팀원들과 같이 진행한다. 프로젝트가 종료 시점으로 가면 팀원들은 부서 복귀의 압박을 받게 되므로, 프로젝트 관리자는 중요 결과물에 대해서 미리 문서 형태로 남겨야 한다.

- **수원 화성 프로젝트**

우리는 조선 시대의 사람들이 어떻게 살았는지 기록을 통해서 알 수 있다. 기록이 없다면 지나간 과거를 정확히 알기는 힘들다. 조선 시대 제22대 왕 정조는 수원 화성에 정약용을 시켜 성곽을 만들게 하였는데, 그 당시 성곽을 만드는 과정의 모든 내용을 《화성성역의궤》에 정리해놓았다. 그 내용을 살펴보면 얼마나 자세하게 정리를 잘해놓았는지 현대의 우리가 보아도 깜짝 놀란다. 공사에 투입된 2191명의 이름과 역할, 투입 기간과 작업 장소 그리고 석재와 목재는 물론 한 치(3.03cm에 해당)의 못과 지게 운임까지 자세하게 정리를 해놓았다.

이렇게 정교한 계획으로 10년을 예정한 프로젝트를 총 기간 33개월 만에 완성시켰고, 예산 목표 달성률도 98.5%로 완벽했다. '거중기'라는 현재의 기중기 역할을 하는 기계를 직접 고안해서 만들어 공사에 사용한 것이 기간을 단축하는 데 지대한 역할을 했다. 이러한 귀중한 정보가 있어 화성은 1997년 유네스코의 세계문화유산으로 등재되었고, 《화성성역의궤》는 2007년 세계기록유산에 등재되는 쾌거를 이루어냈다.

- **문서 저장 방법**

프로젝트를 종료할 때 중요한 결과물은 언제나 문서 형태로 나온다. '프로젝트 최종 완료 보고서', '품질 테스트 결과 보고서', '장비 설치 보고서' 등 다양한 실험 결과를 바탕으로 작성한 여러 가지 보고서들이 나온다. 프로젝트의 결과물이 개발된 제품 그 자체가 아닌 이유는 제품의 성능을 보장하지 못하기 때문이다. 이렇게 제품의 성능까지 포함한 보고서 형태가 되어야 완벽한 프로젝트 결과물이라 할 수 있다. 또한 그런 결과물은 당연히 프로젝트 종료 단계의 체크리스트에 명시되어 있어야 하고, 명시되지 않았더라도 중요한 내용은 문서 형태로 저장하는 것이 맞다.

프로젝트 결과물을 대표하는 다양한 문서는 정해진 파일 이름으로 정해진 폴더 안에 정리가 되어 있어야 한다. 그 방법은 앞서 '의사소통 관리 6.3 파일 네이밍'에서 자세하게 설명하였다. 특히 프로젝트 관리와 관련한 '리스크 관리대장'과 '교훈 관리대장'은 따로 PMO에게 보내져 조직 프로세스의 자산으로 남겨진다. 그렇게 정보 공유가 되어야 유사 프로젝트를 시작하는 팀에게 도움을 줄 수 있게 된다.

7.2 다시 프로젝트를 시작한다면(교훈)

미국 코넬대학교의 칼 필레머(Karl Pillemer) 교수는 나이가 들고 보니 인생에서 가장 큰 후회가 "하고 싶었던 일을 하지 않은 것에 대한 후회"였다고 한다. 의외였다. 물론 어떻게 살아도 우리는 후회한다. 다시 인생을 산다면? 이것이 교훈이다.

예전에 TV 드라마 〈하이에나〉 15회에서 정금자(김혜수 분) 변호사가 윤희재(주지훈 분) 변호사에게 "그렇게 변호하면 대법관인 아버지의 판결이 직권 남용이 될 수 있다."고 조언을 할 때, 윤희재 변호사는 이렇게 이야기했다. "내 집안 명예를 위해서 하는 일이야. 실수를 한 것보다 실수를 했다는 걸 인정하는 게 더 어려운 법이거든." 교훈이란 인정을 해야 효과가 크다. 인정을 하지 않는 교훈은 배울 것이 없다. 그냥 의미없이 적어놓은 메모에 불과하다.

미국 국립보건원 산하 국립 알레르기전염병연구소의 소장인 앤서니 파우치(Anthony Fauci)는 CNN과의 인터뷰에서 다음과 같이 말했다. "바이러스와 싸우는 것은 내가 스스로 택한 삶이다. 절망적이지만 이번 사태에서 우리가 얻을 것은 교훈이다. 앞으로 또 다른 바이러스 변종이 나올 수도 있다. 하지만 우리가 이번에 교훈을 얻고 잘 대처한다면, 희망이 있다. 대처는 잘하되, 조심스럽게 희망을 계속 가져가자."

'AI를 활용한 실패 재발 방지 시스템 구축' 프로젝트를 시작할 때 그 목적은 같은 실수를 반복하지 않는 것이다. 반복된 실수로 조직에서 낭비하는 시간과 인적 자원의 소모는 규모를 가늠하기 어려울 정도로 막대하다. 알면서도 우리가 실수를 반복하는 이유는 부서 간 정보 공유가 되지 않았거나 저지른 실수를 잊어버리기 때문이다. 실수한 것을 계속 똑같은 방법으로 생각하니 또 틀리기 쉽다. 그래서 오답 노트도 만드는 것이다.

프로젝트의 교훈을 '다시 프로젝트를 시작한다면 어떻게 할 것인가에 대한 대답'으로 정의한다면, 'AI를 활용한 실패 재발 방지 시스템 구축' 프로젝트는 조직에서 개발 프로젝트를 하는 사람들에게 유사한 실패에 대해 투자하는 시간이나 노력을 최소로 줄일 수 있는 훌륭한 프로젝트가 될 것이다. 그런데 이러한 암묵적 지식을 제대로 정리해서 조직의 자산으로 만들기 위해 유사한 시스템을 만드는 경우는 거의 없었다. 실수를 인정하는 것이 그렇게 어렵다. 그래서 이 프로젝트가 모든 조직에서 절대적으로 필요하다.

- **나의 죽음을 알리지 마라**

  프로젝트를 진행하면서 누구나 말도 안 되는 실수를 저지른다. 이때 대부분 자신의 잘못을 숨기고 싶어한다. 지나고 나면 말도 안 되는 실수인데 막상 그때는 잘 모른다. 창피하고 부끄러워서 숨기고 싶을 것이다. 그러한 실수가 널리 알려지면 조직에서 본인의 입지가 굉장히 곤란하다. 자신의 과오를 표면으로 끌어내는 것이 자신의 무능력을 나타내기 때문이다. 그래서 모두 숨기기 급급하다. 따라서 해결의 방향을 숨기는 쪽으로 진행한다. 더 이상의 발전은 없다.

  간혹 실수를 통해서 얻은 암묵적 지식을 자신의 역량으로 생각하기도 한다. 다른 사람과 공유하지 않아야 경쟁력이 높아진다고 생각한다. 그러다 보니 어떻게 하더라도 조직에서 이러한 지식이 쉽게 통용되지 않고 여기에 부서 간 높은 벽도 한몫을 한다.

  글로벌 프로젝트 관리자로 일할 때 한 부서의 팀원이 말도 안 되는 실수를 해서 금액상 많은 손해를 보았다. 당연히 팀장에게 보고되어 무척 혼이 났다. 그런데 이를 교훈으로 남기기 위해 문서 작성을 해서 조직의 자산으로 등록하려고 했더니, 담당 팀장이 직접 찾아와서 강압적으로 작성을 금지했다. 교훈으로 작성해야 다른 부서의 팀원들도 같은 실수를 하지 않을 것이고, 그것이 교훈을 작성하는 목적이라고 이야기해도 막무가내였다. 등록을 못 하게 하는 이유는 그러한 실수가 자신의 부서에서 발생한 것에 대한 본인의 책임을 회피하고 싶었기 때문이다. 그럼에도 불구하고 다른 경로를 통해 그 실수가 조직의 자산으로 등록이 되었는데, 미팅에서 대표이사가 궁금해했지만 대답하지 않았다.

교훈이 잘못한 그 사람을 비난하기 위해서 만드는 자료라고 한다면 더 이상 조직의 발전은 없다. 그래서 정중하게 교훈의 의미를 설명하고 어느 부서의 누구인지 말하는 것이 조직 역량에 아무런 효과가 없음을 이해시킨 후 간신히 무마되었다. 다행히 모든 사람에게 그 의미가 전달되어 더 이상 실수를 숨기는 문제는 발생하지 않게 되었다. 조직은 교훈의 중요성을 정확히 알게 된 것이다. 무조건 잘못된 점을 찾는 것이 아니라, 우리가 생각하지 못한 아이디어로 획기적인 결과를 얻은 것 역시 공유해야 한다.

교훈의 중요성을 이해했다면 어떻게 공유되는지 확인해보자. 프로젝트 종료 시점에 프로젝트 관리자는 프로젝트 생애 주기 내내 정리한 교훈을 PMO에게 보내면 PMO는 내용을 확인한 후 조직 프로세스 자산으로 등록한다. PMO는 모든 프로젝트로부터 얻어진 교훈을 정리해서 새로 시작하는 프로젝트가 있을 때 꼭 필요한 유사

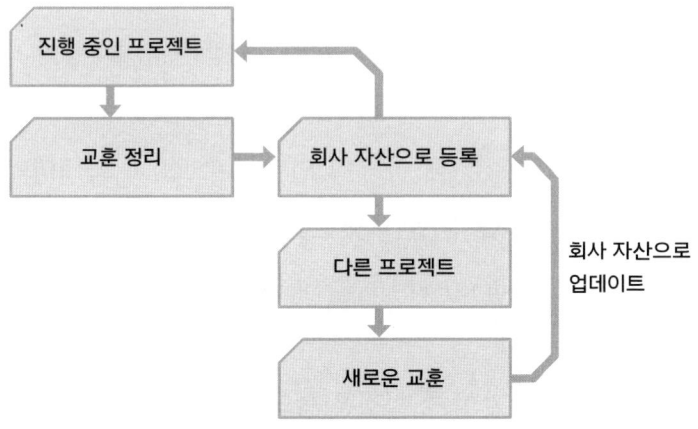

한 프로젝트의 교훈을 보내 반복적인 실수를 방지한다.

- **교훈 작성과 관리하는 방법**

  교훈은 프로젝트 생애 주기 내내 작성한다. 프로젝트 관리자는 모든 이해관계자로부터 얻은 교훈을 수시로 정리해서 단계 미팅 때마다 발표하면 좋다. 교훈을 정리하는 특별한 포맷은 없지만, 잘못된 점과 잘된 점을 모두 정리해야 한다. 하지만 미리 좋고 나쁨을 판단하지 말자. 바라보는 시각에 따라 다르기 때문이다. 그냥 발견된 이슈라고만 정리해도 좋다. 추가로 이 내용이 조직의 어디에 사용되면 좋을지도 생각해보자.

시나리오 케이스: A 프로젝트는 본사에 근무하는 마케팅 인력과 외부에 근무하는 국내영업 담당을 하나의 장소를 빌려서 이주시켜 시너지 효과를 높이기 위한 것이다.

- ● **프로젝트 팀원과 매니저**: 마케팅 부서장과 팀 별 1명씩
- ● **프로젝트 범위**
- - S사와의 협업을 위해 마케팅 인력(15~20명)과 국내영업 담당(7~10명)이 상주할 수 있는 장소로 규모 600평, 위치는 본사와 S사의 총 거리(20km)에서 중간 거리(5~15km)에 위치하여야 하며, 금액은 무관
- - 이사 기간은 주말이며, 일정은 협의에 의해 조정 가능

- 프로젝트 제약 조건: 각 팀은 주말을 이용해 이사해야 하므로 금요일까지 자기 짐을 모두 규정대로 Packing해야 함
- 기타 발생하는 이슈에 대해서는 PM과 팀원이 판단하여 진행하기로 함

관찰된 이슈에 대한 교훈은 다양하게 나올 수 있음을 인정하자. 바라보는 시각에 따라 다르게 해석할 수 있기 때문이다. 그런 상황에서는 두 가지 모두 적어줘도 상관없다. 주로 주간 미팅 때 오고가는 내용들을 정리하면 된다.

날짜	관찰된 이슈	교훈	팀 제안	어느 부서, 어느 프로젝트에 적용가능한가	긴급도
Mar/16	마케팅 인력과 국내영업 담당을 같이 이주시키는 것	S사의 요구에 부응하여 경쟁력이 향상되었으며 근무자 만족지수가 향상되었음	외주 기획부서도 같이 이전할 경우 업무 효율이 더 증가할 것으로 생각됨	외주 기획	상: 1개월 이내 검토
May/25	임대차 계약 시 낯선 용어에 익숙하지 않아 시간을 많이 소비하였음	임대차 계약 건과 관련하여 법무 팀과 최소 1개월 전 조율하여 담당자를 선정하고 관련 문서를 검토해야 하였음	외부 업체와 계약 시 업무 팀에게 사전 참여를 요청하여 검토할 필요가 있음	모든 외부 업체와 계약 시 법무 팀의 동의를 받도록 업무 규정을 수정하여야 함	중: 3개월 이내 검토
July/15	이사 시 기자재 및 중요 문서 분실	믿을 수 있는 이삿짐 센터와 계약하고 중요문서의 경우는 따로 관리하는 것이 바람직함	자체 모니터링 요원을 배치하는 것도 중요	새로운 곳으로 이사하는 부서	하: 6개월 이내 검토

교훈은 개인 생활에도 적용이 가능하다. 본인이 생활하면서 실수한 점 혹은 좋았던 점을 정리한다면 향후 비슷한 문제가 발생했을 때 실수하지 않게 되거나 더 좋아질 수 있기 때문이다.

7.3 헤어지면서 만날 것을 약속한다

드디어 다 끝났다. 팀원들은 자기 부서로 복귀한다. 프로젝트 관리자는 아쉬움이 교차하는 프로젝트를 회상하면서 새로운 프로젝트를 향해 출발하려고 한다. 다시 시작할 때 필요한 것이 지난 프로젝트의 뒷얘기다. 프로젝트 관리자의 능력이 부족했다고 소문이 나면 문제는 심각하다. 더 이상 팀원들은 오지 않으려고 할 것이 분명하다. 시작보다 중요한 것이 마지막이다. 끝났다고 끝난 것이 아니라, 끝난 것은 새로운 시작을 의미하기 때문이다.

넷플릭스에는 퇴사 문화로 '부검 메일(Postmortem e-mail)'이란 것이 있다. 퇴사하는 사람들이 회사에 대한 분석을 상세히 적어 남은 직원에게 남기는 문화이다. 일종의 '진언'을 하는 것이다. 부검 메일은 조직에 관해 문제가 있다면 수정해서 더 좋은 조직으로 올라가기 위한 것이다. 이런 과정을 거쳐 퇴사를 번복하기도 하고, 상사와의 오해가 풀려 합의점을 찾기도 한다. 끝이 좋다면 퇴사를 하더라도 회사에 대한 감정이 좋아, 결국 회사에 도움이 된다. 반대로 생각해보면 명확하다. 좋지 않은 감정으로 회사를 떠난 사람에게 "당신의 회사는 어땠나요?"라고 물어보면 대부분 "뭐, 대충 비슷하죠." 라고 말하지만 얼굴 표정은 다른 이야기를 하고 있다. 회사를 떠난 후 좋은 감정이 남아 있지 않다는 이야기다. 한 번쯤 넷플릭스의 부검 메일에 대해 깊이 생각해볼 필요가 있다.

에필로그

책을 쓰는 것은 '연애편지를 작성하는 것'과 같습니다. 계속 썼다가 지우고 썼다가 지우는 것을 반복합니다. 내 관점에서 그렇다는 얘기입니다. 그동안 교육에서 사용한 내용들을 정리해보니 부족한 필력(筆力)으로 연애편지를 쓰듯 반복적인 수정 작업을 계속했습니다. 다시 읽어보면 부끄럽기 이를 데 없어 그만두고 싶은 생각이 나를 괴롭혔죠. 그렇다고 포기하면 내 마음이 상대에게 전달되지 않기에, 상대가 어떻게 생각을 하든지 내 마음을 전하듯 마무리 작업을 했습니다. 코로나 때문에 시간이 많아져서 가능했던 것 같습니다.

프로젝트 관리자로 체계적인 시스템을 이용해 프로젝트를 시작한 지 벌써 15년이 지났습니다. 처음 접했을 때의 느낌이 아직 생생하지만 막상 현실에서 배운 이론을 적용하려고 할 때 부족함을 여전히 느낍니다. 몸에 배어 있지 않으면 과거로 회귀하는 것은 시속 200km로 되돌아갑니다. 중간에 누군가의 방해가 있다면 그 회귀 속도는 더 빨라질 것입니다. 혼자서 가는 길이 아니기 때문에 더 힘들죠.

이제 책을 마무리 지으며, 독자들에게 여기에 나온 내용 중 하나라도 자신의 것으로 만들기 위한 노력을 해달라고 조언합니다. 사소한 것 하나라도 실전에서 써먹어야 도움이 되는 것이지 머릿속으로 생각만 해서는 이루어지는 것이 하나도 없습니다. 누구도 예외가 될 수 없습니다. 그것이 내가 프로젝트를 진행하면서 얻은 유일한 교훈입니다.

갈 길은 멀지만 분명 좋은 결과를 얻을 수 있기에 여러분들 모두에게 이 책을 권합니다.

2021년 8월 20일

차기호

참고 문헌

1. 글로벌 프로젝트 관리 지침서(ISO21500 Guidance)
2. EBS 〈공부의 재구성〉: https://www.youtube.com/watch?v=XP63WuCcwYs
3. 메러디스 벨빈 지음, 김태훈 옮김, 《팀이란 무엇인가》, 라이프맵, 2012
4. Bradford K Clark, "The Effects of Software Process Maturity on Software Development Effort," Ph. D Dissertation, Computer Science Department, University of Southern California, August 1997
5. https://www.standishgroup.com
6. 해럴드 커즈너 지음, 한양대 PM연구회 옮김, 《가치 중심의 프로젝트 관리》, 북파일, 2012
7. Kenneth Kahn, 《The PDMA Handbook of New Product Development》, 3rd Edition, 2012
8. Tom Carbon, "It's a Success! Says Who? The Marriage between Product Development and Project Management", https://www.projectmanagement.com/videos/288532/It-s-a-Success--Says-Who--The-Marriage-between-Product-Development-and-Project-Management-, 2014
9. 레프 톨스토이 지음, 연진희 옮김, 《안나 카레니나》, 민음사, 2012
10. https://www.pmi.org/pmbok-guide-standards/foundational
11. https://cnbc.sbs.co.kr/article/10000895049?division
12. PMI Part of 'Purse of the Profession In-depth report': 'Requirements Management: Core Competency for Project and Program Success', 2014.

13. 스티븐 코비 지음, 김경섭 옮김, 《성공하는 사람들의 7가지 습관》, 김영사, 2017
14. https://news.joins.com/article/21819371
15. https://news.v.daum.net/v/20200305012108479
16. Lou Kummerer, "Streamlined scheduling for multifunctional teams", PMI 25th Annual Seminar/Symposium, P. 740, Oct. 17~19, Vancouver, Canada, 1994
17. https://news.naver.com/main/read.nhn?mode=LSD&mid=sec&sid1=103&oid=001&aid=0002914668
18. 인천대교 홈페이지: https://www.incheonbridge.com/
19. 어니 젤린스키 지음, 박주영 옮김, 《모르고 사는 즐거움》, 중앙 M&B, 1997
20. Tuckman, Bruce W (1965), "Developmental sequence in small groups", Psychological Bulletin, 63 (6): 384-399
21. https://www.ted.com/talks/tom_wujec_build_a_tower_build_a_team
22. https://news.joins.com/article/21819371
23. PMI Part of 'Purse of the Profession In-depth report: The high cost of low performance: The essential role of communications, May, 2013
24. 베리 플리커 지음, 고현숙·서기영 옮김, 《우리 팀만 모르는 프로젝트 성공의 법칙》, 예문, 2003
25. https://www.ted.com/talks/celeste_headlee_10_ways_to_have_a_better_conversation
26. https://news.v.daum.net/v/20200413102842244